高职高专示范专业课程改革创新教材

汽车零部件识图
第 2 版

易 波 黄金凤 胡 敏 编著

机械工业出版社

本书基于学习活动情境设计，以任务作为驱动，以项目作为载体，将理论知识与实践操作进行一体化的教学设计，重点介绍了识读汽车零件图和装配图的方法和步骤。本书共分为5个学习活动情境，分别为走进工程语言的世界、遨游三视图的天地、漫步零件图表达方式的长廊、畅游标准件和常用件的海洋、奔驰在装配图的草原；其中包含25个任务，注重学生的综合职业能力培养。

本书主要供高职高专院校汽车类专业作为教材，也可作为机械行业从业人员岗位培训用书。

图书在版编目（CIP）数据

汽车零部件识图/易波，黄金凤，胡敏编著. —2版. —北京：机械工业出版社，2023.3

高职高专示范专业课程改革创新教材

ISBN 978-7-111-72827-6

Ⅰ.①汽… Ⅱ.①易… ②黄… ③胡… Ⅲ.①汽车-零部件-机械图-识图-高等职业教育-教材 Ⅳ.①U463

中国国家版本馆 CIP 数据核字（2023）第 049177 号

机械工业出版社（北京市百万庄大街 22 号　邮政编码 100037）

策划编辑：邢　琛　　　　　　责任编辑：戴　琳　舒　恬
责任校对：韩佳欣　徐　霆　　封面设计：马若濛
责任印制：单爱军
北京虎彩文化传播有限公司印刷
2023 年 7 月第 2 版第 1 次印刷
184mm×260mm・17.5 印张・410 千字
标准书号：ISBN 978-7-111-72827-6
定价：69.00 元

电话服务　　　　　　　　　　　网络服务
客服电话：010-88361066　　　机 工 官 网：www.cmpbook.com
　　　　　010-88379833　　　机 工 官 博：weibo.com/cmp1952
　　　　　010-68326294　　　金 书 网：www.golden-book.com
封底无防伪标均为盗版　　机工教育服务网：www.cmpedu.com

前　言

本书是为深化职业教育教学改革，积极推进课程改革和教材建设而编写的，希望为高职高专院校汽车专业建设尽一点绵薄之力。

本书第 1 版自 2011 年出版至今已逾 10 年，近年来新标准、新技术、新工艺大量涌现，在广泛听取任课老师和学生意见和建议的基础上，此次修订在以下几个方面进行了必要的调整和整编：

1）改正第 1 版书中的错误，对部分插图做了修正，特别是对图中图线不规范的部分进行了仔细校正。

2）在第 1 版的基础上，将篇幅减少了 1/3 左右，任务单元从 40 个减少到 25 个；突出了识图这条主线，对原书中难度较大和很少使用的内容进行了删减。

3）及时更新了与国家标准相关的内容，第 2 版全面使用截至 2022 年 4 月国家颁布施行的现行标准。

4）尽量用主流汽车车型部件图取代老旧车型部件图。

第 2 版仍基于学习活动情境设计，以任务作为驱动，以项目作为载体，将理论知识与实践操作进行一体化的教学设计，体现了工学结合的本质特征——"学习的内容是工作，通过工作实现学习"，注重学生的综合职业能力培养。

本书由湖南交通职业技术学院汽车系易波、黄金凤、胡敏编著。本书在编写过程中得到了湖南交通职业技术学院的领导、同仁的重视和支持，在此表示最衷心的感谢！

限于编者的水平，本书内容仍会有疏漏和不当之处，希望广大读者批评指正。

编　者

目　录

前言

绪论 ……………………………………………………………………………………………… 1

学习活动情境 1　走进工程语言的世界 ……………………………………………………… 4

任务 1　识读呆扳手零件图中的基本规定 …………………………………………………… 5

任务 2　学会平面图形的画法和尺寸标注 …………………………………………………… 16

学习活动情境 2　遨游三视图的天地 ……………………………………………………… 27

任务 3　走进三视图的世界 …………………………………………………………………… 28

任务 4　读画三视图中的点、线、面 ………………………………………………………… 35

任务 5　读画平面体的三视图 ………………………………………………………………… 45

任务 6　读画平面切割体的三视图 …………………………………………………………… 51

任务 7　读画曲面体的三视图 ………………………………………………………………… 59

任务 8　读画曲面切割体的三视图 …………………………………………………………… 66

任务 9　读画两回转体相贯线的三视图 ……………………………………………………… 74

学习活动情境 3　漫步零件图表达方式的长廊 …………………………………………… 79

任务 10　读画支承座零件图 …………………………………………………………………… 80

任务 11　识读轴承座零件图中的表面粗糙度 ………………………………………………… 91

任务 12　识读零件图中外部表达方式——视图 ……………………………………………… 101

任务 13　识读右端盖零件图中内部表达方式——剖视图 …………………………………… 107

任务 14　识读右端盖零件图中的尺寸公差 …………………………………………………… 120

任务 15　识读零件图中常见的工艺结构 ……………………………………………………… 130

任务 16　识读轴零件图 ………………………………………………………………………… 137

任务 17　识读端盖零件图 ……………………………………………………………………… 142

任务 18　识读柱塞套零件图中的几何公差 …………………………………………………… 149

学习活动情境 4　畅游标准件和常用件的海洋 …………………………………………… 156

任务 19　识读汽车零部件图中的螺纹结构 …………………………………………………… 157

任务 20　识读汽车零部件图中的键、销和弹簧结构 ………………………………………… 167

任务 21　识读汽车零部件图中的齿轮结构 …………………………………………………… 178

任务 22　识读汽车零部件图中的滚动轴承结构 ················· 187

学习活动情境 5　奔驰在装配图的草原 ················· 193

任务 23　识读装配图的内容、尺寸标注和表达方式 ················· 194

任务 24　识读机器中常见的装配结构 ················· 203

任务 25　识读活塞连杆总成装配图 ················· 210

附录 ················· 215

参考文献 ················· 224

学习活动页

绪　论

一、工程语言的世界

在机械（汽车）、电子、仪器、建筑等行业的工程技术领域里，所涉及产品的规格、性能、结构、形状等信息，都是通过工程语言来表达的，以达到准备表达的目的。

根据图形的投影原理，依据国际、国家或行业的标准规定，对工程中的对象进行表达的图形及依附其中的技术条件代号、符号和标记等，称为图样。图样表达了设计者的设计理念和意愿，传达了相关的技术信息。它是生产活动的主要依据，是进行技术交流的重要的工程语言。

当你打开《汽车零部件识图》这本书时，就意味着你已经开启了进入"工程语言世界"的大门。

这是一门理论性、实践性和应用性极强的专业技术基础课，是立志从事汽车工程或机械工程类工作的人员的必修课。

工程语言的历史源远流长。自从人类劳动开创文明以来，人类在其生存和发展中，逐渐认识了自然，造出了劳动工具，营造了住所，开始了用图形表达意图并进行交流。我国象形文字就是从图形开始的。随着生产的不断发展，人类在实践中总结出一套工程制图的方法，逐步实现既能准确、完整、清晰地表达形体，又便于指导制造和施工，形成了工程语言。

我国在这一领域有许多辉煌的创造。宋朝李明仲所著《营造法式》（1103 年）记载了最著名建筑图样的表达方法；元代王桢所著《农书》（1313 年）、明代宋应星所著《天工开物》（1637 年）等书中都附有类似图样。"没有规矩，不成方圆"充分反映了我国古代对尺规作图的深刻认识。

18 世纪欧洲工业革命促使一些国家科学技术迅猛发展。法国著名科学家蒙日（Gaspard Monge，1746—1818）编著了《画法几何学》（1798 年出版），创建了画法几何学的学科体系。

20 世纪 50 年代，我国著名学者赵学田教授简明通俗地总结了三视图投影规律：长对正、高平齐、宽相等。1959 年，我国正式颁布了机械制图的国家标准，并随着科学技术的不断进步和发展，相继做了必要修订。改革开放以来，随着广泛的国际交流，我国的国家标准已逐步与国际标准接轨，成为我们与世界工程界进行交流的国际工程语言。

进入 21 世纪以来，计算机辅助设计（CAD）技术大大推动了现代制造业的发展，工程语言的内涵将更加广泛和丰富，同时促进了数控（加工）技术更为广泛深入的发展。工程语言将演奏出更加精彩的乐章！

二、学习活动情境目标和基本要求

本书营造了学习活动情境，以学习任务书的形式引导学生逐步深入学习。本书的主要学习内容是围绕汽车零部件的识图展开的，目的是使学生会识读汽车零部件图，重点是培养学生的识图能力。

（一）学习活动情境目标

1）深入了解工程语言的内涵，能按照《机械制图》等国家标准识读图样。

2）掌握识读机械图样的基本方法和表达的基本技能。

3）培养对物体的空间想象和形象思维能力。

4）了解零件图表达的内容及其特点，会识读零件图。

5）了解装配图表达的内容及其特征，会运用相关的国家标准及规定识读装配图。

（二）学习活动基本要求

1）学习活动情境任务书中所列出的基本内容和知识点是要求学生必须掌握的。

2）学习活动情境任务书中所列出的技能点是要求学生必须做到的。

3）开展学习活动情境时，要求与汽车机械基础、机械制图、机械制造相关知识和实验课、实践课相结合。

三、学习活动情境学习方法的提示

学习活动情境中的任务书表达了在规定的课时所要求必须完成的学习活动任务和技能点。学习目标、知识点和技能点在任务书中明了准确，基本点、重点、难点在任务书中列出，引导学生开展学习活动，每个任务书中穿插思考题和练习题，可在课堂上对教学的内容进行消化吸收，不增加学生的课外学习负担；同时，教师也可以进行及时答疑，有利于提高学生的实践能力，做到在授课时完成学习活动的目标任务。每一学习活动情境结束后，都有巩固练习，有利于学生在教师的指导下回顾总结，相互交流。《汽车零部件识图》涉及汽车机械基础、机械制造等多学科知识，同时又要求具备丰富的实践活动经验，因此，对学生的学习方法特做如下提示：

1）对要求达到识读图的目标所涉及的基本理论知识，特别是工程语言所涉及的内容，一定要下功夫理解、记熟。

2）本课程是既有理论又具有实践性的技术基础课，其核心内容是空间点、线、面的投影，尤其是正投影的原理，组合体、空间机件在三投影面体系中的投影规则，是为后面的识读零件图与装配图打基础的课程。本阶段的学习，不仅要理解，而且要多动手画投影图，这样做既熟知了理论，又培养了对空间物体的想象能力。

3）任务书多是通过识读图的实例展开学习活动的，学生要善于从中归纳总结出一般规律或方法步骤，反过来，又用这些规律去解决习题中提出的问题。本书中的学习活动情境就是应用"实例—理论—实践—再提高"的模式展开的。

4）汽车工程涉及的专业面很广，专业性极强，汽车构造也较为复杂，识读汽车的工程图必须具备相当的专业技术知识。本书的内容是机械制图中最基本的，也是必须熟知的知识，希望同学们能脚踏实地，一步一个脚印地学习。

四、学习活动情境和任务课时安排

学习活动情境	任务单元	任务学时	情境学时
学习活动情境1 走进工程语言的世界	任务1 识读呆扳手零件图中的基本规定	2	4
	任务2 学会平面图形的画法和尺寸标注	2	
学习活动情境2 遨游三视图的天地	任务3 走进三视图的世界	2	14
	任务4 读画三视图中的点、线、面	2	
	任务5 读画平面体的三视图	2	
	任务6 读画平面切割体的三视图	2	
	任务7 读画曲面体的三视图	2	
	任务8 读画曲面切割体的三视图	2	
	任务9 读画两回转体相贯线的三视图	2	
学习活动情境3 漫步零件图表达方式的长廊	任务10 读画支承座零件图	4	20
	任务11 识读轴承座零件图中的表面粗糙度	2	
	任务12 识读零件图中外部表达方式——视图	2	
	任务13 识读右端盖零件图中内部表达方式——剖视图	2	
	任务14 识读右端盖零件图中的尺寸公差	2	
	任务15 识读零件图中常见的工艺结构	2	
	任务16 识读轴零件图	2	
	任务17 识读端盖零件图	2	
	任务18 识读柱塞套零件图中的几何公差	2	
学习活动情境4 畅游标准件和常用件的海洋	任务19 识读汽车零部件图中的螺纹结构	2	8
	任务20 识读汽车零部件图中的键、销和弹簧结构	2	
	任务21 识读汽车零部件图中的齿轮结构	2	
	任务22 识读汽车零部件图中的滚动轴承结构	2	
学习活动情境5 奔驰在装配图的草原	任务23 识读装配图的内容、尺寸标注和表达方式	2	6
	任务24 识读机器中常见的装配结构	2	
	任务25 识读活塞连杆总成装配图	2	

学习活动情境1

走进工程语言的世界

学时：4

学习目标

1. 观察零件图的标题栏、技术要求，能说出图纸的幅面、格式、比例和字体的号数。

2. 观察零件图的图形，能说出图形中图线的线型与应用场合，并能正确画出这些图线。

3. 观察零件图的尺寸标注，指出图中哪些是尺寸界线、尺寸线和尺寸，并能说出图中每部分结构的尺寸数字。

4. 会读画呆扳手零件图。

5. 会熟练运用常用绘图工具作图。

6. 能严格按机械制图相关国家标准的规定作图。

7. 通过抄画呆扳手平面图形，学会平面图形的画法和尺寸标注。

8. 作图时能保持图面清晰、整洁和作图环境的整洁，并保证作图室工具和仪器摆放整齐。

9. 能主动与学习小组成员沟通，与教师和同学建立良好的人际关系。

知 识 点

1. 制图的基本规定。

2. 尺寸标注基本规则、标注尺寸的要素及应用。

3. 常用几何图形画法及步骤。

4. 圆弧连接的作图原理。

5. 平面图形尺寸及线段的分析与作图。

技 能 点

1. 会按照机械制图相关国家标准的规定画图框和标题栏。

2. 抄画呆扳手平面图形，学习绘图工具的使用。

3. 会对平面图形进行线段分析与作图。

4. 会进行平面图形尺寸标注和尺寸分析。

5. 能指出尺寸标注中的错误，并以正确的标注方法标注。

教学方法

以直观感知为主的教学法；以学生为主、教师为辅的教学法；愉快教学法；任务驱动教学法。

教具、工具与媒体

工具台套数按学生人数匹配：

剪刀，胶带纸，机械式绘图机，绘图工具，绘图纸，挂图，多媒体教学设备，教学课件、软件，维修资料，视频教学资料，网络教学资源。

任务1　识读呆扳手零件图中的基本规定

学时：2

教学目标

1. 能看懂图中标题栏、技术要求，能说出图纸的幅面。
2. 能正确说出呆扳手零件图中图框的格式、比例和字体的号数。
3. 能正确读画15种基本线型。

知识点

1. 国标中有关图幅、图框格式、比例、字体、图线、标题栏等基本规定。
2. 幅面、比例的定义。

技能点

1. 会正确使用常用绘图工具。
2. 会按照机械制图相关国家标准的规定画图框、标题栏和15种基本线型。
3. 会按照机械制图相关国家标准中有关字体的规定，正确书写汉字、数字及字母。

零件图

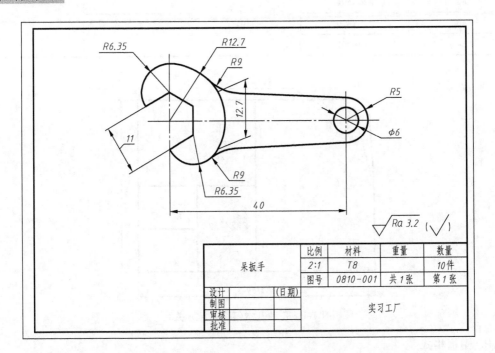

说明

此零件图幅面为 A4，按比例进行了缩小。

教你如何识读呆扳手零件图中的基本规定

在修配、制造零件时，需要看懂零件图，因此，正确、熟练地识读零件图，是技术人员必须具备的基本功。识读零件图，就是要根据零件图，想象出零件的结构形状，了解零件各部分尺寸、技术要求以及零件在机器中的作用等。识读零件图的方法和步骤没有固定模式，对于初学者而言，可先从机械制图相关国家标准的基本规定入手。

在识读零件图时，我们发现图纸有大小，图框有格式，图线有粗细，字体和数字有规格。下面就首先介绍这方面的知识。

一、概括了解零件图的图纸幅面、图框格式、图线和字体

1. 图纸幅面

图纸幅面是指图纸的宽度 B 与长度 L 围成的图纸面积。绘制图样时，应优先选用表 1-1 所规定的 5 种基本幅面，其尺寸关系如图 1-1 所示。必要时允许加长幅面，加长部分的尺寸可查阅国家标准。

表 1-1　图纸幅面尺寸　　　　　　　　　　（单位：mm）

幅面代号	图纸幅面	周边尺寸		
	$B×L$	e	c	a
A0	841×1189	20	10	25
A1	594×841	20	10	25
A2	420×594	10	10	25
A3	297×420	10	5	25
A4	210×297	10	5	25

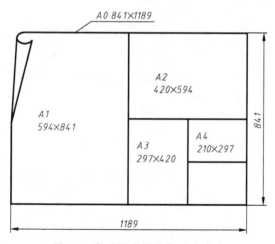

图 1-1　各种基本幅面的尺寸关系

2. 图框格式

图纸上必须用粗实线画出图框以限定绘图区域，这个线框称为图框。其格式如图 1-2 所示（a、c、e 尺寸规定见表 1-1）。

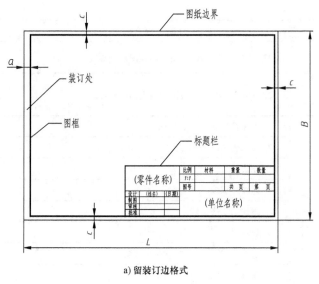

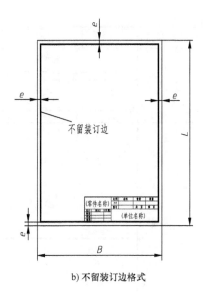

a) 留装订边格式 　　　　　　　　　　　　　　　　b) 不留装订边格式

图 1-2　图框格式

3. 图线

零件图的图样是由各种图线组成的，要看懂零件图就必须先明确常见图线的含义和用途，见表 1-2（根据 GB/T 4457.4—2002《机械制图　图样画法　图线》）。

表 1-2　常见图线表示方法和一般用途

代码 No.	线型	一般应用
01.1	细实线	1. 过渡线
		2. 尺寸线
		3. 尺寸界线
		4. 指引线和基准线
		5. 剖面线
		6. 重合断面的轮廓线
		7. 短中心线
		8. 螺纹牙底线
		9. 尺寸线的起止线
		10. 表示平面的对角线
		11. 零件成形前的弯折线
		12. 范围线及分界线
		13. 重复要素表示线，例如：齿轮的齿根线
		14. 锥形结构的基面位置线
		15. 叠片结构位置线，例如：变压器叠钢片
		16. 辅助线
		17. 不连续同一表面连线
		18. 成规律分布的相同要素连线
		19. 投影线
		20. 网格线

（续）

代码 No.	线型	一般应用
01.1	波浪线 	21. 断裂处边界线；视图与剖视图的分界线①
	双折线 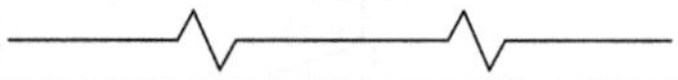	22. 断裂处边界线；视图与剖视图的分界线①
01.2	粗实线 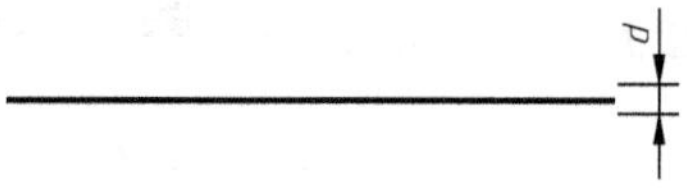 d	1. 可见棱边线
		2. 可见轮廓线
		3. 相贯线
		4. 螺纹牙顶线
		5. 螺纹长度终止线
		6. 齿顶圆（线）
		7. 表格图、流程图中的主要表示线
		8. 系统结构线（金属结构工程）
		9. 模样分型线
		10. 剖切符号用线
02.1	细虚线 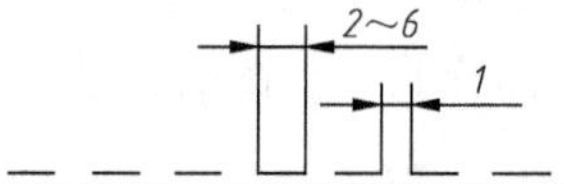 2～6 1	1. 不可见棱边线
		2. 不可见轮廓线
02.2	粗虚线	允许表面处理的表示线
04.1	细点画线 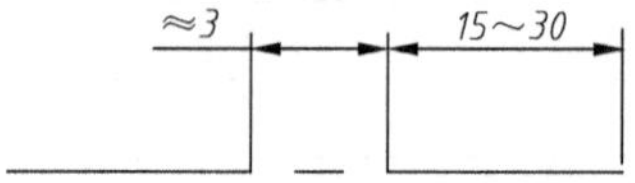 ≈3 15～30	1. 轴线
		2. 对称中心线
		3. 分度圆（线）
		4. 孔系分布的中心线
		5. 剖切线
04.2	粗点画线	限定范围表示线
05.1	细双点画线 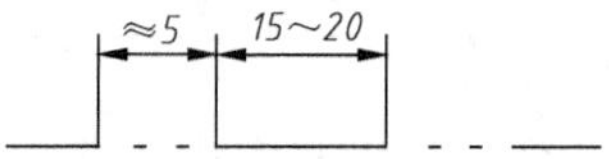 ≈5 15～20	1. 相邻辅助零件的轮廓线
		2. 可动零件的极限位置的轮廓线
		3. 重心线
		4. 成形前轮廓线
		5. 剖切面前的结构轮廓线
		6. 轨迹线
		7. 毛坯图中制成品的轮廓线
		8. 特定区域线
		9. 延伸公差带表示线
		10. 工艺用结构的轮廓线
		11. 中断线

① 在一张图样上一般采用一种线型，即采用波浪线或双折线。

> 💡 **提示**
>
> 1) 同一张图同一线型线宽应一致。线宽为 2、1.4、1、0.7、0.5、0.35、0.25、0.18、0.13（单位为 mm）共9种，线的宽度必须从中选取。
>
> 2) 常用的粗实线宽度 d 为 0.5~2mm，细实线的宽度约为 $d/2$。

4. 字体

从给出图样的尺寸标注与标题栏中，我们知道图样中少不了汉字、数字和字母。书写汉字、数字和字母时必须做到：字体工整、笔画清楚、间隔均匀、排列整齐。国家标准 GB/T 14691—1993《技术制图 字体》对此有明确的规定。字体的号数即字体的高度 h，共分为八种：20、14、10、7、5、3.5、2.5、1.8（单位为 mm）。

（1）汉字字体示例

汉字应写成长仿宋体，采用国家正式公布的简化字。长仿宋体的特点是横平竖直，注意起落，结构均匀，填满方格。一般汉字的高度不应小于 3.5mm，其宽度一般为字高的 $1/\sqrt{2}$。

10 号字：

字体工整笔画清楚间隔均匀排列整齐

7 号字：

横平竖直注意起落结构均匀填满方格

5 号字：

技术制图机械电子汽车船舶土木建筑矿山井坑港口

3.5 号字：

螺纹齿轮汽车驾驶舱位方向盘零部件识读油泵底盘车架减速发动机圆柱销

（2）数字与字母示例

数字和字母分 A 型（斜体）和 B 型（直体）两种。斜体字字头向右倾斜，与水平基准线约成 75°。

A 型字体的笔画宽度为字高的 1/14，B 型字体的笔画宽度为字高的 1/10。在同一图样上，只允许采用一种型式的字体。

A 型阿拉伯数字：

A 型大写拉丁字母：

A 型小写拉丁字母：

abcdefghijklmnopq
rstuvwxyz

A 型罗马数字：

I II III IV V VI VII VIII IX X

B 型阿拉伯数字：

1234567890

B 型大写拉丁字母：

ABCDEFGHIJKLMNOPQRSTUVWXYZ

B 型小写拉丁字母：

abcdefghijklmnopqrs
tuvwxyz

B 型罗马数字：

I II III IV V VI VII VIII IX X XI XII

（3）其他符号示例

用作指数、分数、极限偏差、注脚等的数字和字母，一般采用小一号的字体。

数字与字母示例：

$R3 \quad 2\times45° \quad M24\text{-}6H \quad 78\pm0.1 \quad \phi65H7$

$10f6 \quad 3P6 \quad 3p6 \quad 10js5(\pm0.003)$

$\phi20^{+0.010}_{-0.023} \quad \phi15^{0}_{-0.011} \quad 90H7/f6 \quad \phi9\dfrac{H7}{c6}$

💡 提示

　　同一张图样上的文字、数字和字母的字高一般应一致，数字和字母只能在斜体和直体之间选一种。

　　零件图中图线、字体的规定如图 1-3 所示。

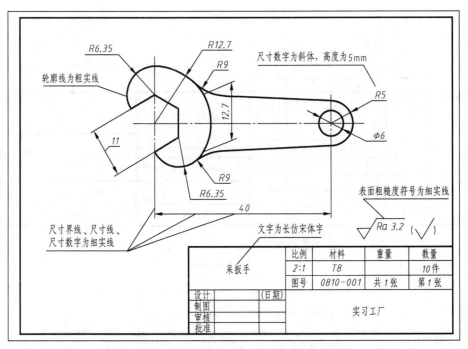

图 1-3　呆扳手零件图中图线、字体的规定

 练一练

　　自己动手练一练 A 型和 B 型汉字和字母，做到：字体工整、笔画清楚、间隔均匀、排列整齐。

二、看懂标题栏和比例

1. 标题栏

　　每张图纸上都有标题栏，标题栏的位置在图纸的右下角，如图 1-3 所示。标题栏的内容、格式及尺寸，在 GB/T 10609.1—2008《技术制图　标题栏》中已做了规定，如图 1-4a 所示。

💡 提示

　　各单位对标题栏的格式及尺寸可参考国标自定。

　　通过看标题栏，可知道零件名称、材料、绘图比例、设计者、单位等内容。从呆扳手零件图的标题栏可知：零件的名称为呆扳手；制造零件的材料牌号为 T8，表示碳的质量分数为 0.80% 的优质碳素工具钢（材料牌号的识读在机械基础课程中会详细讲解）；绘图比例为 2∶1。

2. 比例

　　比例是指图形与其实物相应要素的线性尺寸之比。线性尺寸是指用直线表达的尺寸，如直线长度、圆的直径等。绘图时，应从表 1-3 规定的系列中选取比例。

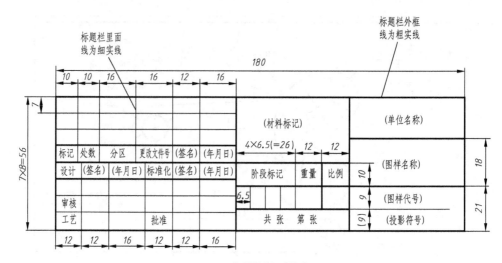

a) 标题栏的标准格式

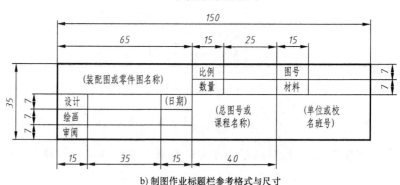

b) 制图作业标题栏参考格式与尺寸

图1-4 标题栏的内容、格式及尺寸

表1-3 标准比例

种类	比　　例	
	优先选取	允许选取
原值比例	$1:1$	
放大比例	$2:1, 5:1, 1\times10^n:1, 2\times10^n:1, 5\times10^n:1$	$4:1, 2.5:1, 4\times10^n:1, 2.5\times10^n:1$
缩小比例	$1:2, 1:5, 1:10, 1:2\times10^n,$ $1:5\times10^n, 1:10\times10^n$	$1:1.5, 1:2.5, 1:3, 1:4, 1:6, 1:1.5\times10^n,$ $1:2.5\times10^n, 1:3\times10^n, 1:4\times10^n, 1:6\times10^n$

呆扳手零件图中比例为 $2:1$，表示图样放大2倍，没有反映实物的真实大小。绘图时，应尽量优先采用 $1:1$ 的原值比例，这样，图样就能直接反映实物的大小；若机件太大或太小可采用缩小或放大比例。不管图中尺寸放大或缩小，仍按实际尺寸来标注，如图1-5所示。

 提示

看图时应以图样上所注尺寸数值为依据，与图形的比例及绘图的准确度无关。

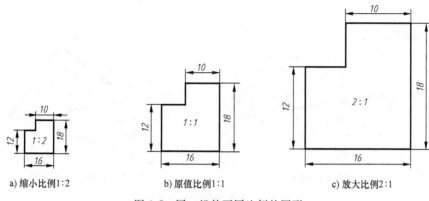

a) 缩小比例1:2　　　　b) 原值比例1:1　　　　c) 放大比例2:1

图 1-5　同一机件不同比例的图形

练一练

学生自己动手按国标规定的格式画线框及标题栏。

三、常用绘图工具及其使用

（一）图板、丁字尺和三角板

1. 图板

板面要求平整，左边为导边，必须平直光滑。图板用来铺放图纸，图纸四角可用胶带纸固定在图板上，如图 1-6 所示。

2. 丁字尺

丁字尺由尺头和尺身组成，主要用来画水平线。使用时尺头内侧必须紧靠图板的导边可上下移动，由左至右画出水平线，如图 1-7 所示。

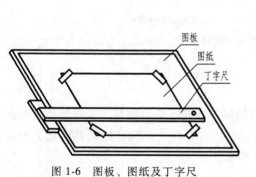

图 1-6　图板、图纸及丁字尺

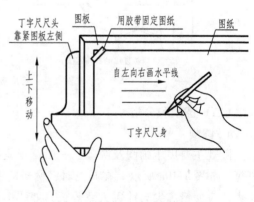

图 1-7　使用丁字尺画水平线

3. 三角板

一副三角板是由锐角为 45°、30°（60°）的两块直角三角板组成。两块三角板组合使用可画与水平线成 15°、75°的倾斜线，以及任意已知直线的平行线或垂直线，如图 1-8 所示。三角板与丁字尺配合使用，可画出垂直线及与水平线成 30°、45°、60°的倾斜线，如图 1-9 所示。

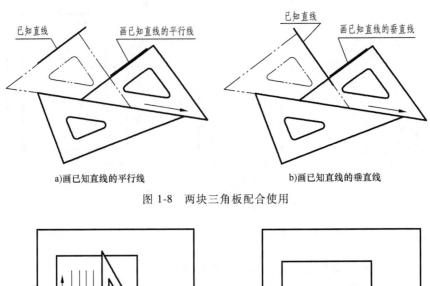

a)画已知直线的平行线　　　　　　　　b)画已知直线的垂直线

图 1-8　两块三角板配合使用

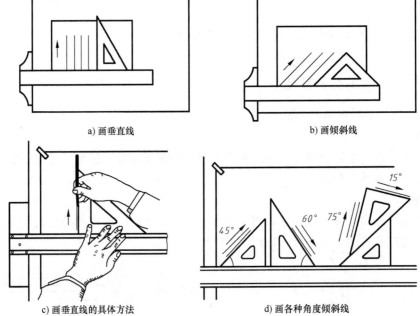

a) 画垂直线　　　　　　　　　　　　　b) 画倾斜线

c)画垂直线的具体方法　　　　　　　　d) 画各种角度倾斜线

图 1-9　三角板与丁字尺配合使用

（二）圆规和分规

1. 圆规

圆规主要用于画圆及圆弧。一般圆规应附有铅笔芯插腿、钢针插腿、直线笔插腿和延伸杆等，如图 1-10a 所示。在画图时，圆规的钢针应使用有台阶的一端，以避免图纸上的针孔扩大，应使铅芯尖与针尖大致等长，如图 1-10b 所示。

2. 分规

分规主要用于量取线段长度和等分线段。其形状类似圆规，但两腿都是钢针。为准确地量取尺寸，分规的两针尖应保持尖锐，并拢时平齐，如图 1-11a 所示，以便准确地在比例尺上量取线段长度。使用分规分割线段的方法如图 1-11b 所示。

（三）铅笔

铅笔用于画图线或写字。铅笔的笔芯有软硬之分，铅笔上标注的"H"表示铅芯硬度，"B"

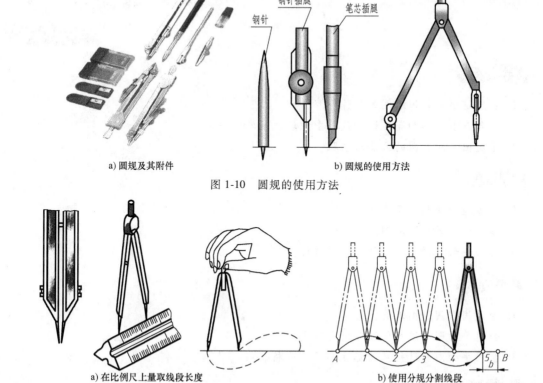

a) 圆规及其附件 b) 圆规的使用方法

图 1-10　圆规的使用方法

a) 在比例尺上量取线段长度 b) 使用分规分割线段

图 1-11　分规的使用方法

表示铅芯的软度，"HB" 表示软硬适中。"H" 前的数字越大，表示铅芯越硬，画线色淡；"B" 前的数字越大，则表示铅芯越软，画线色深。绘图时，一般用 H、2H 铅笔画细线，打底稿；用 HB、B、2B 铅笔画粗实线，加深图线；用 HB 铅笔书写文字。铅笔的削法如图 1-12 所示。

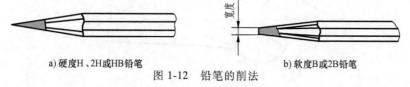

a) 硬度H、2H或HB铅笔 b) 软度B或2B铅笔

图 1-12　铅笔的削法

练一练

请你按表 1-2 所列要求画 15 种线型。

四、呆扳手的图形、尺寸和技术要求

平面图形的画法及尺寸的识读与标注在任务 2 中讲解。零件图中 $\sqrt{Ra\,3.2}$（$\sqrt{}$）是表面粗糙度要求，表面粗糙度简单地讲就是零件表面的粗糙程度。零件图中 $\sqrt{Ra\,3.2}$ 的含义是表面粗糙度用去除材料的方法获得，Ra 的上限值为 $3.2\mu m$，（$\sqrt{}$）表示其余没有标注的所有表面粗糙度都是一样要求。表面粗糙度的知识将在后面的任务中详细讲解。

任务2 学会平面图形的画法和尺寸标注

学时：2

教学目标

1. 能熟练运用常用绘图工具作图。
2. 学会正多边形和圆弧连接的作图原理、基本方法。
3. 能说出平面作图的方法与步骤。

知识点

1. 正多边形的画法及步骤。
2. 圆弧连接的作图原理。
3. 平面图形线段及尺寸的分析与作图。

技能点

1. 会使用常用绘图工具。
2. 会对平面图形进行线段分析与作图。
3. 会对平面图形进行尺寸标注和尺寸分析。

平面图形

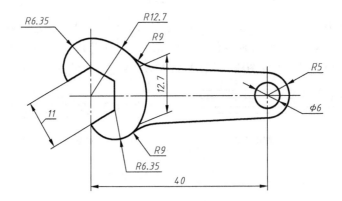

说明

此图按比例进行了放大。

教你如何学会平面图形的画法和尺寸标注

要学会平面图形的画法就先要学会绘制最基础的平面几何图形和圆弧连接的作图。

一、平面几何图形的基本画法

1. 正多边形的画法

1）作内接正三角形，如图 2-1 所示。

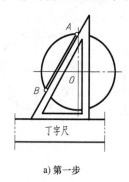
a）第一步

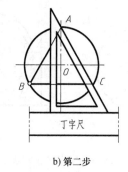
b）第二步

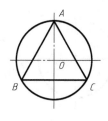
c）第三步

图 2-1　作内接正三角形

2）作内接正方形，如图 2-2 所示。

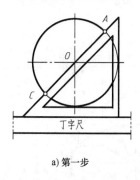
a）第一步

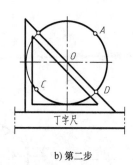
b）第二步

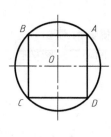
c）第三步

图 2-2　作内接正方形

3）作内接正五边形，如图 2-3 所示。

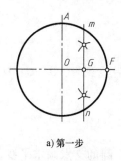
a）第一步

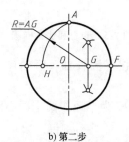
b）第二步

c）第三步

图 2-3　作内接正五边形

① 作中心线 OF 的垂直平分线，与 OF 交于 G 点，如图 2-3a 所示。

② 以 G 为圆心，线段 AG 的长为半径作圆弧 HA，如图 2-3b 所示。

③ 以 A 为圆心，$R=AH$ 为半径，依次等分圆弧，得交点 B、C、D、E，用直线连接 AB、BC、CD、DE、AE，即得到圆的内接正五边形 $ABCDE$，如图 2-3c 所示。

4）作内接正六边形，如图 2-4 所示。

① 以 O 为圆心，R 为半径作圆。

② 以 C、F 为圆心，以 R 为半径分别画圆弧，得交点 A、E 与 B、D。

③ 用三角板依次连接六点。

④ 作出内接正六边形。

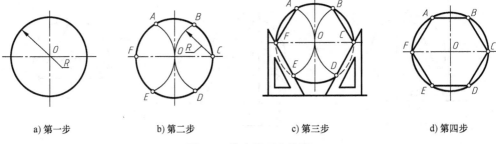

a) 第一步　　　　b) 第二步　　　　c) 第三步　　　　d) 第四步

图 2-4　作内接正六边形

 练一练

请你动手画出正八边形和正十二边形。

2. 椭圆的画法

1）同心圆法画椭圆，如图 2-5 所示。

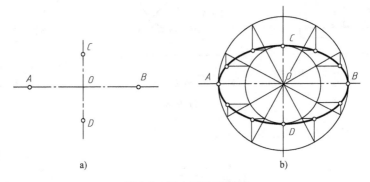

a)　　　　　　　　　　b)

图 2-5　同心圆法画椭圆

① 以 O 为圆心画十字中心线，按椭圆长轴、短轴尺寸测量后找到 A、B、C、D 四点，如图 2-5a 所示。

② 以 O 为圆心，分别以 OA 和 OC 为半径作两个同心圆。

③ 过中心 O 点作均匀辐射线。

④ 过辐射线与大圆的交点向长轴 AB 画垂直线，过辐射线与小圆的交点画水平线，其交点即为椭圆上的点。

⑤ 将上述各点依次光滑地连接起来，即得到所求作的椭圆，如图 2-5b 所示。

2）近似画法（四心画法）画椭圆。

① 以 O 为圆心画十字中心线，按椭圆长轴、短轴尺寸测量后找到 A、B、C、D 四点，连接 AC，并在 AC 上取 $CE = OA - OC$，如图 2-6a 所示。

② 作 AE 的中垂线，并与长、短轴分别交于 O_3 和 O_1，再作对称点 O_4、O_2，如图 2-6b 所示。

③ 以 O_1、O_2、O_3、O_4 各点为圆心，以 O_1C、O_2D、O_3A、O_4B 为半径，分别画圆弧，即得所求作的近似椭圆，如图 2-6c 所示。

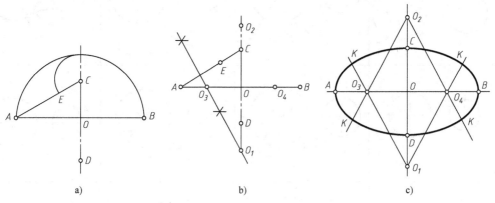

a)   b)   c)

图 2-6 近似画法（四心画法）画椭圆

3. 常用圆弧连接的画法（表 2-1）

 提示

圆弧连接的实质是使圆弧与已知直线或圆弧相切，其切点即为连接点。

表 2-1 常用圆弧连接的画法

状况	已知条件	作图方法与步骤		
		1. 求连接圆弧圆心	2. 求连接点 A、B	3. 画连接圆弧并按图线标准加粗
用圆弧连接两直线				
连接已知直线和圆弧				

（续）

状况	已知条件	作图方法与步骤		
		1. 求连接圆弧圆心	2. 求连接点 A、B	3. 画连接圆弧并按图线标准加粗
外切连接已知两圆弧	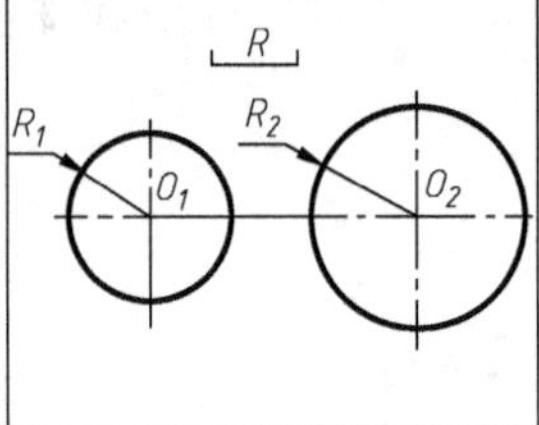	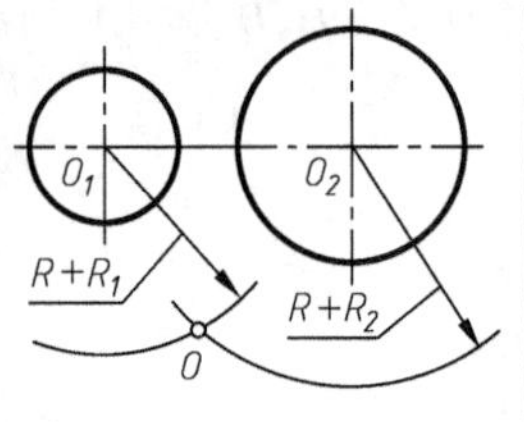	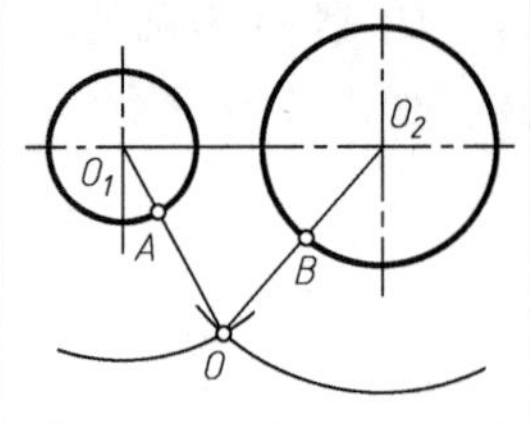	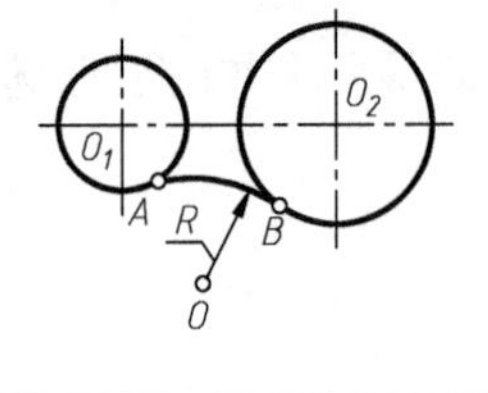
内切连接已知两圆弧	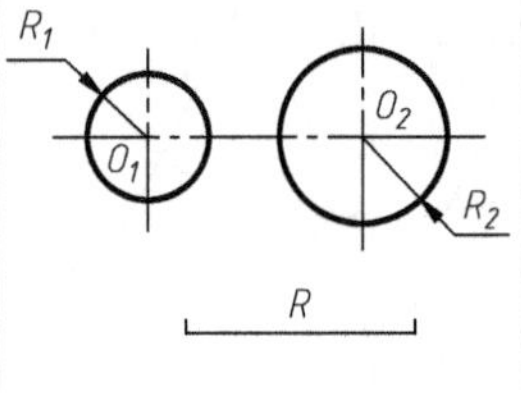	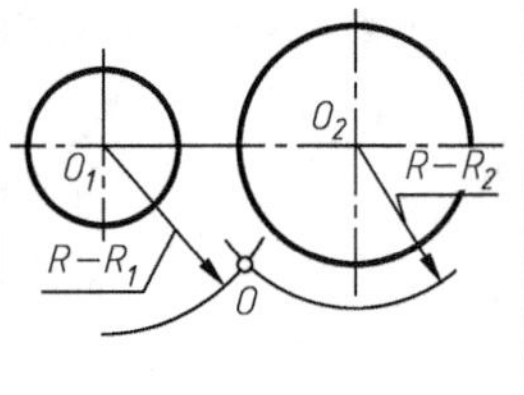	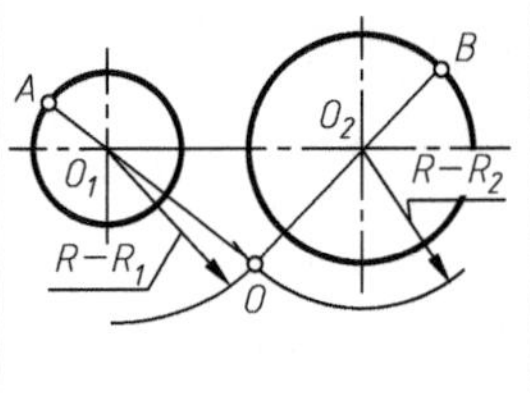	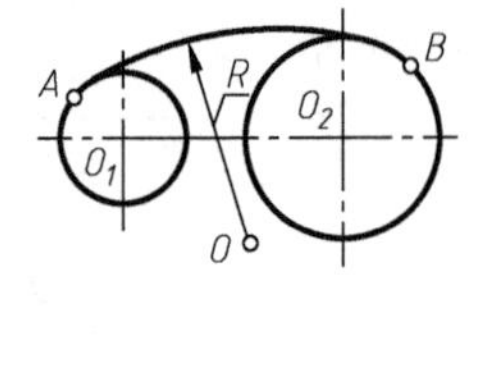
分别外切和内切连接已知两圆弧	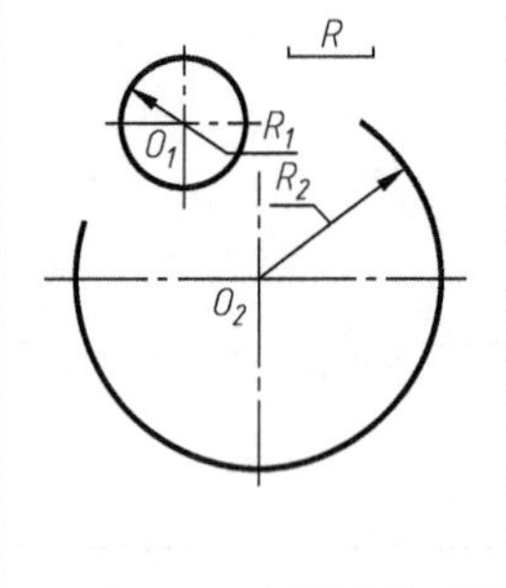	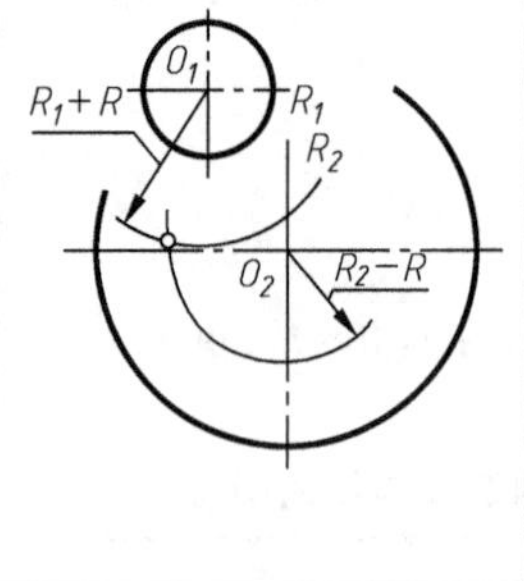	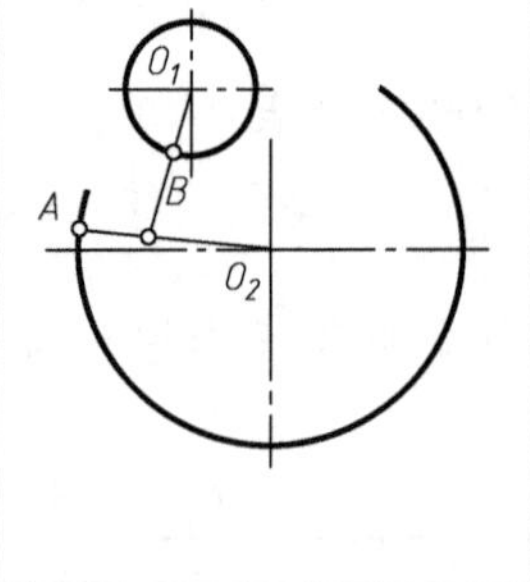	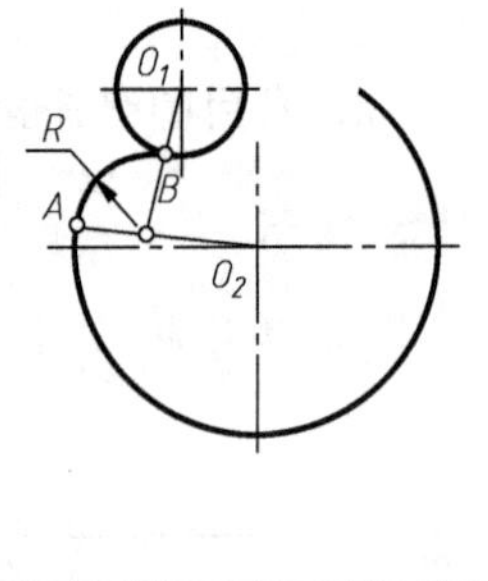

💡 提示

用圆弧连接作图的共同步骤如下：

1）先求出连接圆弧的圆心。

2）再求出连接点（切点）。

3）最后画出连接圆弧，并按图线标准描线。

二、呆扳手平面图形的尺寸分析与作图

（一）平面图形的尺寸分析

通过对平面图形尺寸的分析，可以把平面图形尺寸的特点归纳为以下三点。

（1）尺寸基准

尺寸基准是标注尺寸的起点。平面图形的长度方向和高度方向都要有一个基准。这个基准通常选用图形的对称线、底边、侧边和圆的中心线等。呆扳手选定的尺寸基准是圆的中心线，如图 2-7 所示。

（2）定位尺寸

定位尺寸是确定平面图形各组成部分相对位置的尺寸，如图2-7中的40和12.7等。

（3）定形尺寸

定形尺寸是确定图形各组成部分形状大小的尺寸，如线段的长度、圆及圆弧的直径及半径、角度的大小等，如图2-7中的 $R12.7$、$R6.35$、$\phi6$、$R5$ 及 11 等。

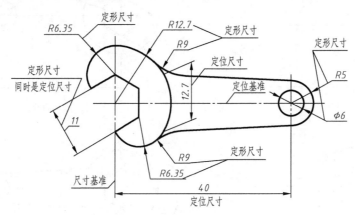

图 2-7 呆扳手平面图尺寸分析

💡 提示

有的尺寸既是定形尺寸又是定位尺寸，具有双重作用，如图2-7中的尺寸11。

（二）平面图形的作图

要顺利进行平面作图，就要认真地对平面图形的线段进行分析。

1. 平面图形的线段分析

可总结出标注尺寸完整所具备的三种类型线段：已知线段、中间线段、连接线段。

1）已知线段。有标注完整的定形尺寸和定位尺寸，作图时，根据标注的尺寸可以直接画出的线段，称为已知线段，如图 2-8b 中正六边形的尺寸 11、圆弧 $R12.7$、$\phi6$、$R5$。

2）中间线段。只标注出定形尺寸和某个方向的定位尺寸，作图时，需要依靠与一端相切或相接的线段作出后，才能由已知的尺寸和几何关系画出的线段，称为中间线段，如图 2-8c 中的圆弧 $R12.7$ 与 $R5$ 之间的斜线段及圆弧 $R6.35$。

3）连接线段。只标注有定形尺寸而未标注出定位尺寸，作图时，其定位尺寸需要依据与其相接线段的连接关系，待相邻线段作出后，通过几何作图才能画出的线段，称为连接线段，如图 2-8d 中的圆弧 $R9$。

2. 平面图形的作图步骤

1）对平面图形进行尺寸分析和线段分析，找出尺寸基准、定位尺寸和定形尺寸，进而确定已知线段、中间线段和连接线段，拟出作图顺序。

2）画图时，要确定图画在图纸的什么位置，选定比例，确定图纸的图幅及其格式，画底稿。先用细实线画出平面图形的对称线、中心线或基准线，再依次画出已知段、中间线段和连接线段。

3）校准底稿，清洁图面，按图线的线型规定把其加深，完成全图。

4）最后按国家标准规定的尺寸标注法，画上尺寸界线和尺寸线，写上尺寸数字；再次校核、修正。

下面以画呆扳手平面图形为例讲述作图步骤及其过程，如图2-8所示。

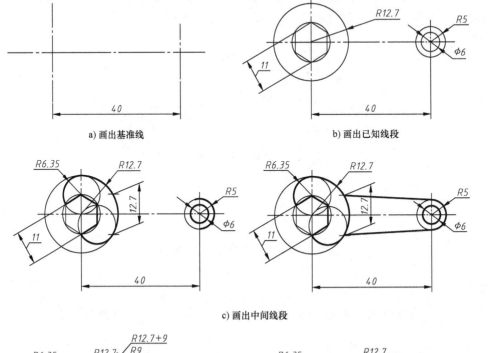

a) 画出基准线   b) 画出已知线段

c) 画出中间线段

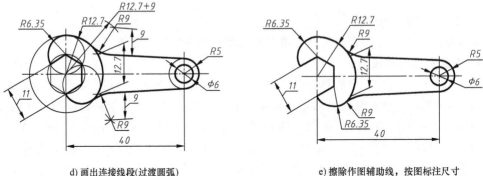

d) 画出连接线段(过渡圆弧)   e) 擦除作图辅助线，按图标注尺寸

图 2-8　呆扳手的作图步骤

（三）平面图形的尺寸标注

平面图形标注尺寸的基本要求是正确、完整、清晰。首先要遵守国家标准有关尺寸标注的基本规定，一般是先标注定形尺寸，再标注定位尺寸。通过几何作图可以确定的线段，不标注尺寸。尺寸标注完成后，检查是否有重复或遗漏。在作图过程中没有用到的尺寸是重复尺寸，要删除。若按尺寸无法完成作图，则说明尺寸不齐全，应补注所需尺寸。标注尺寸时应注意布局清晰。图2-9所示为平面图形尺寸标注要素。

1．标注尺寸的要素

图形只能表示物体的形状，而其大小是由标注的尺寸确定的。图中标注的尺寸由尺寸界线、尺寸线和尺寸数字组成如图2-9所示。

尺寸界线表示所标注尺寸的起止范围，一般由图形轮廓线、轴线或对称中心线处引出。尺寸线表示所标注尺寸的方向，尺寸线的终端有箭头和斜线两种形式，如图2-10所示。同一张图样只能采用一种尺寸线终端形式，机械图样中一般采用箭头作为尺寸线的终端。尺寸数字表示所标注尺寸的大小，一般以毫米（mm）为单位。

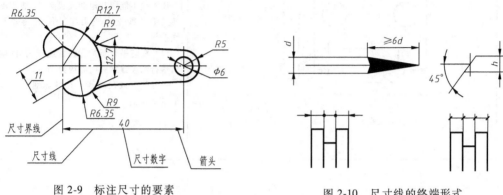

图2-9　标注尺寸的要素

图2-10　尺寸线的终端形式

d—粗实线的宽度　h—字体高度

2. 标注尺寸的基本规则

1）机件的真实大小应以图样上所标注的尺寸数值为依据，与图形的大小及绘图的准确度无关。

2）图样中的尺寸以毫米为单位时，不必标注计量单位的符号或名称。如果用其他计量单位，则必须注明其相应的计量单位符号。

3）图样中所注的尺寸为该图样所示机件的最终完工尺寸，否则应另加说明。

4）机件的每一尺寸一般只标注一次，并应标注在表示该结构最清晰的图形上。

5）尺寸标注应符合表2-2～表2-4的规定。

表2-2　尺寸标注法示例

项目	图例	说明
尺寸界线	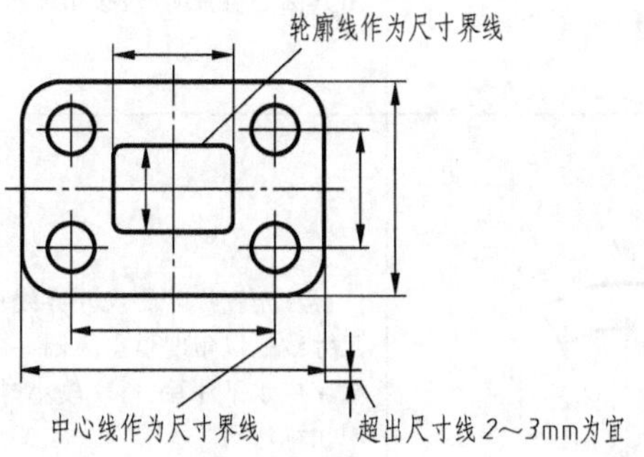 轮廓线作为尺寸界线 中心线作为尺寸界线　超出尺寸线2~3mm为宜	尺寸界线应由图形的轮廓线、轴线或对称中心线处引出，也可利用轮廓线、轴线或对称中心线作为尺寸界线。尺寸界线一般应与尺寸线垂直且超出尺寸线2~3mm

（续）

项目	图例	说明
尺寸线	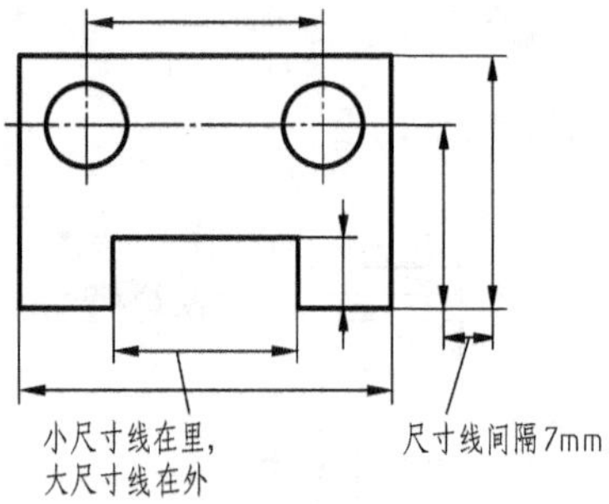 小尺寸线在里， 大尺寸线在外　　尺寸线间隔7mm	尺寸线不能用其他图线代替，一般也不得与其他图线重合或画在其他图线的延长线上 　　尺寸线应平行于被标注的线段，其间隔及两平行的尺寸线间间隔约为7mm 　　尺寸线间或尺寸线与尺寸界线之间应尽量避免相交
尺寸数字	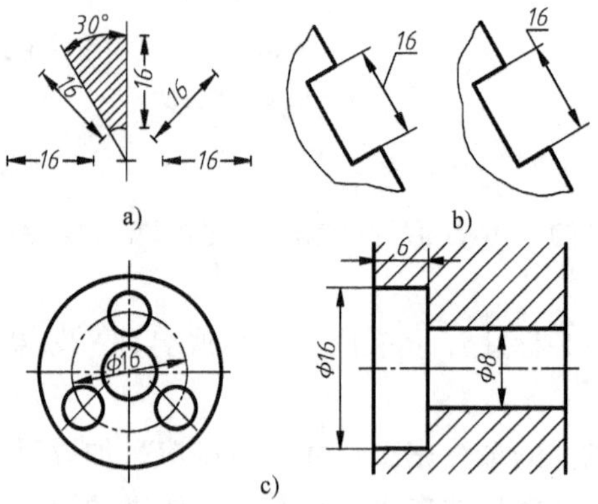 a)　　　　b) c)	尺寸数字一般注写在尺寸线上方或中断处 　　线性尺寸数字的注写方向如图 a 所示，并尽量避免在图示 30°范围内标注尺寸，当无法避免时，可按图 b 所示的形式标注 　　尺寸数字不能被图样上的任何图线所通过，当不可避免时，必须将图线断开，如图 c 所示
直径和半径	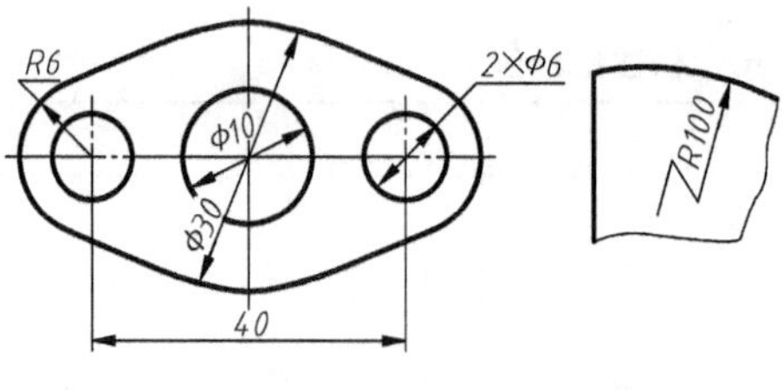 a)　　　　　　b)	标注直径时，在尺寸数字前加注符号"φ"，标注半径时在尺寸数字前加注符号"R"，其尺寸线应通过圆心，尺寸线终端应画成箭头（图 a） 　　当圆弧半径过大或在图纸范围内无法标出其圆心位置时，可按图 b 所示的形式标注
角度	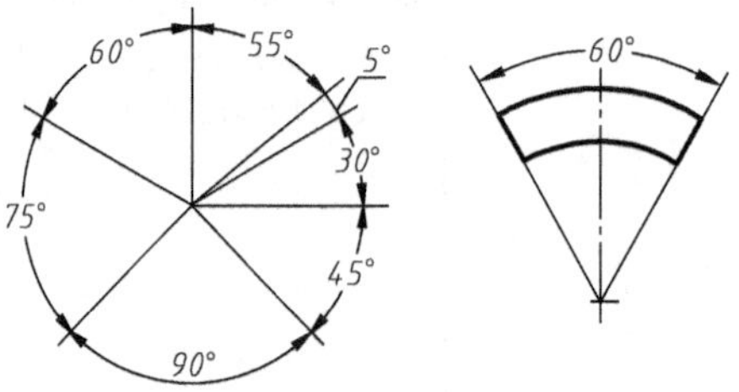	标注角度尺寸的尺寸界线应沿径向引出，尺寸线是以角度顶点为圆心的圆弧线，角度数字应水平注写，角度较小时也可用指引线引出标注

（续）

项目	图例	说明
小尺寸	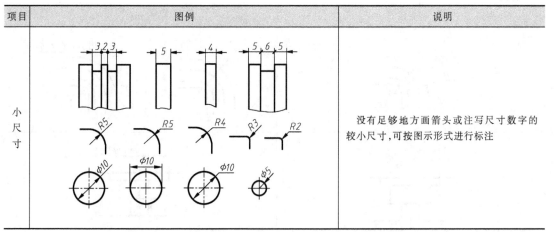	没有足够地方画箭头或注写尺寸数字的较小尺寸,可按图示形式进行标注

表 2-3　尺寸的简化标注示例（GB/T 16675.2—2012）

简化前	简化后
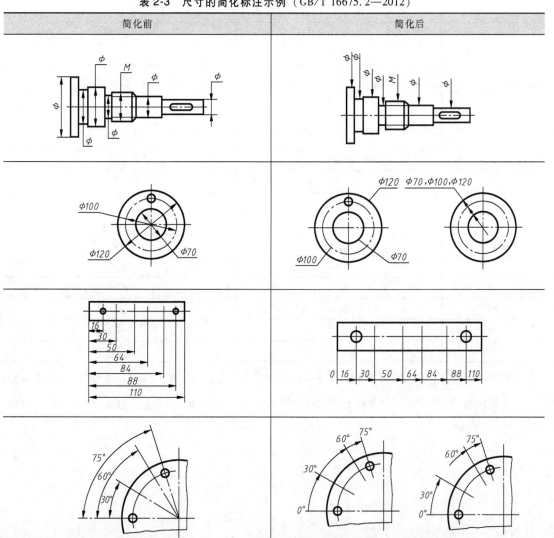	

（续）

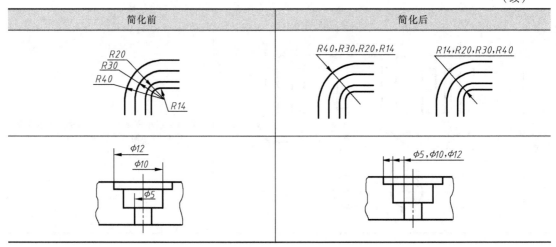

表 2-4 常用尺寸标注符号和缩写词

序号	名称	符号或缩写词
1	直径	ϕ
2	半径	R
3	球直径	$S\phi$
4	球半径	SR
5	厚度	s
6	均布	EQS
7	45°倒角	C
8	正方形	□
9	深度	↓
10	沉孔或锪平	⊔
11	埋头孔	∨
12	弧长	⌒
13	斜度	∠
14	锥度	◁
15	展开长[1]	↺

① 展开长符号 ↺ 标在展开图上方的名称字母后面（如：$A—A$ ↺ ）；当弯曲成形前的坯料形状叠加在成形后的视图画出时，则该图上方不必注展开符号，但图中的展开尺寸应按照" ↺ 200 "（其中 200 为尺寸值）的形式注写。

遨游三视图的天地

学时：14

学习目标

1. 会识读筋板零件图、压板零件图、半圆头铆钉零件图。
2. 会熟练运用常用绘图工具作图。
3. 能严格按机械制图相关国家标准的规定作图。
4. 通过识读三视图，能说出正投影的基本特性。
5. 通过观察自制三投影面体系打开后投影的变化，明确三视图投影规律及方位关系。
6. 会画点、线、面的三视图，并能判断其相对三个投影面的空间位置。
7. 能绘制和识读基本几何体及其切断体的三视图。
8. 会读、画带相贯线结构的零件。
9. 作图时能保持图面清晰、整洁和作图环境的整洁，并保证作图室工具和仪器摆放整齐。
10. 能主动与学习小组成员沟通，与教师和同学建立良好的人际关系。

知 识 点

1. 投影法的概念和投影法的分类。
2. 正投影法的投影特性。
3. 三视图的投影规律及方位关系。
4. 基本几何体及其切断体的三视图。
5. 相贯线的概念和特性。

技 能 点

1. 会画四棱锥三视图，熟练使用绘图工具。
2. 会识读零件图的一般方法和步骤。
3. 通过零件图能想象零件的立体形状。
4. 自己动手制作一个能打开和合拢的三投影面体系模型，然后观察三投影面体系打开后投影的变化。

教学方法

以直观感知为主的教学法；以学生为主、教师为辅的教学法；愉快教学法；任务驱动教学法。

教具、工具与媒体

工具台套数按学生人数匹配：
硬纸，剪刀，胶带纸，机械式绘图机，绘图工具，绘图纸，挂图，多媒体教学设备，教学课件、软件，维修资料，视频教学资料，网络教学资源。

任务3　走进三视图的世界

学时：2

教学目标

1. 会识读零件图的一般方法和步骤。
2. 能看懂零件图的基本内容；
3. 能看懂筋板零件图中的三视图。

知识点

1. 投影法的概念和投影法的分类。
2. 正投影法的基本原理、基本特性。
3. 三投影面体系的组成和展开。
4. 三视图的形成及对应关系。

技能点

1. 能描述投影面体系各基本要素的含义。
2. 能说出正投影法基本原理和基本规律。
3. 会运用三视图之间的投影关系识图、补图和补图线。

零件图

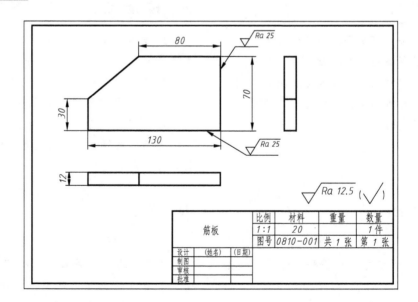

说明

此零件图幅面为 A3，按比例进行了缩小。

教你如何识读筋板零件图

在识读筋板零件图时，我们发现有三个视图。这三个视图是表达三个零件，还是表达一个零件呢？下面就介绍这方面的知识。

一、看图，概括了解筋板零件图

1. 看标题栏

通过零件图右下角的标题栏可以知道：零件的名称为筋板；材料为 20 钢，表示碳的质量分数为 0.20% 的优质碳素结构钢；比例为 1 : 1。

2. 筋板的用途

这类零件主要起支撑及加强筋的作用，如图 3-1 所示，可防止立板在强力的作用下发生倾斜。

💡 提示

要正确判断零件的作用，除参考装配图处，还应具备一定的常识和经验，这需要在长期学习和工作中逐步积累。

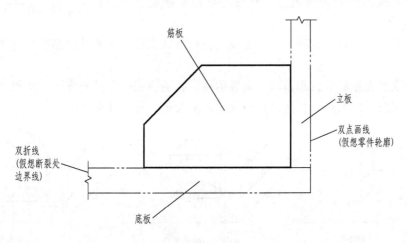

图 3-1　筋板的用途

二、分析视图，想象出零件的形状

1. 筋板三视图的形成

筋板零件图中有三个视图，它们分别是主视图、左视图和俯视图，这三个视图是如何形成的呢？人们发现物体在光线照射下，会在地面或墙面产生影子，这种现象称为投影。照射的光线称为投射线，地面和墙面就是投影面，在投影面上的影子称为物体的投影。这些影子往往不能反映物体的真实大小。投影线都通过投影中心的投影法称为中心投影法，如图 3-2a 所示。当投影中心与投影面的距离为无穷远，所有的投影线被视为是相互平行时，这种投影方法称为平行投影法。平行投影法又分为斜投影法和正投影法，如图 3-2b 所示。

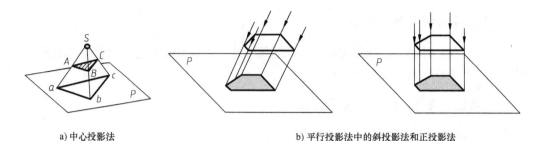

a) 中心投影法　　　　　　　　　　b) 平行投影法中的斜投影法和正投影法

图 3-2　投影法的分类

人们通过研究发现，当相互平行且垂直于投影面的投射线通过物体时，投影面上的投影最能反映物体的真实形状和大小，这种得到投影的方法称为正投影法，如图 3-3 所示。

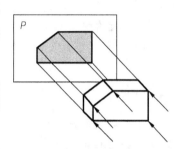

图 3-3　筋板按正投影法
得到的正面投影

 提示

　　书本上所有零件的平面图样都是采用正投影法绘制的。

按正投影法进行投影时，我们发现当直线或平面垂直于投影面时，直线的投影积聚成点，平面的投影积聚成直线，如图 3-4a 所示。

当直线或平面平行于投影面时，直线的投影反映实长，平面的投影反映真实形状，如图 3-4b 所示。

当直线或平面倾斜于投影面时，直线的投影仍为直线，但其长度小于实长，平面图形的投影小于真实图形的大小，且其形状与真实图形类似，如图 3-4c 所示。

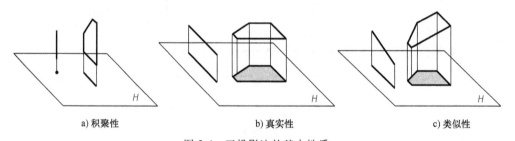

a) 积聚性　　　　　　　　　b) 真实性　　　　　　　　　c) 类似性

图 3-4　正投影法的基本性质

🐝 想一想

　　按正投影法，你能够把一个四边形的平面摆放出三角形或非四边形的多边形的投影吗？

人们发现一般情况下，物体的一个投影面不能确定其形状。如图 3-5 所示，三个形状不同的物体在同一投影面上投影都相同。

所以工程上常用三投影面体系来表达简单物体的形状。图 3-6 所示为三个相互垂直的投影面。三个投影面分别为：正投影面，简称正面，用 V 表示；水平投影面，简称水平面，用 H 表示；侧投影面，简称侧面，用 W 表示。

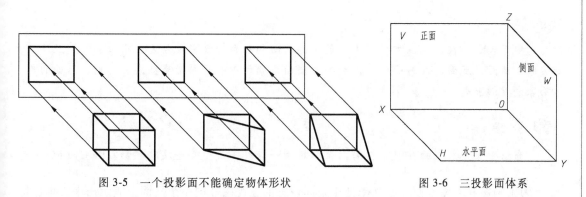

图 3-5 一个投影面不能确定物体形状　　　　图 3-6 三投影面体系

当筋板放在三个相互垂直的投影面体系中，按正投影法进行投影，其投射线分别垂直于三个投影面，在三个投影面上分别得到三个图形，这种按正投影法绘制的物体图形称为视图，如图 3-7a 所示，即主视图、左视图和俯视图。

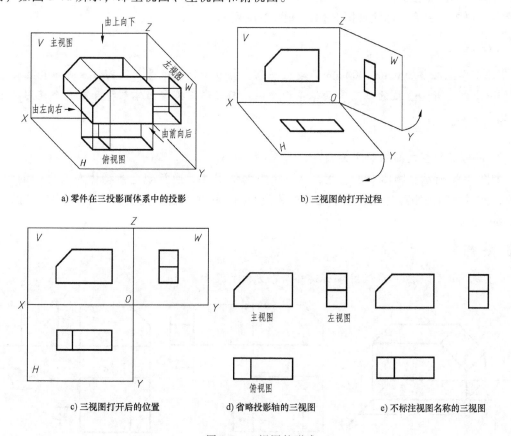

a) 零件在三投影面体系中的投影　　　　b) 三视图的打开过程

c) 三视图打开后的位置　　d) 省略投影轴的三视图　　e) 不标注视图名称的三视图

图 3-7 三视图的形成

主视图：由前向后投射，在正面上所得的视图，因主视图反映物体的主要特征，是为"主"的视图，因此称主视图。

左视图：由左向右投射，在右侧面上所得的视图。

俯视图：由上向下投射，在水平面上所得视图。

💡 **提示**

按正投影法投影,在主视图中,筋板的前面和后面的投影重合为一个投影面,且反映实形;顶面、底面、倾斜面、左侧面和右侧面垂直于正面而积聚为直线,与前、后面的外轮廓线投影重叠。

🈸 **想一想**

筋板中哪些线或面在哪个投影面上积聚为一点或一线?哪些反映实形?哪些类似?

为了画图和看图方便,必须使处于空间位置的三视图在同一个平面上表示出来,可保持正面不动,水平面绕 OX 轴向下旋转90°,侧面绕 OZ 轴向右旋转90°,如图3-7b所示。这时三个投影面就旋转到一个平面上,如图3-7c所示。省略投影轴,如图3-7d所示。三视图这时的位置为主视图在上方,俯视图在主视图正下方,左视图在主视图的正右方。如果按上述位置布置视图,一律不标注视图名称,如图3-7e所示。

👤 **做一做**

每个学生准备300mm×300mm的硬纸一张、剪刀和胶带纸等,按图3-6所示自己动手制作一个能打开和合拢的三投影面体系模型。然后观察三投影面体系打开后三个视图的方位变化情况。

2. 筋板三视图之间的对应关系

如图3-8a所示,物体有长、宽、高三个方向的尺寸。通常规定:物体左右之间的距离为长,前后之间的距离为宽,上下之间的距离为高。一个视图只能反映两个方向的尺寸,如图3-8b所示。

🈸 **想一想**

主视图、俯视图、左视图各反映哪两个方向的尺寸?

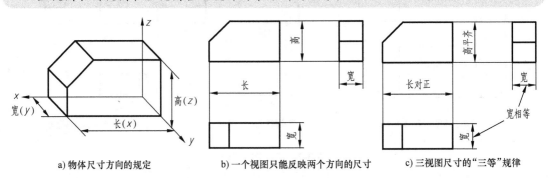

a) 物体尺寸方向的规定　　b) 一个视图只能反映两个方向的尺寸　　c) 三视图尺寸的"三等"规律

图3-8　三视图尺寸的对应关系

前面讲过筋板放在三投影面体系中在三个投影面上得到三个视图,如图3-7a所示,按照正投影法,通过观察发现三视图之间的投影规律可归纳为:主视图与俯视图长对正,主视图与左视图高平齐,俯视图与左视图宽相等。简称为:长对正、高平齐、宽相等。这是看图和画图的依据，如图 3-8c 所示。

如图 3-9a 所示，筋板有上、下、左、右、前、后六个方位。每个视图只能反映四个方位的关系。

想一想

主视图、俯视图、左视图各反映哪四个方位？

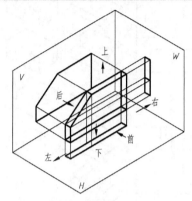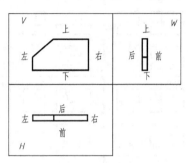

a) 筋板放在三投影面体系中的方位关系　　　　b) 三投影面体系打开后的方位关系

图 3-9　三视图的方位关系

提示

三个视图在展开过程中，当水平面向下旋转后俯视图的下方实际表示物体的前方，俯视图的上方表示物体的后方；当侧面向右旋转时，左视图的右方实际上表示物体的前方，左视图的左方表示物体的后方。用自己制作的三投影面体系的模型观察三投影面体系打开后投影的方位变化，如图 3-9b 所示。

3. 结合三视图，想象筋板形状

由于每个视图只能反映物体一个方向的形状，读图时必须将筋板三个视图联系起来，互相对照分析，才能正确地想象出该物体的形状。观察三个视图，我们发现三个视图的外形轮廓基本上都是长方形，如图 3-10a 所示。

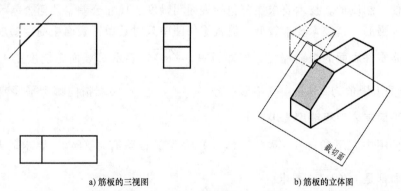

a) 筋板的三视图　　　　　　　　　　　　b) 筋板的立体图

图 3-10　筋板的三视图和立体图

这说明筋板的基本形状为长方体。主视图的长方形缺一个角，说明长方体的左上方被切去一块,如图 3-10b 所示。这样我们就能想象出筋板零件的形状。

试一试

选择与三视图对应的立体图编号填入括号内。

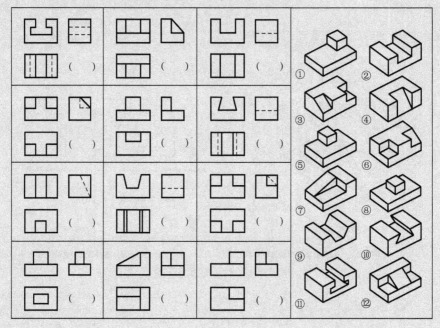

三、了解零件的尺寸要求

图形只能表示物体的形状,而其大小是由标注的尺寸确定的。

筋板零件的长为 130mm,宽为 12mm,高为 70mm,30mm 和 80mm 表示与斜面有关的尺寸。

四、看懂技术要求

零件图上仅有图形和尺寸尚不能完全反映对零件的全面要求,因此,零件图上还要有技术要求,以便控制质量。技术要求主要包括表面粗糙度、尺寸公差、几何公差等内容。由于筋板是作为加强筋,其技术要求较低,筋板零件图中只对其做了表面粗糙度要求。表面粗糙度简单讲就是零件表面的粗糙程度。零件图中 $\sqrt{Ra\ 25}$ 表示其表面粗糙度用去除材料的方法获得,Ra 的上限值为 $25\mu m$,三角形符号 ($\sqrt{}$) 尖端指向哪个平面或其延长线就表示对那个平面有表面粗糙度要求。

筋板零件图中右下角的 $\sqrt{Ra\ 12.5}$ ($\sqrt{}$) 表示筋板除有 $\sqrt{Ra\ 25}$ 要求的两个表面外,其余所有表面都是 $\sqrt{Ra\ 12.5}$ 要求。

综合归纳零件的形状、尺寸及技术要求,就能读懂筋板的零件图。

任务4　读画三视图中的点、线、面

教学目标

1. 会依据空间点、线、面的位置画出其三面投影。
2. 会依据点、直线、平面的三面投影判断其空间位置。
3. 会运用三视图之间的投影关系识图、画图和补画图线。

知 识 点

1. 点的投影与点坐标的关系。
2. 直线上点的投影特性。
3. 点、线、面的投影特性和三面投影。

技 能 点

1. 会正确标注点、线、面在空间和三面投影中的字母。
2. 会依据空间点的坐标画出点的三面投影。
3. 会依据直线上点的一面投影找出点的两面投影。

筋板三视图中的点线面

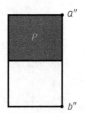

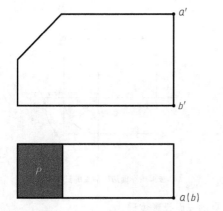

思考

判断 P 面、AB 直线、A 点、B 点的空间位置。

教你如何读画三视图中的点、线、面

任何物体的表面都可以看成是由点、线、面组成的，所以要先搞清楚点、线、面的投影。

一、点的投影

想一想

按照正投影法投影，点的三面投影都是点吗？点的投影会形成线段或者一个平面吗？

通过研究发现，点的投影只可能是点。点的三面投影如图 4-1a 所示。

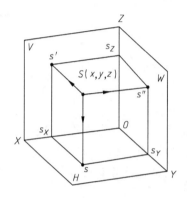

a) 点在三投影面体系中的投影

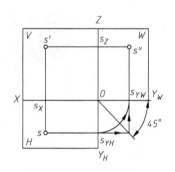

b) 三视图打开后点的投影

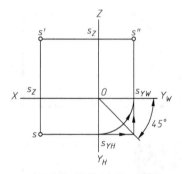

c) 去掉投影面边框后点的三面投影

图 4-1 点的三面投影过程

提示

规定空间一点用大写英文字母表示，例如 A、B、C、S 等。在 H 面、V 面和 W 面，S 点的投影分别规定用小写英文字母 s、s' 和 s'' 表示。点的两面投影的边线必会垂直于投影轴，即：$ss' \perp OX$，$s's'' \perp OZ$，$ss_{YH} \perp OY_H$；$s''s_{YW} \perp OY_W$。

例 4-1 已知点 A 的 V 面投影 a' 与 H 面投影 a，求作 W 面投影 a''，如图 4-2 所示。

1. 投影分析

根据点的投影规律可知 $a'a'' \perp OZ$，过 a' 作 OZ 轴的垂线 $a'a_Z$（高平齐），并延长至 a'' 使 $a''a_Z = aa_X$（宽相等），延长线端点 a 即为点 A 在 W 面的投影 a''。

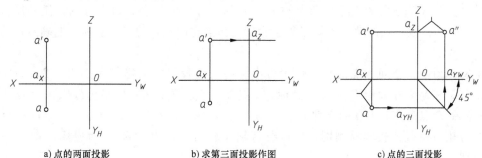

a) 点的两面投影　　　　　b) 求第三面投影作图　　　　　c) 点的三面投影

图 4-2　已知点的两面投影求第三面投影过程

2. 作图步骤

1）过 a' 作 $a'a_Z \perp OZ$，并延长，如图 4-2b 所示。

2）量取 $a''a_Z = aa_X$，即可求得 a''，如图 4-2c 所示。也可用 45°线作图求得 a''。

在三投影面体系中，点的位置可由点到三个投影面的距离来确定。如果将三个投影面作为三个坐标面，投影轴作为坐标轴，则点的投影和点的坐标关系如图 4-3 所示。

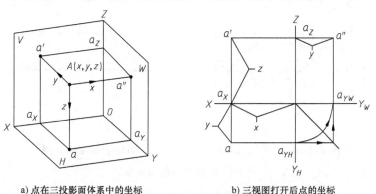

a) 点在三投影面体系中的坐标　　　　　b) 三视图打开后点的坐标

图 4-3　点的投影与点的坐标关系

🦔 **想一想**

如图 4-3 所示，空间 A 点的坐标（x，y，z），x、y、z 分别表示到哪个投影面的距离？

👤 **做一做**

已知空间 A 点的三个坐标：$x = 20$，$y = 15$，$z = 10$（单位均为 mm），也可表示为 A（20，15，10），求作 A 点的三面投影。

💡 **提示**

做题时，要根据已知条件，即点 A 的三轴坐标，先作出该点的两个投影，再求作另一个投影。动手试一试吧！

点 A 到 W 面的距离为 $Aa'' = a_X O = a'a_Z = aa_Y = X$ 的坐标；点 A 到 V 面的距离为 $Aa' = a_Y O = a''a_Z = aa_X = Y$ 的坐标；点 A 到 H 面的距离为 $Aa = a_Z O = a''a_Y = a'a_X = Z$ 的坐标。

空间一点的位置可由该点的坐标 (x, y, z) 确定。

因此，点 A 三投影的坐标分别为 $a(x, y)$、$a'(x, z)$、$a''(y, z)$。可见，任一投影都包含了两个坐标，故一点的两个投影必须包含确定该点空间位置的三个坐标，能确定点的空间位置。

在投影图中，空间两点的相对位置可由它们同面投影的坐标值大小来判别。如图 4-4 所示，A 点的 X 坐标大于 B 点的 X 坐标，A 点在 B 点左侧；A 点的 Y 坐标大于 B 点的 Y 坐标，A 点在 B 点前方；A 点的 Z 坐标小于 B 点的 Z 坐标，A 点在 B 点下方。空间两点的上下和左右相对位置比较容易判别，所以要特别注意两点在 H 面和 W 面投影的前后相对位置的判别。

试一试

根据下列各点的坐标 B $(0, 0, 0)$、C $(10, 0, 0)$、D $(0, 10, 20)$，画出它们的三面投影，并指出其对应的空间位置。

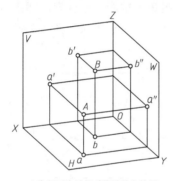
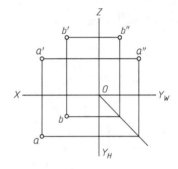

a) 空间两点的相对位置的立体图　　　　b) 空间两点位置的投影

图 4-4　空间两点的相对位置

如果 C 点和 D 点的 X、Y 坐标相同，C 点的 Z 坐标大于 D 点的 Z 坐标，如图 4-5 所示，则 C 点和 D 点的 H 面投影 c 和 d 重合在一起，称为 H 面的重影点。在标注重影点时，将不可见的投影加括号，如 C 点在上，遮住了下面的 D 点，所以 D 点水平面投影用 (d) 表示。

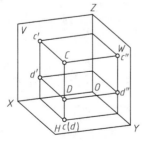
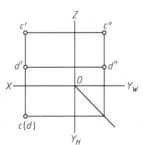

a) 空间两重影点相对位置的立体图　　　　b) 空间两重影点位置的投影

图 4-5　重影点的投影

练一练

在下图中作出 C、D 两点的三面投影，并标注可见性（尺寸数从图中量出，取整数）。

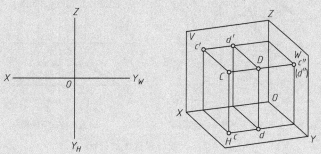

二、直线的投影

想一想

直线的投影一定是直线吗？直线的投影会形成一个点或者一个平面吗？

要搞清楚这个问题，先来分析空间直线相对于一个投影面的位置有几种。通过分析可知有三种：一般位置、平行和垂直，如图 4-6 所示。

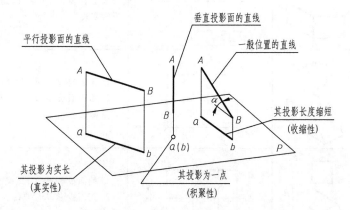

图 4-6　空间直线相对于一个投影面的位置

如果把这根直线放在一个三投影面体系中，其相对投影面的位置仍然是三种：一般位置、投影面平行线和投影面垂直线。

先来分析一般位置直线。所谓一般位置直线是指直线对三个投影面均倾斜，如图 4-7 所示。

提示

空间两点可以决定一条直线，作直线段投影时，只要作直线段上首尾两点的投影，然后将它们连接起来，就得到了直线的投影。

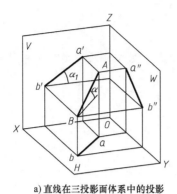

a) 直线在三投影面体系中的投影

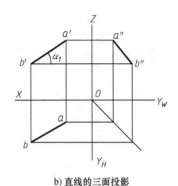

b) 直线的三面投影

图 4-7　一般位置直线的投影

其投影没有积聚性，并且相对三个坐标轴均倾斜，其投影长度均小于实长。那么什么情况下直线的投影会积聚为一点呢？前面讲过，当直线垂直于投影面时，在这个投影面上直线的投影会积聚为一点，它又分为三种情况：铅垂线——垂直于水平面的直线；正垂线——垂直于正面的直线；侧垂线——垂直于侧面的直线。其投影特性见表 4-1。

表 4-1　投影面垂直线的投影特性

类型	三视图	投影图	投影特性
铅垂线			1. 水平面投影 $a(b)$ 积聚成一点 2. 正面投影 $a'b'//OZ$，侧面投影 $a''b''//OZ$，都反映实长
正垂线			1. 正面投影 $c'(d')$ 积聚成一点 2. 水平面投影 $cd//OY_H$，侧面投影 $c''d''//OY_W$，都反映实长
侧垂线			1. 侧面投影 $c''(b'')$ 积聚成一点 2. 正面投影 $c'b'//OX$，水平面投影 $cb//OX$，都反映实长

投影面平行线的概念是直线平行于某一投影面，而对另外两个投影面倾斜。由于只平行于一个投影面，所以在三投影面体系中，也有三种位置：水平线——平行于水平面的直线；正平线——平行于正面的直线；侧平线——平行于侧面的直线。其投影特性见表 4-2。

🐛 想一想

如果空间一点 C 在空间直线 AB 上，那么该点 C 的三面投影是否会在直线 AB 的三面投影上呢？

你用铅笔（作直线）和粉笔头（作点）能比划出来空间点不在铅笔上而点的三面投影都在铅笔投影上吗？

表 4-2　投影面平行线的投影特性

类型	三视图	投影图	投影特性
水平线			1. 水平面投影 $ab = AB$ 2. 正面投影 $a'b' // OX$，侧面投影 $a''b'' // OY_W$，都不反映实长 3. β、γ 反映直线对 V 面和 W 面倾角的真实大小，$\alpha = 0$
正平线			1. 正面投影 $c'b' = CB$ 2. 水平面投影 $cb // OX$，侧面投影 $c''b'' // OZ$，都不反映实长 3. α、γ 反映直线对 H 面和 W 面倾角的真实大小，$\beta = 0$
侧平线			1. 侧面投影 $a''c'' = AC$ 2. 正面投影 $a'c' // OZ$，水平面投影 $ac // OY_H$，都不反映实长 3. α、β 反映直线对 H 面和 V 面倾角的真实大小，$\gamma = 0$

很显然，不能！如果点在直线上，则点的各投影必在该直线的同面投影上，如图4-8所示。

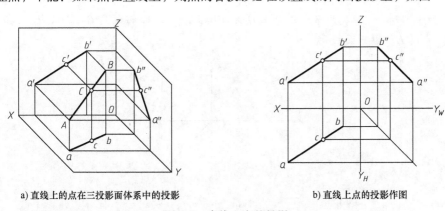

a) 直线上的点在三投影面体系中的投影　　　　b) 直线上点的投影作图

图 4-8　直线上点的投影

如果空间点属于直线，可利用该特征，求点的投影。

例 4-2　如图4-9所示，已知点 M 在直线 CD 上，求作它们的三面投影。

分析：由于点 M 在直线 CD 上，所以点 M 的各投影必在 CD 的同面投影上。

作图：如图4-9b所示，先作出直线 CD 的侧面投影 $c''d''$ 后，即可在 cd 和 $c''d''$ 上确定点 M 的水平面投影 m 和侧面投影 m''。

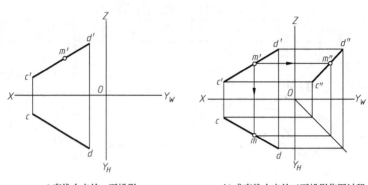

a) 直线上点的一面投影   b) 求直线上点的三面投影作图过程

图 4-9 直线上点的投影作图

练一练

1）根据下图所示直线的二面投影作出第三面投影并完成填空。

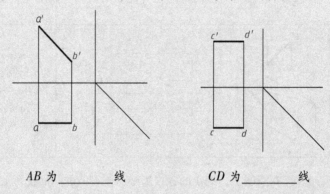

AB 为＿＿＿＿＿线   CD 为＿＿＿＿＿线

2）如下图所示，EF 为水平线，长度为 10mm，与 V 面的倾角 $\beta=30°$，F 点在 E 点的右前方，完成 EF 的三面投影。

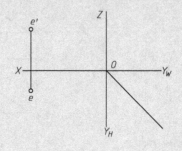

三、平面的投影

在三投影面体系中，平面相对于投影面的位置也分三种：一般位置平面、投影面平行面、投影面垂直面（后两类平面也称特殊位置平面）。

一般位置平面是相对三个投影面都处于倾斜位置的平面，如图 4-10 所示，其投影都没有积聚性，均为比空间平面小的类似形状，即不反映其真实形状。

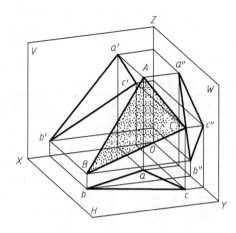 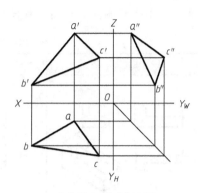

a) 一般位置平面在三投影面体系中的投影　　b) 一般位置平面投影作图过程

图 4-10　一般位置平面

当空间平面垂直于某一投影面，而倾斜于其他两个投影时，把它称为投影面垂直面。它也有三种位置：铅垂面——垂直于水平面的平面；正垂面——垂直于正面的平面；侧垂面——垂直于侧面的平面。其投影特性见表 4-3。

表 4-3　投影面垂直面及其投影特性

类型	三视图	投影图	投影特性
铅垂面			1. 水平投影积聚成直线，β、γ 反映对 V 面、W 面倾角的真实大小，$\alpha=90°$ 2. 正面投影和侧面投影为平面的类似形
正垂面			1. 正面投影积聚成直线，α、γ 反映对 H 面、W 面倾角的真实大小，$\beta=90°$ 2. 水平面投影和侧面投影为平面的类似形
侧垂面			1. 侧面投影积聚成直线，α、β 反映对 H 面、V 面倾角的真实大小，$\gamma=90°$ 2. 水平面投影和正面投影为平面的类似形

当空间平面平行于一个投影面，一定会垂直于另外两个投影面，这样的平面称为投影面平行面。它也有三种位置：水平面——平行于水平面的平面；正平面——平行于正面的平面；侧平面——平行于侧面的平面。其投影特性见表 4-4。

表 4-4 投影面平行面及其投影特性

类型	三视图	投影图	投影特性
水平面			1. 水平面投影反映实形 2. 正面投影积聚成直线且平行于 OX 轴，侧面投影也积聚成直线且平行于 OY_W 轴
正平面			1. 正面投影反映实形 2. 水平面投影积聚成直线且平行于 OX 轴，侧面投影也积聚成直线且平行于 OZ 轴
侧平面			1. 侧面投影反映实形 2. 水平面投影积聚成直线且平行于 OY_H 轴，正面投影也积聚成直线且平行于 OZ 轴

试一试

如下图所示，已知平面的两个投影面的投影，作其第三投影面上的投影。

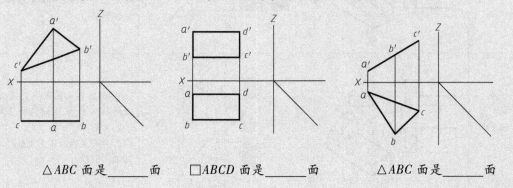

△ABC 面是_____面　　□ABCD 面是_____面　　△ABC 面是_____面

任务5　读画平面体的三视图

学时：2

教学目标

1. 学会读画平面体的一般方法和步骤。
2. 能读画平面体表面上点、线、面的三面投影。
3. 学会在平面体表面上找点的投影方法和步骤。

知识点

1. 平面体、曲面体的概念。
2. 棱柱和棱锥的投影特性。
3. 点在平面上的投影特性。

技能点

1. 会判断是平面体还是曲面体。
2. 会读画平面体的三视图。
3. 会求平面体表面上点的投影。

平面体的三视图

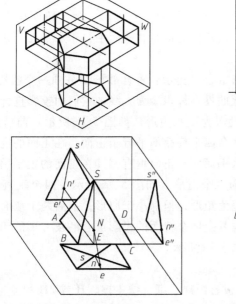

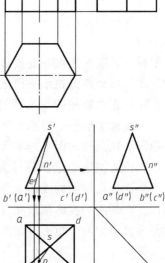

思考

棱柱、棱锥的投影特性的异同。

教你如何读画平面体的三视图

一、学习平面体的投影作图

所谓平面体是指组成物体的表面全部为平面，而没有一个曲面，如棱柱、棱锥、棱台等；如果至少有一个表面是曲面，则是曲面体，如圆柱、圆锥、球等。

想一想

下图中的几何体哪些是平面体？哪些是曲面体？

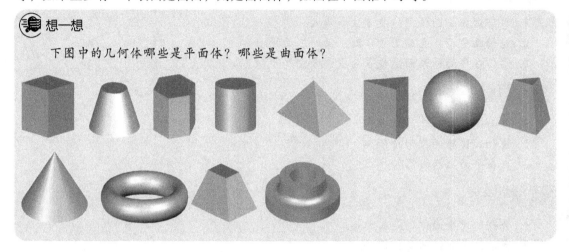

（一）棱柱

1. 棱柱投影作图

下面以六棱柱为例，分析其投影特征和作图方法，如图 5-1 所示。

（1）投影分析

图 5-1a 所示正六棱柱的顶面和底面是相互平行的正六边形，六个棱面均为矩形，且与顶面和底面垂直。为作图方便，选择将正六棱柱的顶面和底面平行于水平面，并使前、后两个棱面与正面平行。

正六棱柱的顶面和底面的水平面投影重合（提示：重合部分都只画一个投影），并反映实形——正六边形，六个棱面在水平面上的投影都积聚为直线，它们的投影重合在正六边形的六条边线上，所以正六棱柱的水平面投影为正六边形，如图 5-1a 所示。前后两个棱面的正面投影重合，并反映实形——矩形，其余四个棱面不平行于正面，在正面的投影虽仍为矩形，但都小于原形。顶面和底面平行于水平面而与正面垂直，其在正面的投影积聚在上下两条平行线上，所以正六棱柱的正面投影为三个矩形，如图 5-1a 所示。四个垂直于水平面的棱面均不平行于侧面，在侧面的投影虽仍为矩形，但都小于原形；前后两个棱面、顶面和底面都垂直于侧面，在侧面的投影积聚在与其余四个棱面的投影重合的长方形的四条边上，所以正六棱柱的侧面投影为两个矩形，如图 5-1a 所示。

（2）作图步骤

1）画图前的准备工作。准备好三角板、圆规、纸、橡皮擦、H 或 2H 和 B 或 2B 铅笔。

2）布置图形。根据所画图形的大小和选定的比例，合理布图。图形尽量布置均匀、居中，如果要标注尺寸，还要考虑标注尺寸的位置。

3）画底稿。先拿 H 或 2H 铅笔用细实线轻淡地画出正六棱柱的对称中心线和底面基线，再画出最具有轮廓特征的俯视图——正六边形，如图 5-1b 所示。按长对正的投影关系，并量取正六棱柱的高度画出主视图，再按高平齐、宽相等的投影关系画出左视图，如图 5-1c 所示。

4）检查后描深。描深图线前，要仔细检查底稿，纠正错误，擦去多余的作图线和图上污迹。拿 B 或 2B 铅笔描深看得见的轮廓线，如图 5-1c 所示。

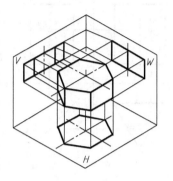
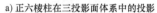
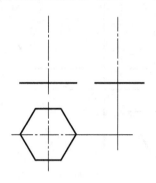
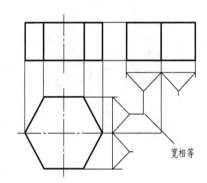

a) 正六棱柱在三投影面体系中的投影　　　　b) 正六棱柱作图过程　　　　c) 正六棱柱的投影

图 5-1　正六棱柱的投影作图

 练一练

画出下图所示正三棱柱、正五棱柱的三视图（尺寸从图中量取）。

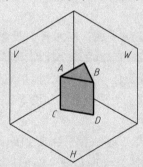
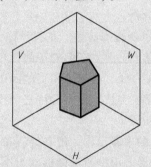

2. 棱柱表面上点的投影

下面以三棱柱表面上点的投影为例，分析其投影特征和作图方法，如图 5-2 所示。

（1）投影分析

如图 5-2 所示，正三棱柱的顶面与底面平行于水平面，在水平面两投影重合并反映实形——正三角形，在正面和侧面的投影都积聚成直线；后棱面平行于正面，在正面的投影反映实形——矩形，在水平面和侧面投影积聚成直线；另两个棱面垂直于水平面，在水平面投影积聚成直线，在侧面和正面的投影虽仍为矩形，但都小于原形。

（2）作图步骤

1）作三棱柱的对称中心线和底面基线，并画出具有形状特征的视图——俯瞰视图的等边三角形，如图 5-2b 所示。

2）按长对正的投影关系并量取三棱柱的高度画出主视图，再按宽相等、高平齐的投影关系画出左视图，如图 5-2c 所示。

3）N 点在棱面 ABCD 上，棱面 ABCD 在水平面上的投影积聚成一条直线，N 点的水平面投影必在直线 ab 上，再按已知两面投影求作第三面投影的方法作出该点在左视图上的投影 n″。

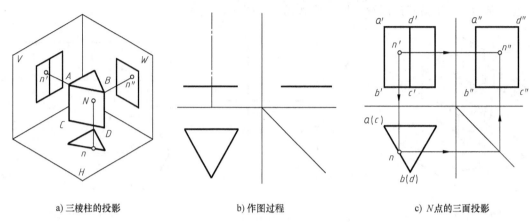

a) 三棱柱的投影　　　　　　b) 作图过程　　　　　　c) N点的三面投影

图 5-2　三棱柱的投影及其表面上点的投影

（二）棱锥

1．棱锥投影作图

下面以图 5-3a 所示正四棱锥为例分析其投影特征和作图方法。

（1）投影分析

图 5-3a 所示四棱锥前后、左右对称，底面平行于水平面，其水平面投影反映实形。左、右两个棱面垂直于正面，它们的正面投影积聚成直线。前、后两个棱面垂直于侧面，它们的侧面投影积聚成直线。与锥顶相交的四条棱线不平行于任一投影面，所以它们在三个投影面上的投影都不反映实长。投影后将三个投影面展开到一个平面上，如图 5-3b 所示。

（2）作图步骤

1）画图前的准备工作。准备好三角板、圆规、纸、橡皮擦、H 或 2H 和 B 或 2B 铅笔。

2）布置图形。根据所画图形的大小和选定的比例，合理布图。图形尽量布置均匀、居中，如果要标注尺寸，还要考虑标注尺寸的位置。

3）画底稿。拿 H 或 2H 铅笔先用细实线轻淡地画出四棱锥的对称中心线、轴线和底面，如图 5-3c、d 所示。然后根据四棱锥的高度在轴线上定出锥顶的三面投影位置，再在主、俯视图上分别用直线连接锥顶与底面四个顶点的投影，即得四条棱线的投影。最后由主、俯视图画出左视图，如图 5-3e 所示。

4）检查后描深。描深图线前，要仔细检查底稿，纠正错误，擦去多余的作图线和图上污迹。拿 B 或 2B 铅笔描深看得见的轮廓线，如图 5-3f 所示。

2．棱锥表面上点的投影

下面以四棱锥表面上点的投影为例，分析其投影特征和作图方法。如图 5-4 所示，已知四棱锥面 SBC 上点 N 的正面投影 n′，求作 n 和 n″。

（1）投影分析

SBC 是侧垂面，其在侧面的投影积聚成直线 s″b″(c″)。由于 N 点属于 SBC 表面上的一点，所以 N 点的侧面投影也一定在直线 s″b″(c″) 上。SBC 面相对正面和水平面倾斜，因此

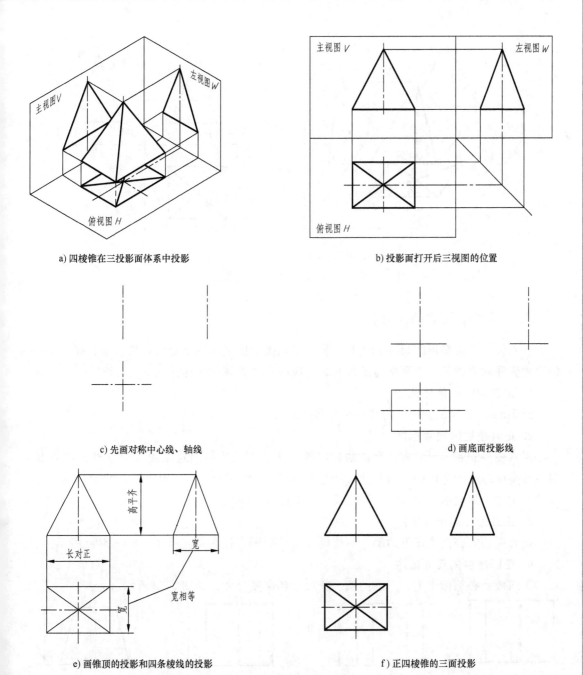

a) 四棱锥在三投影面体系中投影

b) 投影面打开后三视图的位置

c) 先画对称中心线、轴线

d) 画底面投影线

e) 画锥顶的投影和四条棱线的投影

f) 正四棱锥的三面投影

图 5-3 正四棱锥的作图过程

其在正面和水平面的投影是一个变形的三角形，没有积聚性，必须在立体四棱锥的前表面过 N 点作 SE 辅助线，那么 N 点就属于空间辅助线 SE 上的一点。根据直线上点的投影特性，N 点的三面投影一定在空间辅助线 SE 的三面投影上。

（2）作图步骤

利用辅助线法由 s' 过 n' 延长到 e'，作出辅助线 $s'e'$，再按长对正的投影关系作出 se，并在 se 上定出 n。由于四棱锥面 SBC 是侧垂面，可由 n' 直接作出 n''，如图 5-4b 所示。

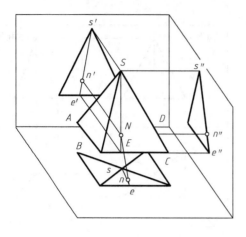 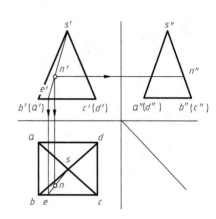

a) 四棱锥及其表面上点在三投影面体系中投影　　　　b) 作图过程

图 5-4　四棱锥表面上点的投影

二、学习平面体的尺寸标注

平面体与平面图形的尺寸标注有差异。平面图形的大小通常是由其长、宽、高三个方向的尺寸标注来表达的，而平面体的尺寸标注应根据平面体的具体形状进行标注。

1. 正三棱柱的尺寸标注

图 5-5a 所示为正三棱柱的底面尺寸和高度尺寸。

2. 正六棱柱的尺寸标注

正六棱柱的底面尺寸有两种注法，一种是注出正六边形的对角线尺寸（外接圆直径），另一种是注出正六边形的对边尺寸（内接圆直径）。常用的是后一种方法，将对角线尺寸作为参考尺寸，加上括号，再标注高度尺寸，如图 5-5b 所示。

3. 正五棱柱的尺寸标注

正五棱柱的底面为正五边形，只要标注其外接圆直径和高度尺寸，如图 5-5c 所示。

4. 正四棱台的尺寸标注

正四棱台必须标出上、下底的长、宽尺寸和高度尺寸，如图 5-5d 所示。

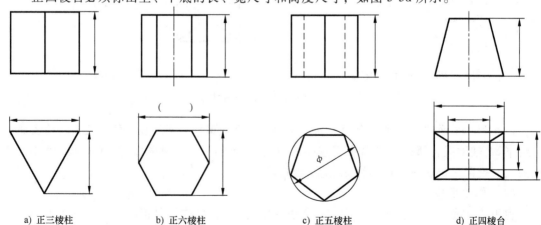

a) 正三棱柱　　　　　b) 正六棱柱　　　　　c) 正五棱柱　　　　　d) 正四棱台

图 5-5　平面体尺寸标注

任务6　读画平面切割体的三视图

学时：2

教学目标

1. 学会识读平面切割体的一般方法和步骤。
2. 看懂压板的零件图。
3. 会平面切割平面体的投影作图。

知识点

1. 截交线、截断面、截平面的概念。
2. 平面切割平面体的投影作图规律。

技能点

1. 会分析平面切割体的切割过程。
2. 会读画截断面或截交线三视图。
3. 能找到截断面中点、线、面的三面投影。

压板零件图

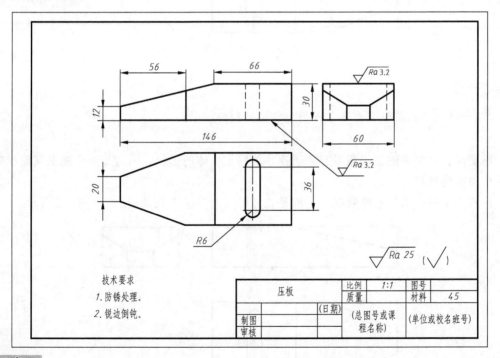

思考

压板是由何种几何体切割而成？

教你如何识读压板零件图

在识图中，我们经常遇到类似压板的零件，对于这类零件图，我们如何来识读呢？

一、看图，概括了解零件图

1. 看标题栏

通过零件图右下角的标题栏可以知道：零件的名称为压板；材料为 45，表示碳的质量分数为 0.45% 的优质碳素结构钢；比例为 1∶1。

2. 压板的用途

这类零件主要是起夹持零件的作用，防止零件在加工时发生移动而影响加工。

二、分析视图，想象出零件的形状

压板零件图中有三个视图，它们分别是主视图、左视图和俯视图，如图 6-1 所示，

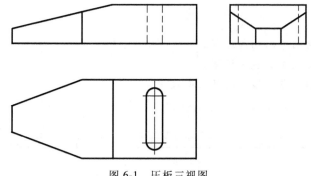

图 6-1　压板三视图

想一想

指出压板三视图中哪个是主视图、左视图和俯视图。

看图时，几个视图必须联系起来识读才能确定物体的形状，因为每一个视图只能反映机件一个方向的形状。

压板三个视图的外形轮廓基本上都是长方形（补齐三个缺角后），如图 6-2 所示。

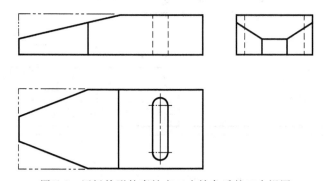

图 6-2　压板外形轮廓补齐三个缺角后的三个视图

所以，可以想象压板是由长方体被多个平面切割和挖长圆形孔而成。可以先想象压板的基本形状为长方体，如图 6-3a 所示，然后画长方体的三视图，如图 6-3b、c 所示。

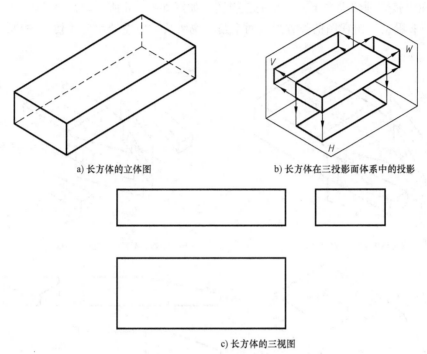

a) 长方体的立体图

b) 长方体在三投影面体系中的投影

c) 长方体的三视图

图 6-3　长方体的投影过程

从图 6-2 看，主视图的长方形缺一个角，说明长方体的左上方切去一块，如图 6-4a 所示。

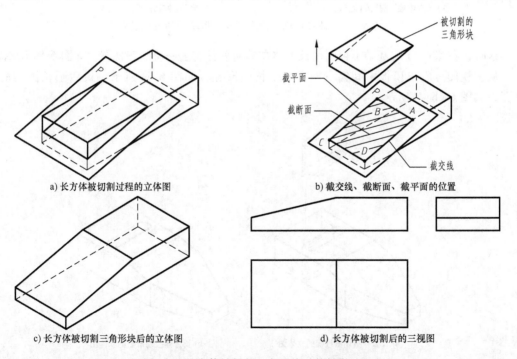

a) 长方体被切割过程的立体图

b) 截交线、截断面、截平面的位置

c) 长方体被切割三角形块后的立体图

d) 长方体被切割后的三视图

图 6-4　长方体被切割三角形块后的投影过程

用平面 P 切割长方体，平面 P 称为截平面，平面与长方体表面的交线称为截交线（AB、CD、AD 和 BC 线），由截交线围成的平面图形 $ABCD$ 称为截断面，如图 6-4b 所示。可在长方体三视图上接着画切去左上方一块的三视图，如图 6-4c、d 所示。

从图 6-2 看出，俯视图的长方形缺两个角，说明长方体左端前后各切去一块，如图 6-5a 所示。

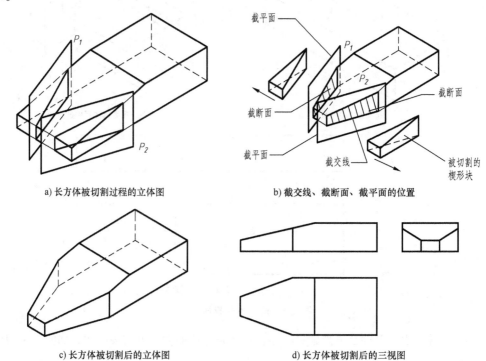

a) 长方体被切割过程的立体图

b) 截交线、截断面、截平面的位置

c) 长方体被切割后的立体图

d) 长方体被切割后的三视图

图 6-5　长方体被切割三角形块和楔形块后的投影过程

这时，在图 6-4d 的基础上再画出长方体左端前后各切去一块的三视图，如图 6-5d 所示。

从主视图可看出压板中间偏右挖了一个长圆形孔，如图 6-6a 所示。最后画长圆孔的三视图，如图 6-6b~d 所示。

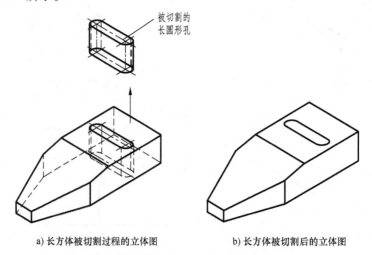

a) 长方体被切割过程的立体图

b) 长方体被切割后的立体图

图 6-6　压板在被切割长圆形孔后的投影过程

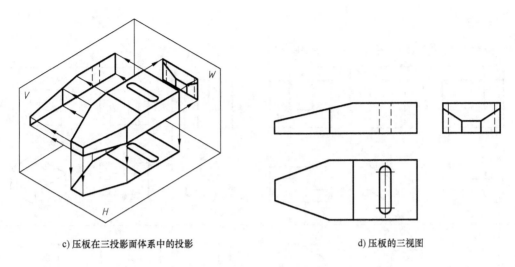

c) 压板在三投影面体系中的投影　　　　　　　　　d) 压板的三视图

图 6-6　压板在被切割椭圆形槽后的投影过程（续）

这样一步步综合起来想象压板的整体形状，如图 6-7 所示。

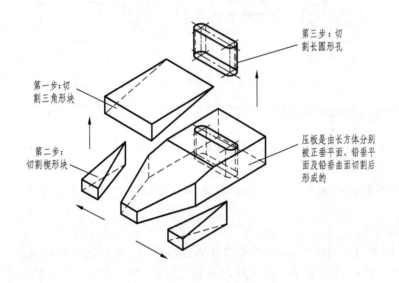

第三步：切割长圆形孔

第一步：切割三角形块

第二步：切割楔形块

压板是由长方体分别被正垂平面、铅垂平面及铅垂曲面切割后形成的

图 6-7　压板切割过程

💡 提示

今后同学们只要碰到基本几何体被切割的立体图形，其看图或画图的步骤都可以按以上识读（或画）压板的步骤来进行。

通过以上看压板的三视图可知，画这类零件三视图的关键是识读（或画）出截断面或截交线三视图。而要画出截断面，首先要找截断面中的交点，如图 6-4b 中的 *A*、*B*、*C*、*D* 四个交点，再找出空间点的三面投影，就可以画出截断面 *ABCD* 的三面投影。

试一试

根据下图中的立体图补画视图所缺的图。

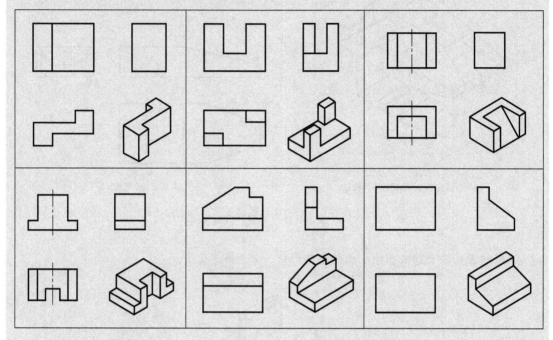

三、平面切割平面体作图

平面切割体三视图的画法是在画平面体的基础上，综合运用点、线、面的投影规律画出截断面的三视图。

下面以正四棱锥被正垂面切割的作图为例，分析其投影特征和作图方法，如图 6-8 所示。

（1）投影分析

1）正垂面 P 与正四棱锥 $SABCD$ 的四条棱边都相交，所以截交线构成了一个四边形的截断面 $EFGR$，点 E、F、G、R 分别是四条棱边 SB、SC、SD、SA 上的一点，如图 6-8a 所示。

2）正四棱锥的前、后两平面是侧垂面，其侧面投影积聚成两条斜线；左、右两侧平面是正垂面，其正面投影也积聚成两条斜线。平面 P 是正垂面与正四棱锥斜交，交线 ER 与 FG 是正垂线，在正面投影积聚为一点，水平面投影与侧面投影均反映实长；交线 EF 与 GR 是一般位置直线，如图 6-8b 所示。

3）截断面 $EFGR$ 的正面投影都积聚在直线 $e'f'$ 上，E、F、G、R 四点的水平面投影和侧面投影可以运用直线上点的投影特性寻找，如图 6-8c 所示。

（2）作图步骤

1）先用细实线作出正四棱锥 S-$ABCD$ 的三视图，切割正四棱锥的 P 面是正垂面；在正面，截断面 $EFGR$ 积聚成一条斜线；先画出来并标注出四点：$e'(r')$、$f'(g')$，如图 6-8c 所示。

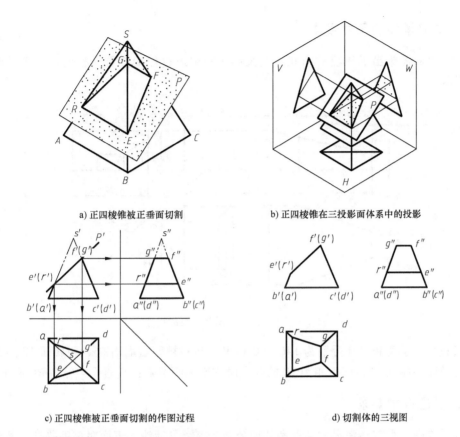

a) 正四棱锥被正垂面切割

b) 正四棱锥在三投影面体系中的投影

c) 正四棱锥被正垂面切割的作图过程

d) 切割体的三视图

图 6-8　正四棱锥与正垂面相交及其交线的投影

2）按照直线上点的投影特性，在水平面上找到直线 sa 中的 r 点，直线 sb 中的 e 点，直线 sc 中的 f 点，直线 sd 中的 g 点；按照高平齐、宽相等，找到侧面点 e″、f″、g″、r″，如图 6-8c 所示。

3）最后，依次连接同面各投影点，擦除辅助线和被切割的部分，将线条按国家标准对于图线的规定加深，如图 6-8d 所示。

练一练

平面 P 与 L 形六面体相交，如下图所示。画出相交面的三面投影（尺寸从图中量取）。动手试一试吧！

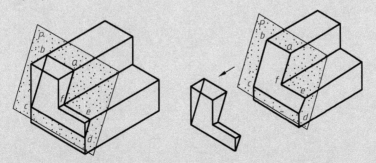

四、了解零件的尺寸要求

以上只是看图想出了压板的形状，其大小还必须通过仔细查看所标的尺寸来了解，如图 6-9 所示。

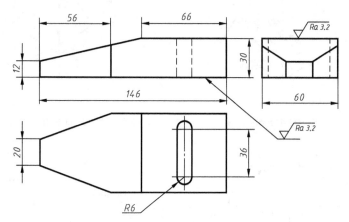

图 6-9 压板的三视图及标注的尺寸

压板总长、总宽和总高分别为 146、60 和 30；压板被距右端面 66、距底面 12 的正垂面切割；还被距左端面 56、前后相距 20 的两个对称铅垂面切割；其通孔半径为 $R6$ 槽长 36。

五、看懂技术要求

压板零件图中没有标注尺寸公差和几何公差要求，只标注了表面粗糙度要求。其表面粗糙度要求为：顶面和底面都为 $\sqrt{Ra\,3.2}$，表示表面粗糙度用去除材料的方法获得，Ra 的上限值为 $3.2\mu m$，三角形符号（$\sqrt{}$）尖端指向哪个平面或其延长线就表示对那个平面有表面粗糙度要求。

压板零件图中右下角的 $\sqrt{Ra\,25}$（$\sqrt{}$）表示压板除顶面和底面要求表面粗糙度为 $\sqrt{Ra\,3.2}$ 外，其余所有表面都是 $\sqrt{Ra\,25}$ 要求。

综合归纳零件的形状、尺寸及技术要求，即可读懂压板零件图。

任务7 读画曲面体的三视图

学时：2

教学目标

1. 学会读画曲面体的一般方法和步骤。
2. 能找到曲面体表面上点、线、面的三面投影。
3. 学会在曲面体表面上找点的投影方法和步骤。

知识点

1. 平面体、曲面体的概念。
2. 曲面体的投影特性。
3. 回转曲面体表面上点的投影特性。

技能点

1. 会判断是平面体还是曲面体。
2. 会读画曲面体的三视图。
3. 会求曲面体表面上点的投影。

曲面体的三视图

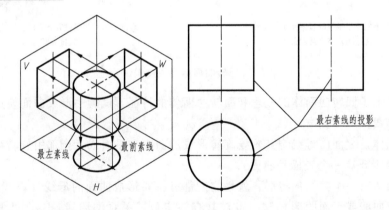

思考

圆柱体、圆锥体、圆台体和圆球体投影特性的有何异同？

教你如何读画曲面体的三视图

在识图中，我们经常遇到曲面体的零件，对于这类零件图，我们如何来识读呢？

一、读画曲面体的三视图

1. 回转曲面体的概念与特征

先做一个试验，拿一根钢丝绕一轴线旋转一周，如图 7-1 所示。粗实线代表直钢丝（或弯成圆形），点画线代表轴线，按箭头方向旋转一周，我们观察钢丝的运动轨迹形成了什么样的曲面体。

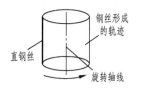 

a) 平行于轴线的直钢丝旋转，其运动轨迹为圆柱体　　b) 斜交轴线的直钢丝绕轴线旋转，其运动轨迹为圆锥体

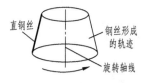 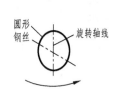 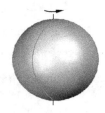

c) 倾斜而不相交于轴线的直钢丝绕轴线旋转，　　　d) 圆形钢丝绕通过其圆心的轴线旋转，
其运动轨迹为圆锥台体　　　　　　　　　　其运动轨迹为圆球体

图 7-1　回转曲面体形成过程试验

该试验得出了回转曲面体的概念和回转曲面体的特征。试验中形成曲面轨迹的钢丝在定义中称其为母线。

回转曲面体是表面由母线绕其轴线旋转形成的曲面和平面或者全部由旋转得到的曲面构成的形体（至少要有一个表面是曲面）。

回转曲面体有一个共同的特征，就是它们都有一条形成曲面的母线（母线可以是直线，也可以是任意曲线或平面图形）和一条与其有一定位置关系的回转轴。常见的基本回转曲面体有圆柱体、圆锥体、圆锥台体、圆球体等，如图 7-2 所示。

圆柱体　　　　　　　圆锥体　　　　　　　圆锥台体　　　　　　圆球体

图 7-2　基本回转曲面体

2. 回转曲面体的三视图及其表面上点的投影

（1）圆柱体

圆柱体是由圆柱面与上下两底面围成的。圆柱面可看作是由一条母线绕平行于它的轴线旋转而成的。圆柱面上任意一条平行于轴线的直母线，称为圆柱面的素线，如图 7-3a 所示。

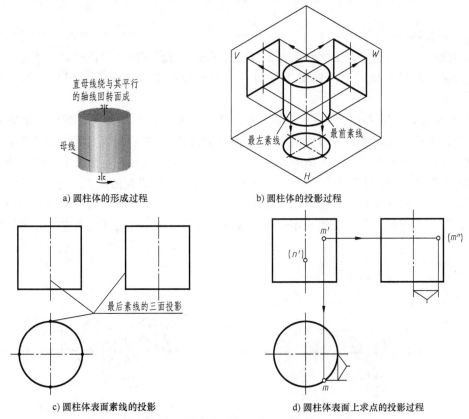

a) 圆柱体的形成过程　　　　　b) 圆柱体的投影过程

c) 圆柱体表面素线的投影　　　d) 圆柱体表面上求点的投影过程

图 7-3　圆柱体的三视图及其表面上点的投影

1）投影分析。当圆柱体轴线垂直于水平面时，圆柱体上、下两底面的水平面投影反映实形为圆形，正面和侧面投影积聚成直线。圆柱面的水平面投影积聚在圆周上与圆柱体上、下两底面水平面投影外轮廓线重合。在正面投影中前、后两半圆柱面的投影重合为一矩形，矩形的两条竖线分别是圆柱面最左与最右素线的投影，同时也是圆柱面前、后分界的转向轮廓线。在侧面投影中，左、右两半圆柱面的投影重合为一矩形，矩形的两条竖线分别是圆柱面最前和最后素线的投影，也是圆柱面左、右分界的转向轮廓线，如图 7-3b、c 所示。

2）圆柱体的作图方法。画圆柱体的三视图时，先画出投影的所有中心线（细点画线），再画出圆形的俯视图，然后根据圆柱体的高度画出另外两个视图，如图 7-3c 所示。

3）圆柱体表面上点的投影。通过圆柱体的投影分析及其作图，了解了圆柱体三视图的特征，进一步由已知圆柱面上的点 M 的正面投影 m'，求作 m 和 m''。

先根据圆柱面水平面投影的积聚性作出 m。由于 m' 是可见的，则点 M 必在前半圆柱面上，侧面投影在圆柱面的右半圆柱面上，其投影（m''）是不可见的。注意：在画圆柱体的三视图和 M 点的投影过程中，一定要符合投影规律，即长对正、高平齐、宽相等，如图 7-3d 所示。

想一想

参考图 7-3d，若已知圆柱面上点 N 的正面投影（n'），试分析求作 n 和 n''，并判断其可见性。

（2）圆锥体

由前面的试验知道，圆锥体由圆锥面和底面围成。而圆锥面可看作是由一条直母线绕与它斜交的轴线回转而成的。圆锥面上任何一条与轴线斜交的直母线为圆锥体的素线，如图 7-4a 所示。

1）投影分析。图 7-4b、c 所示为轴线垂直于水平面的正圆锥体的三视图。锥底面平行于水平面，水平面投影反映实形为圆形，正面和侧面投影积聚成直线。圆锥面的三个投影都没有积聚性，其水平面投影与底面的水平面投影重合，全部可见。正面投影由前、后两个半圆锥面的投影重合为一个等腰三角形，三角形的两腰分别是圆锥面最左、最右素线的投影，也是圆锥面前、后分界的转向轮廓线。侧面投影由左、右两半圆锥面的投影重合为一个等腰三角形，三角形的两腰分别是圆锥体最前、最后素线的投影，也是圆锥面左、右分界的转向轮廓线。

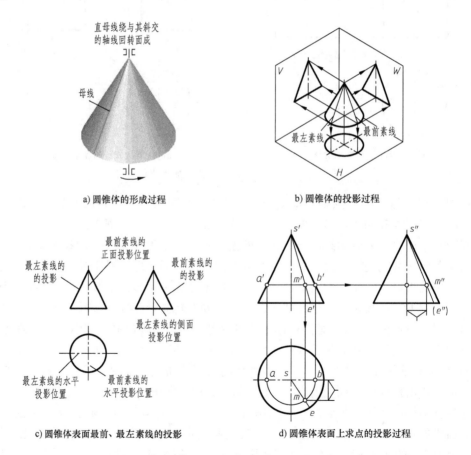

a) 圆锥体的形成过程

b) 圆锥体的投影过程

c) 圆锥体表面最前、最左素线的投影

d) 圆锥体表面上求点的投影过程

图 7-4　圆锥体的三视图及其表面上点的投影

2）作图方法。画圆锥体的三视图时，先画各投影的中心线（细点画线），再画俯视图为圆形的投影，然后根据圆锥体的高度画出锥顶的投影和等腰三角形。完成圆锥体的三视图如图 7-4c 所示。

3）圆锥体表面上点的投影。如图 7-4d 所示，已知圆锥体表面上点 M 的正面投影 m'，求作 m 和 m"。根据点 M 的位置和可见性，可确定点 M 在前、右圆锥面上，点 M 的三面投影均是可见的。

辅助作图方法有如下两种：

① 辅助素线法。如图 7-4d 所示，根据点在直线上的投影法则，过锥顶 S 和点 M 作辅助素线 s'e'，然后作出该辅助素线的水平和侧面的投影 se 和 s"(e")，再由点在直线上投影关系作出 m 和 m"。

② 辅助纬圆法。如图 7-4d 所示，过点 M 在圆锥面上作垂直于圆锥体轴线的水平辅助纬圆，点 M 的各投影必在该圆的同面投影上。过 m' 作圆锥体轴线的垂直线，交圆锥体左、右轮廓线于 a'、b'，a'b' 即为辅助纬圆的正面投影。以顶点的水平投影 s 为圆心，以 a'b' 为直径，作辅助纬圆的水平面投影，由 m' 求得 m，再由 m' 和 m 求得 m"。

🦌 **想一想**

参照图 7-4d，若点 N 的位置是在后、右圆锥面上，你能根据圆锥体表面上点 N 的正面投影 n'，求作 n 和 n" 吗？

👆 **试一试**

由圆柱体与圆锥体形成过程及其表面上点的投影特性和规律，你一定能总结出圆台体的形成及其表面上点的投影特性和规律了。请你画出圆台体的三视图，根据圆台体表面上任意点 M 的正面投影 m'，求作 m 和 m"。

（3）圆球体

圆球体的表面可看作同一条圆母线绕其直径回转而成，如图 7-5a 所示。

1）投影分析。从图 7-5b 可以看出，圆球体的三个视图都是等径圆，并且是圆球体上平行于相应投影面的三个不同位置的最大轮廓圆。正面投影的轮廓圆是前、后两半球面可见与不可见的分界线；水平面投影的轮廓圆是上、下两半球面可见与不可见的分界线；侧面投影的轮廓圆是左、右两个半球面可见与不可见的分界线。

2）作图方法。先画三面投影的十字中心线（细点画线），以中心点为圆心分别画出三个与球体等径的圆，如图 7-5c 所示。

3）圆球体表面上点的投影。如图 7-5d 所示，已知圆球体表面上点 M 的正面投影 m'，求作 m 和 m"。

由于球面的三个投影都没有积聚性，可利用辅助纬圆法求解。过（m'）作水平辅助纬圆的正面投影 a'b'，再作出其水平面投影 ab（以 O 为圆心，a'b' 为直径画圆）。在该圆的水平面投影上求得 m，由于（m'）不可见，所以点 M 在后半球面上。再由（m'）和（m）求得 m"。由于点 M 在左半球面上，m" 为可见。

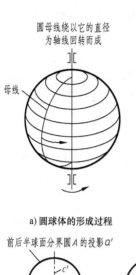

圆母线绕以它的直径
为轴线回转而成

母线

a) 圆球体的形成过程

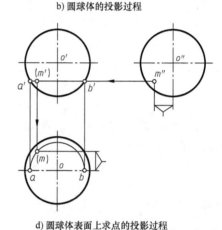

b) 圆球体的投影过程

前后半球面分界圆A的投影a'

左右半球面分界圆C的投影c''

上下半球面分界圆B的投影b

c) 圆球体表面A、B、C轮廓圆的三面投影

d) 圆球体表面上求点的投影过程

图 7-5　圆球体的三视图与其表面上点的投影

 试一试

参照图7-5d，若点N在圆球体的前、上球面位置，已知圆球体表面上点N的正面投影n'，求作n和n"。

提示

在作回转曲面体表面上点的三面投影时，往往要借助辅助作图法求解。

通过学习回转曲面体的投影作图，也就学会了这类零件的读画图方法。

二、学习曲面体的尺寸标注

曲面体的尺寸应根据曲面体的具体形状进行标注。

1. 圆柱体和圆锥体的尺寸标注

圆柱体和圆锥体应注出底圆直径和高度尺寸，如图7-6a、b所示。

2. 圆台体的尺寸标注

圆台体还要注出顶圆直径。在标注直径尺寸时在数字前加注字母"φ"，如图 7-6c 所示。

3. 圆球体的尺寸标注

圆球体只对一个视图标注尺寸即可，但圆球体在直径数字之前应加注"$S\phi$"。

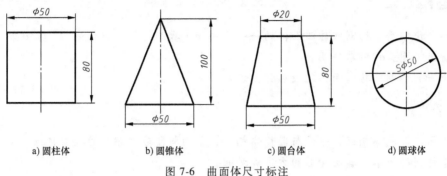

a) 圆柱体　　　　b) 圆锥体　　　　c) 圆台体　　　　d) 圆球体

图 7-6　曲面体尺寸标注

💡 提示

　　当完整标注了圆柱体、圆锥体、圆台体、圆球体的尺寸后，只要用一个视图就能确定其形状和大小，其他视图就可省略不画了。

任务8　读画曲面切割体的三视图

学时：2

教学目标

1. 学会识读平面切割回转曲面体的一般方法和步骤。
2. 看懂半圆头铆钉零件图。
3. 会平面切割回转曲面体的投影作图。

知　识　点

1. 平面与圆柱体相交、平面与圆锥体相交、平面与圆球体相交的投影特性。
2. 零件图的基本内容及看图的方法和步骤。

技　能　点

1. 会分析平面切割曲面体的切割过程。
2. 会读画截断面或截交线三视图。
3. 能找到截断面中点、线、面的三面投影。

零　件　图

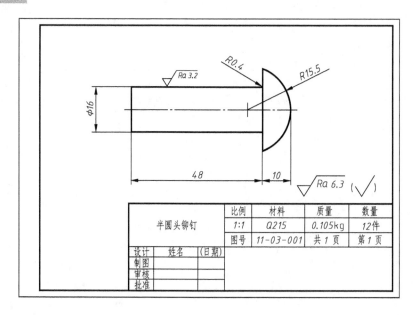

说明

此零件图幅面为 A3，按比例进行了缩小。

教你如何识读半圆头铆钉零件图

在识图中，我们经常遇到类似铆钉的零件，对于这类零件图，我们如何来识读呢？

一、识读零件图的基本内容

1. 看标题栏

此半圆头铆钉零件图幅面是 A3，格式为横向，且有装订边。

从标题栏可知：零件名称为半圆头铆钉；图形比例为 1：1；零件的材料为 Q215，表示屈服强度为 215MPa 的普通碳素结构钢；质量为 0.105kg。

2. 铆钉的用途

铆钉主要起连接作用，属于不可拆连接。

二、看图的方法及步骤

半圆头铆钉的实形如图 8-1 所示。可以很清楚地看出，半圆头铆钉是由一个圆柱体与一个圆球的一部分（即球缺）组成，如图 8-2 所示。由于铆钉零件形状简单，只要一个视图加上标注的尺寸（例如：$\phi16$，有 ϕ 就只可能是圆柱体；$SR15.5$，有 SR 就只可能是半球）。

图 8-1　半圆头铆钉的实形

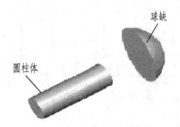

图 8-2　半圆头铆钉的立体分解图

三、识读半圆头铆钉三视图应具备的知识

在识图中，我们经常遇到的零件并不是一个完整的圆柱体、圆球体、圆锥体等，而是其被平面切割的曲面体。对这类形状的零件其三视图如何读画呢？

1. 平面切割圆柱体作图

下面以圆柱体被正垂面 P 切割的作图为例，分析其投影特征和作图方法，如图 8-1 所示。

（1）投影分析

如图 8-3a 所示，直立的圆柱体被正垂面 P 切割，正垂面 P 相对圆柱体轴线倾斜，其截交线就是一个椭圆。

圆柱体的圆柱面的水平面投影有积聚性，所以截交线的水平面投影积聚在其圆周上。截平面的正面投影积聚成一条直线并与直立的圆柱体最左、最右素线正面的投影相交，交点为 a'、b'，与其最前和最后的素线交点是 c'、d'，而交点 (d') 为不可见，这些点也称为特殊点的投影。根据点的投影规则——长对正、高平齐、宽相等，可以求得交点的水平面投影

a、b、c、d 和侧面投影 a''、b''、c''、d''，如图 8-3b 所示。单凭这些特殊点的投影作出侧面的光滑曲线的投影——椭圆是很困难的，必须采用立体表面求点的方法作出中间点的投影，然后连成光滑曲线才行，如图 8-3c 所示。

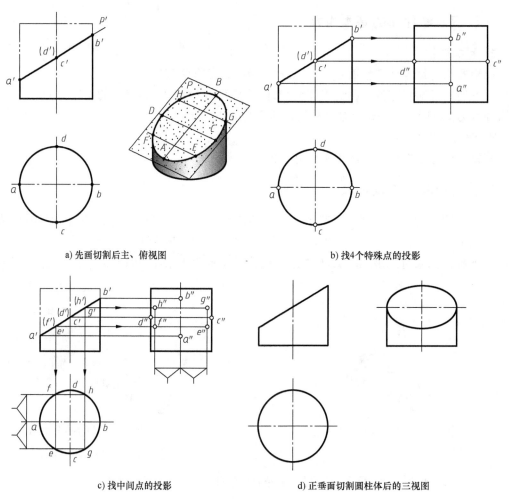

图 8-3　求作正垂面切割圆柱体后的三视图步骤

（2）作图方法

1）按图 8-3a 所示位置，先画出完整的圆柱体的三视图，以及正垂截平面 P 的正面投影 p'（倾斜）。

2）求特殊点，即截平面 P 与圆柱体最左、最右、最前、最后素线的交点正面投影 a'、b'、c'、d' 和侧面投影 a''、b''、c''、d''。

3）求中间点，采用立体表面求点法，利用积聚性，在正面投影上定出 e'、f'、g'、h'，然后，根据点的投影规则——高平齐、长对正、宽相等，分别求出它们的水平面投影 e、f、g、h 和侧面投影 e''、f''、g''、h''。

4）用光滑的曲线连接各点，即得出截交线的侧面投影——椭圆。按国家标准中对于制图图线的规定，加深图线，擦去辅助线，即为所求作正垂面切割圆柱体后的三视图，如图 8-3d 所示。

提示

从前面的例题分析与作图，识读截交线的投影，我们应该学会以下分析要点：

1）是什么基本体被什么平面截切。

2）截平面与被截切基本体与投影面的相对位置。

3）截交线的空间形状及特殊点、中间点的三面投影。

4）截交线在各投影图中的投影特性，即真实性、积聚性、类似性。

平面切割圆柱体时，由于截平面与圆柱体轴线的相对位置不同，圆柱体被平面截切后产生的截交线有矩形、圆和椭圆，见表 8-1。

表 8-1　平面与圆柱体的三种截交线

截交线类型	图示
当截平面平行于圆柱体轴线,截交线为矩形	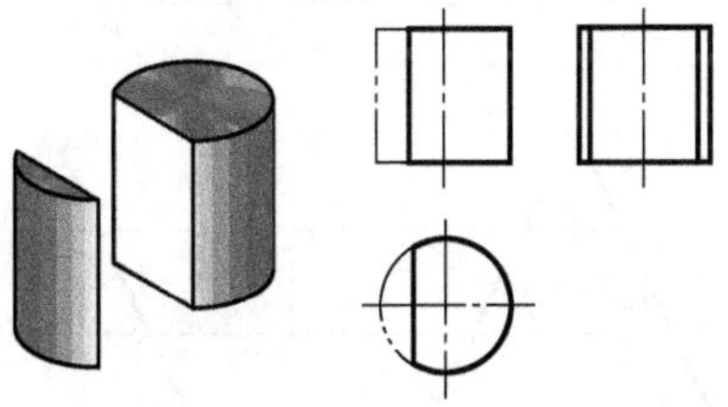
当截平面垂直于圆柱体轴线,截交线为圆	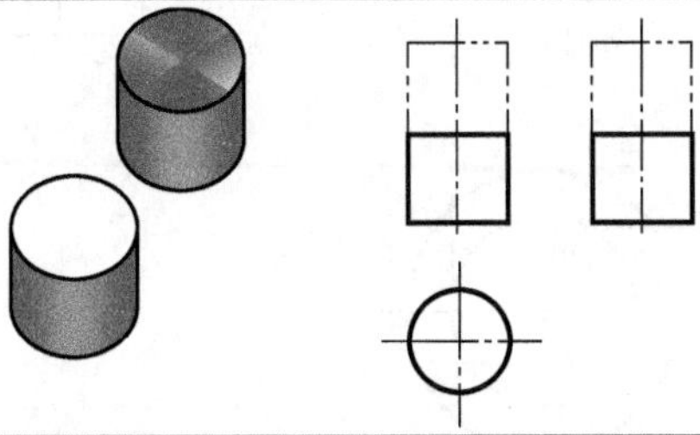
当截平面倾斜于圆柱体轴线,截交线为椭圆	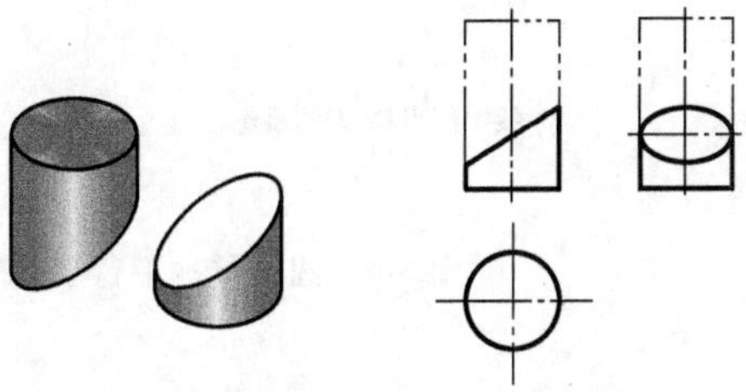

2. 平面切割圆锥体作图

下面以圆锥体被平行于轴线侧平面切割后的三视图作图为例，分析其投影特征和作图方法，如图 8-4 所示。

（1）投影分析

截平面 P 为侧平面，圆锥体底面平行于水平面，实际上，截平面 P 处于平行于圆锥体轴线位置来截切圆锥体，其截交线是双曲线加底面直线，其侧面投影反映实形，水平面投影和正面投影积聚成直线。可用辅助纬圆法或辅助素线法作出交线的侧面投影，如图 8-4a 所示。

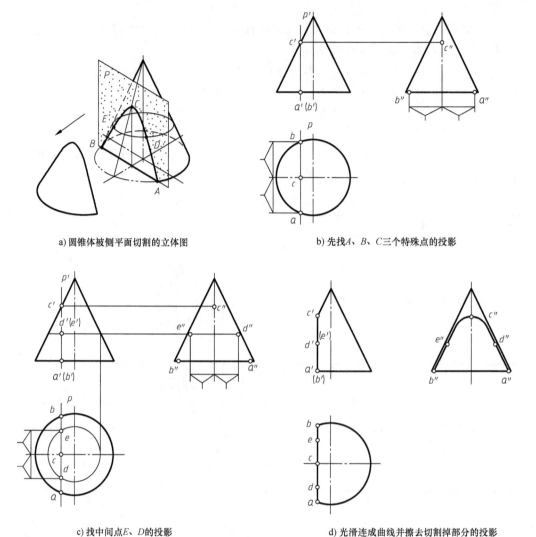

a) 圆锥体被侧平面切割的立体图   b) 先找A、B、C三个特殊点的投影

c) 找中间点E、D的投影   d) 光滑连成曲线并擦去切割掉部分的投影

图 8-4　圆锥体被平行于其轴线的侧平面切割后的三视图与识读

（2）作图方法

1）求特殊点。如图 8-4a、b 所示，最高点 C 是圆锥体最左素线与 P 面的交点，利用积聚性作出正面投影 c' 和水平面投影 c，再由正面投影 c' 和水平面投影 c 作出侧面投影 c''；最低点 A、B 是圆锥体底面与 P 面的交点，直接作出 a、b 和 a''、b''。

2）求中间点。在适当的位置作水平纬圆，交点为 D、E，如图 8-4a 所示，先作出纬圆的正面投影，按照投影规律找出水平面投影 d、e 和侧面投影 d''、e''，如图 8-4c 所示。

3）依次光滑连接 a''、d''、c''、e''、b''，即为交线的侧面投影。

平面切割圆锥体时，由于截平面与圆锥体轴线的相对位置不同，圆锥体被平面截切后产生的截交线有双曲线加直线、抛物线加直线、圆、椭圆和三角形，见表 8-2。

表 8-2　平面与圆锥体的五种截交线

截交线类型	图示
当截平面平行于圆锥体轴线（α>θ）时，截交线为双曲线加直线	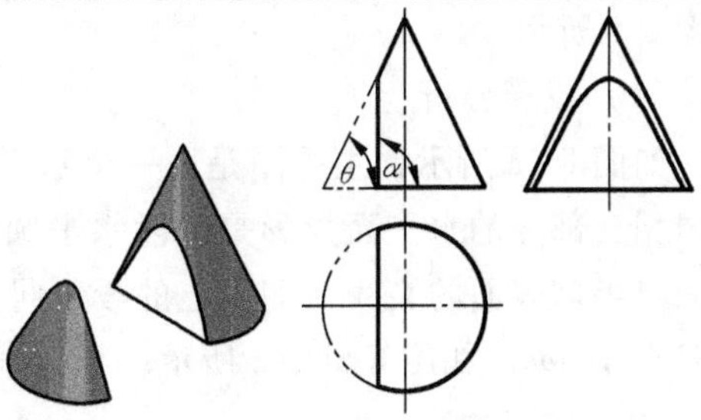
当截平面平行于圆锥面上一条素线（α=θ）时，截交线为抛物线加直线	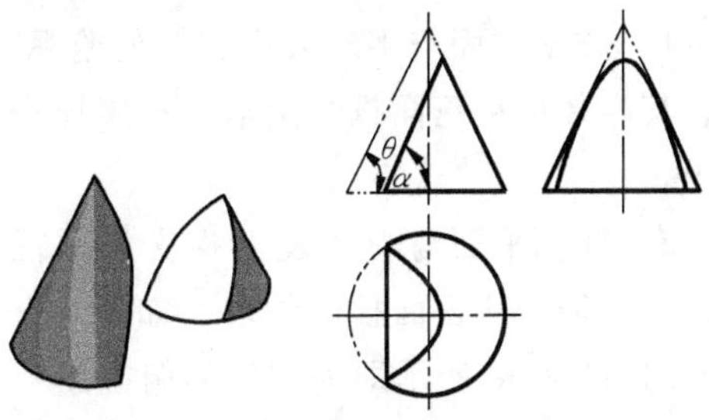
当截平面垂直于圆锥体轴线时，截交线为圆	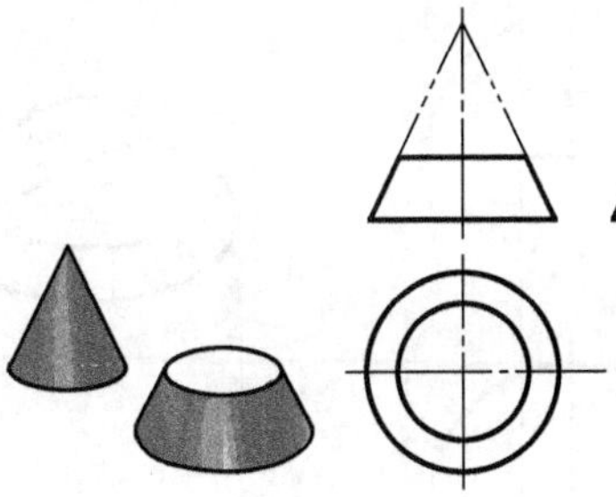
当截平面倾斜于圆锥体轴线（α<θ）时，截交线为椭圆	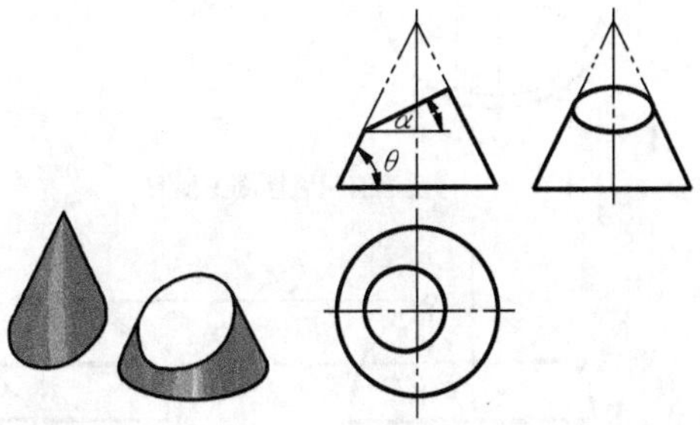
当截平面过圆锥体锥顶时，截交线为三角形	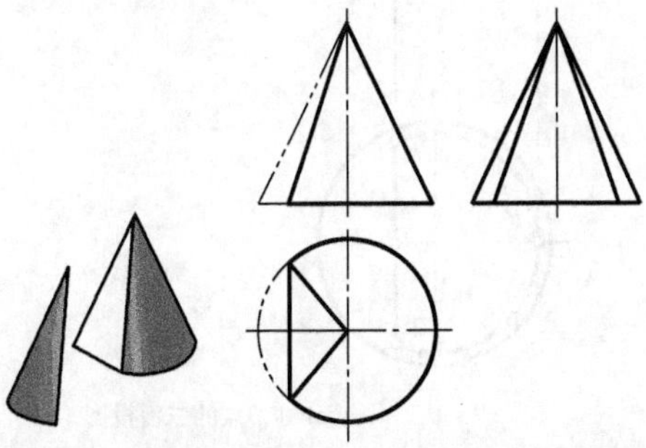

注：截平面与底面夹角为 α，圆锥体素线与底面夹有为 θ。

3. 平面切割圆球体作图

下面以半球体被正平面和侧平面切割的三视图作图为例，分拆其投影特征和作图方法，如图 8-5 所示。

（1）投影分析

如图 8-5a 所示，主视图是由一个水平面和一个侧平面切割半球体所形成的。水平面与半球相交部分的水平面投影是一段水平圆弧 abc，其侧面投影积聚成一条直线 $a''b''c''$；而侧平面与半球表面的交线在侧面上的投影同样也是一段圆弧 $a''d''c''$，它的水平面投影则积聚成一条直线 adc，如图 8-5b、c 所示。

（2）作图方法

1）作水平面与半球表面交线的俯视图，水平面与半球表面交线的水平面投影为一段圆弧，其半径可从正面投影量取，与半球表面交线的侧面投影积聚成一条直线，如图 8-5b、c 所示。

2）作侧平面与半球表面相交的左视图，侧平面与半球表面交线的侧面投影为一段圆弧，其半径可从正面投影量取，如图 8-5c 所示。

3）图 8-5d 所示即为求作的俯视图和左视图。

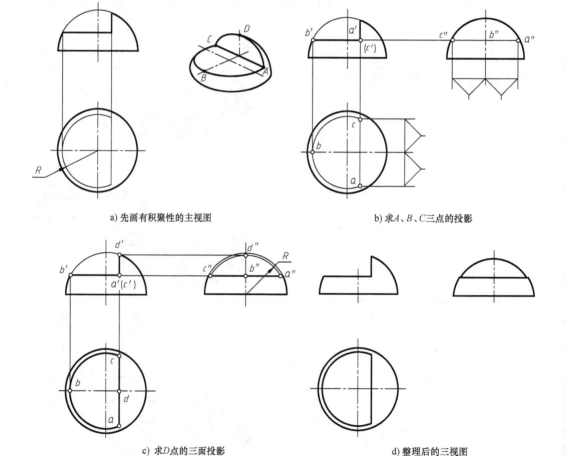

a) 先画有积聚性的主视图　　　　　　　　b) 求 A、B、C 三点的投影

c) 求 D 点的三面投影　　　　　　　　d) 整理后的三视图

图 8-5　平面切割半球体交线的三视图

平面与圆球体相切割地，其交线均为圆，但圆的大小取决于截平面与球心的距离。当平面平行于投影面时，在该投影面上交线圆的投影反映实形，另外两个投影面上的投影积聚成直线，如图 8-6 所示。

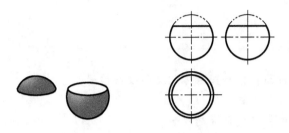

图 8-6　平面与圆球体的截交线

通过学习平面切割曲面体的投影作图，即可学会这类零件的识读和画图方法。

四、了解铆钉零件图的尺寸和技术要求

一张零件图除要画出零件的形状结构外，还要标注出零件各部分的尺寸。铆钉类零件属于带切口的形体，对于带切口的形体，除基本体尺寸外，还要注出确定切平面位置的尺寸。形体与切平面的相对位置确定后，切口的交线就完全确定了，因此，不必在交线上标注尺寸，如图 8-7 所示，打"×"的为不应该标注的尺寸。

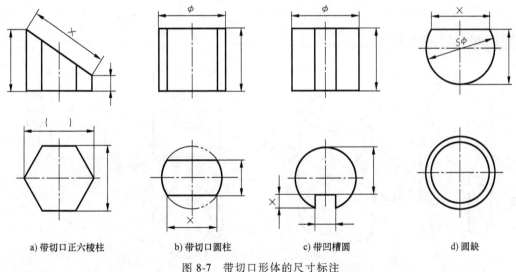

a)带切口正六棱柱　　　b)带切口圆柱　　　c)带凹槽圆　　　d)圆缺

图 8-7　带切口形体的尺寸标注

铆钉零件图中的尺寸（单位为 mm）有：圆柱部分的直径尺寸 $\phi16$、长度尺寸 48、球面半径 $R15.5$、球缺高度尺寸 10，以及球缺平面与圆柱一端面结合处一过渡圆角的半径尺寸 $R0.4$。而标注的表面粗糙度要求有：圆柱面的表面粗糙度为 $\sqrt{}^{Ra\,3.2}$，其他部分的表面粗糙度为 $\sqrt{}^{Ra\,6.3}$。

综合归纳零件的形状、尺寸及技术要求，就可读懂铆钉零件图。

任务 9　读画两回转体相贯线的三视图

学时：2

教学目标

1. 会用积聚性进行圆柱体和圆柱体相交的投影作图。
2. 看相贯线的方法和步骤。
3. 能看懂零件图中相贯线部分的投影。

知 识 点

1. 相贯线的概念。
2. 圆柱体和圆柱体相交的投影特性。
3. 相贯线的特殊情况投影。

技 能 点

1. 会分析相贯线投影特性。
2. 会读相贯线的三视图。
3. 能找到相贯线中点、线、面的三面投影。

内外相贯线视图

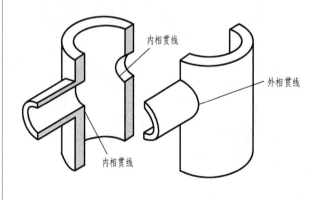
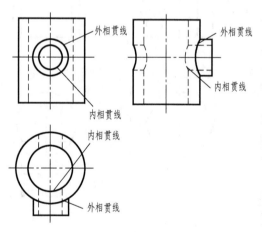

思考

相贯线一定是曲线吗？

教你如何识读两回转体相贯线的三视图

在识图中，我们经常遇到有相贯线的零件，对于这类有相贯线的零件图，我们如何来识读呢？

一、相贯线的概念及其特性

1. 相贯线的概念

两回转体相交，最常见的是圆柱体与圆柱体相交、圆锥体与圆柱体相交和圆柱体与圆球体相交，其表面形成的交线称为相贯线，如图9-1所示。不难理解，相贯线的形状取决于两回转体各自的形状、大小和相对位置。

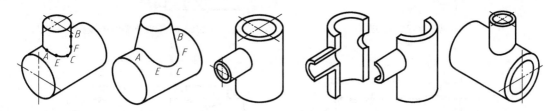

图9-1　相贯线的示例

2. 相贯线的特性

1）相贯线一般为封闭的空间曲线，特殊情况下也可能是平面曲线和直线。

2）相贯线是两立体表面的共有线，相贯线上的点是两立体表面上的共有点。

回转体相交的相贯线的作图，实际就是求作其相交表面上共有点的连线。掌握相贯线的特性有利于我们更好地作图与识读。

二、两圆柱体正交相贯线的作图与识读

1. 圆柱体与圆柱体正交的相贯线

（1）分析两圆柱体正交投影的特性

图9-2a所示为不同直径的两圆柱体垂直相交，由于直立圆柱体的水平面投影和水平圆柱体的侧面投影都有积聚性，所以交线的水平面投影和侧面投影分别积聚在它们有积聚性的圆周上。因此，只要求作交线的正面投影即可。因为交线的前后对称，在其正面投影中，可见的前半部与不可见的后半部重合，并且左右对称。

（2）作相贯线的步骤

1）先求作特殊点。水平圆柱体的最高素线与直立圆柱体最左、最右素线的交点 A、B 是交线上的最高点，也是最左、最右点。因此，a'、b'、a、b 和 a''、b'' 均可直接作出。C 点是交线上的最低点，也是最前点，c'' 和 c 可直接作出，再由 c''、c 依据投影规律求得 c'，如图9-2b所示。

2）求中间点。利用积聚性，在侧面投影和水平面投影上定出 e''、f'' 和 e、f，再由 e''、f'' 和 e、f 依据投影规律求得 e'、f'，如图9-2c所示。用同样的方法可再作出相贯线上一系列点的投影（取点多交线就较光滑）。光滑连接各点即为相贯线的正面投影，如图9-2d所示。

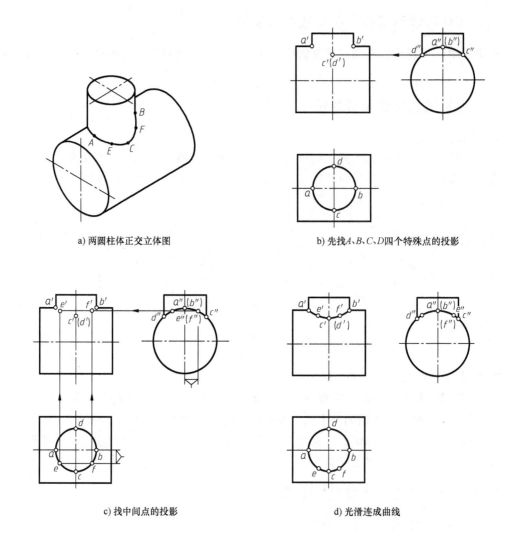

a) 两圆柱体正交立体图

b) 先找A、B、C、D四个特殊点的投影

c) 找中间点的投影

d) 光滑连成曲线

图9-2　两圆柱体正交相贯线的投影与画法

提示

　　两圆柱体相交，可在交线上取若干点，先求作特殊点，再利用积聚性求中间点，光滑连接各点即为相贯线的投影。

2. 两个带穿孔的圆柱体正交作图与识读

　　图9-3所示是两个带穿孔的圆柱体正交。圆柱面与圆柱面相交时，外表面会形成交线，两圆柱孔相交时，内表面也会形成交线。其作图与识读的方法、步骤与两圆柱体外表面相贯线的作图与识读的方法、步骤完全相同。其外表面形成的相贯线称为外相贯线，其内表面形成的相贯线称为内相贯线，如图9-3a、b所示。

3. 两圆柱体垂直相交相贯线的简易画法

　　在工程上，经常遇到两圆柱体垂直相交的情况，为了简化作图，允许用圆弧代替非圆曲

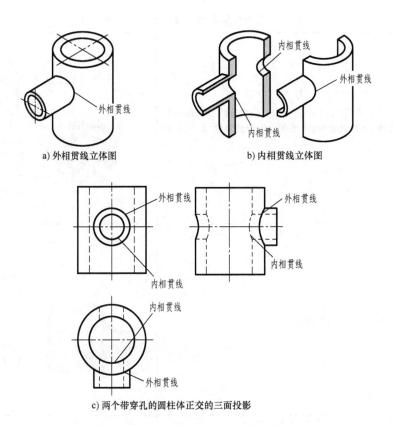

a) 外相贯线立体图　　　　　b) 内相贯线立体图

c) 两个带穿孔的圆柱体正交的三面投影

图 9-3　两个带穿孔的圆柱体正交的表面交线与识读

线。如图 9-4 所示，相贯线的正面投影用大圆的半径为半径画圆弧即可。

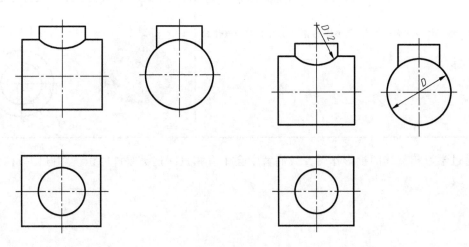

图 9-4　相贯线的简易画法

三、两回转体表面相贯线的几种特殊情况

在两回转体相贯线中有几种特殊情况，见表 9-1。认识这些相贯线，有利于今后的读图。

表 9-1 两回转体表面相贯线的几种特殊情况

圆柱体与圆柱体正交,当两圆柱体直径相等,相贯线正面投影为两条相交等长直线,且前后重叠;水平面投影为圆形曲线,且有积聚性	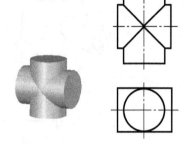
轴线平行的两圆柱相交,其相贯线为直线	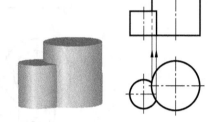
同轴的圆柱体与球面体相交,其表面的相贯线为垂直于该轴线的圆	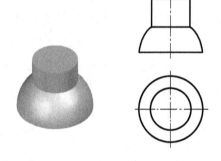

通过学习相贯线的投影作图,我们就学会了有相贯线这类零件的识读和画图方法。

漫步零件图表达方式的长廊

学时：20

学习目标

1. 会组合体的作图方法和步骤。
2. 会识读零件的表达方法，明确视图的种类、适用范围、作图方法及标注的有关规定。
3. 会判断剖视图的种类、适用范围，会画剖视图及标注尺寸。
4. 会判断断面图的种类、适用范围，会画断面图及标注尺寸。
5. 能识读机械图样的其他表达方法。
6. 能看懂机械图样中的技术要求。
7. 能严格按机械制图相关国家标准的规定作图。
8. 会识读支承座等七个零件图。
9. 作图时能保持图面清晰、整洁和作图环境的整洁，并保证作图室工具和仪器摆放整齐。
10. 能主动与学习小组成员沟通，与教师和同学建立良好的人际关系。

知 识 点

1. 绘制和识读组合体的三视图。
2. 六个基本视图的投影规律及方位关系。
3. 向视图、斜视图、局部视图的识读。
4. 剖视图、断面图、其他表达方法的识读。
5. 机械图样技术要求。

技 能 点

1. 对组合体进行形体分析。
2. 画出组合体的三视图。
3. 识读支承座等七个零件图的表达方法。
4. 对照实物把主视图改画为剖视图或半剖视图。
5. 正确使用外径千分尺、游标卡尺、百分表和磁性表座、内径百分表、V形块、平板、台虎钳、钳桌等。
6. 正确使用刀口尺、塞尺检测气缸盖平面度。
7. 气门杆工作面斜向圆跳动的检测和曲轴凸缘轴向圆跳动的检测。
8. 气缸直径、圆度和圆柱度误差测量。
9. 根据表面粗糙度样块估计零件表面粗糙度。

教学方法

以直观感知为主的教学法；以学生为主、教师为辅的教学法；愉快教学法；任务驱动教学法；理实一体教学法。

教具、工具与媒体

工具台套数按学生人数匹配：
支承座实物，支承座零件挂图，基本几何体、组合体等模型，汽车排气门、变速器拨叉轴等零件，表面粗糙度样块，外径千分尺，游标卡尺，百分表和磁性表座，内径百分表，刀口尺，塞尺，V形块，平板，台虎钳，钳桌，多媒体教学设备，教学课件，软件，维修资料，视频教学资料，网络教学资源。

任务10　读画支承座零件图

学时：4

教学目标

1. 会对组合体零件进行形体分析。
2. 会用形体分析法读组合体三视图的方法和步骤。
3. 会用线面分析法读组合体三视图的方法和步骤。
4. 能读懂零件图中的尺寸标注。

知 识 点

1. 组合体的组合形式和相邻表面的连接关系。
2. 形体分析法和线面分析法的概念。
3. 零件图的基本内容。

技 能 点

1. 会判断组合体的组合形式。
2. 会画组合体的三视图。
3. 会标注组合体的尺寸。

零 件 图

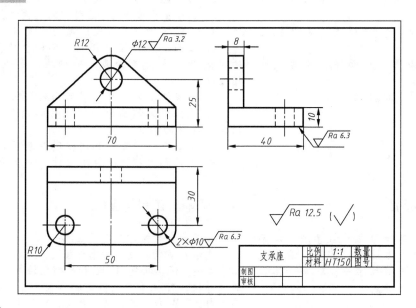

思 考

形体分析法和线面分析法分别适合什么形式的组合体？

教你如何读画支承座零件图

由支承座零件图发现，支承座是由两个形体组合而成的，对于这类零件图，我们如何来识读呢？

一、识读组合体类零件的三视图应具备的知识

（一）组合体的组合形式和相邻表面的连接关系

任何复杂的零件，从形体分析都可以看成是由多个简单的基本几何体经过叠加、切割、穿孔等或者综合而成的。这种由两个或两个以上基本体组合构成的整体称为组合体。

1. 组合体的组合形式

组合体的组合形式有叠加、切割和综合，如图 10-1 所示。

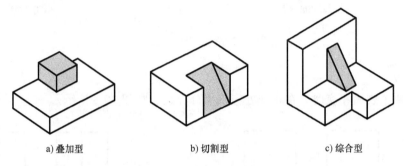

a) 叠加型　　　　　b) 切割型　　　　　c) 综合型

图 10-1　组合体的组合形式

2. 组合体上相邻表面间的关系

（1）平齐或不平齐

当两个基本体表面平齐时，结合处不画分界线；当两个基本体表面不平齐时，结合处应画出分界线，如图 10-2 所示。

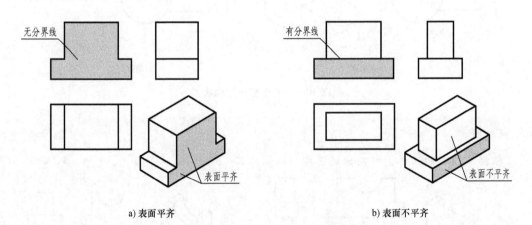

无分界线　　　　　　　　　　有分界线

表面平齐　　　　　　　　　　表面不平齐

a) 表面平齐　　　　　　　　　b) 表面不平齐

图 10-2　表面平齐和不平齐的画法

（2）相切

当相邻两个表面相切时，在相切处不画分界线，如图 10-3 所示。

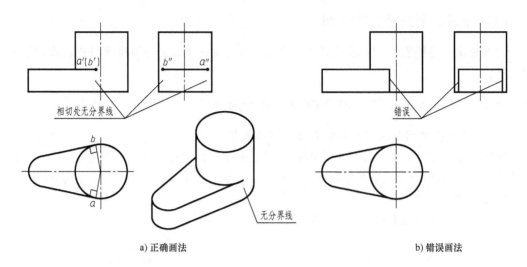

a) 正确画法   b) 错误画法

图 10-3 表面相切的画法

（3）相交

当相邻两个表面相交时，在相交处应画出分界线，如图 10-4 所示。

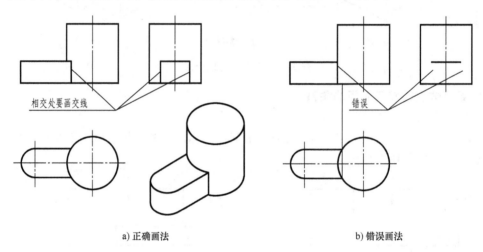

a) 正确画法   b) 错误画法

图 10-4 表面相交的画法

🖐 试一试

根据下图中的立体图补画出视图所缺的图线。

共面   不共面

（二）形体分析法

形体分析法是绘制、阅读组合体视图及标注组合体尺寸的重要分析方法。假想将一个组合体分解为若干基本形体，逐个分析各基本形体的形状、组合形式、相对位置及相邻表面间的关系，弄清组合体的形体特征，这种分析方法称为形体分析法。

 提示

> 注意组合体是假想分开的。

按照形体分析法，支承座可假想由底板和立板两个形体叠加而成，是叠加型组合体，两个形体左右及后面是对齐的。底板是在四棱柱基础上开了两个圆形通孔，前方左右角进行了圆角处理；立板是在三棱柱的基础上开了一个圆形通孔，顶部进行了圆角处理，如图10-5所示。

图 10-5　支承座假想组合图

（三）识读组合体视图的注意事项

识读零件视图的目的是弄清楚零件的形状结构。在识读组合体视图时需要注意下列事项：

1）读图时，需要结合组合体的几个视图才能确定物体形状。图10-6所示视图分别反映六个不同的形体，看看它们是否具有相同的主视图或者俯视图。

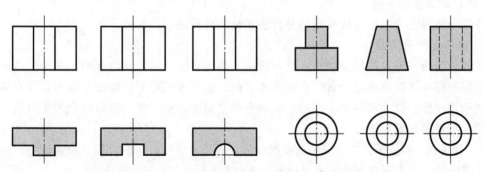

图 10-6　几个视图结合才能确定物体形状

2）在读图时，要正确理解视图中图线和线框的含义。如图10-7所示，视图上每一个封闭线框通常都是物体上一个表面（平面或曲面）的投影。若两个线框相邻或者大线框中套有小线框，则表示物体上不同位置上的两个表面。既然是不同表面，那么就有上下、左右或前后之分，或者是两个表面相交。

视图上的每条图线，可能是立体表面有积聚性的投影，或两个平面交线的投影，也可能是曲面转向轮廓线的投影。

3）读图时，要从反映形体特征的视图入手。一般主视图能较多反映组合体的形状特征，所以，读图时常从主视图入手。为了正确、迅速、准确地读懂组合体视图，必须熟悉读图的基本要领，熟练掌握基本形体的形体表达特征。

如图10-8所示，三视图中若有两个视图外形轮廓为矩形，则该基本体为柱

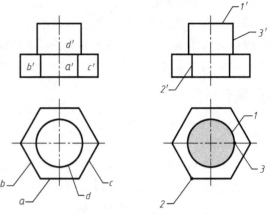

图10-7 正确理解视图中每个图线和线框的含义

体；若为三角形，则该基本体为锥体；若为梯形，则该基本体为棱台体或圆台体。

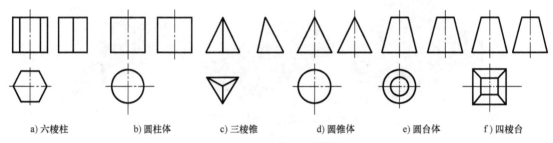

　　a) 六棱柱　　　　b) 圆柱体　　　　c) 三棱锥　　　　d) 圆锥体　　　　e) 圆台体　　　　f) 四棱台

图10-8 基本体的形体特征

要明确判断基本体到底是棱柱体（棱锥体、棱台体）还是圆柱体（圆锥体、圆台体），还必须借助第三个视图的形状。若为多边形，该基本体为棱柱体（棱锥体、棱台体）；若为圆形，则该基本体为圆柱体（圆锥体、圆台体）。

（四）读视图的方法

读组合体视图的主要方法有形体分析法和线面分析法，以形体分析法为主。

1. 形体分析法读图

形体分析法一般是从反映物体形状特征的主视图着手，对照其他视图，初步分析出该物体是由哪些基本体以及通过什么组合方式形成的；然后按照投影特性逐个找出各基本体在其他视图中的投影，以确定各基本体的形状和它们之间的相对位置；最后综合想象出物体的总体形状。其看图步骤如下：

1）分线框，对投影。在主视图上将组合体分成四个线框，对应其四个形体，各形体的位置如图10-9所示，然后在其他视图上找到对应的各个形体的投影，如图10-10a、b、c所示。

2）识形体，定位置。根据各个形体的三视图确定各形体的形状和相对位置，如图10-10所示。

3）综合起来想总体。综合组合体每部分的立体形状和相对位置，最后想象出物体的总体形状，如图10-10d所示。

2. 线面分析法读图（适用于切割型组合体）

当形体被多个平面切割、形体的形状不规则或在某视图中形体结构重叠时，需要运用

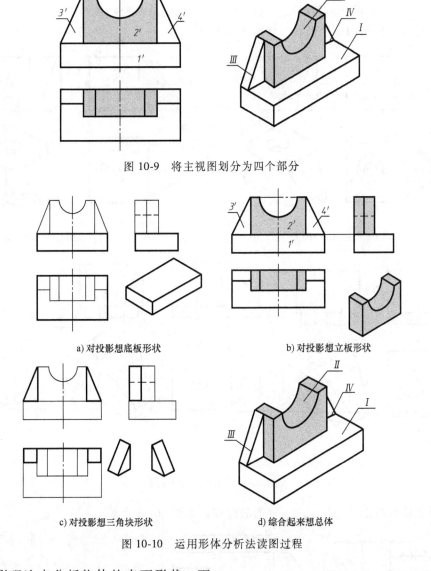

图 10-9　将主视图划分为四个部分

a) 对投影想底板形状

b) 对投影想立板形状

c) 对投影想三角块形状

d) 综合起来想总体

图 10-10　运用形体分析法读图过程

线、面投影理论来分析物体的表面形状、面与面的相对位置以及面与面的交线，并借助立体的概念来想象线面的空间形状，进而想象出物体的形状。需要强调的是，除组合体三个视图外，组合体上的各个点、线、面都应符合三视图投影规律。其看图步骤如下：

1）分线框，对面形。图 10-11 为压板的三视图，从三视图可看出这是切割型组合体，是一个四棱柱经多个面切割后形成的。现将视图分成四个线框，对应压板上的四个平面，根据各线框对应的投影，找到另外两个视图

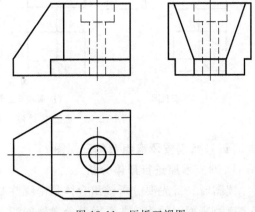

图 10-11　压板三视图

上的投影，根据平面的三个视图确定各个平面的类型和空间形状，如图 10-12a、b、c 所示。

2）识交线，想形状。面面相交会产生交线，确定这些交线的位置和形状，最后通过面线位置和形状想象出物体的形状，如图 10-12d 所示。

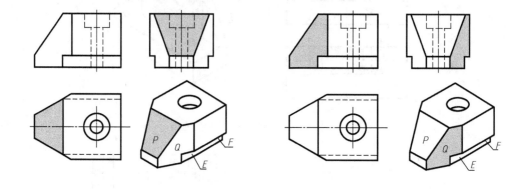

a) 判断 P 面的形状和空间位置   b) 判断 Q 面的形状和空间位置

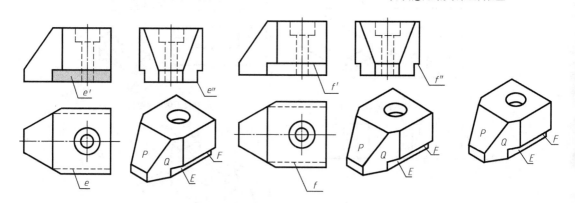

c) 判断 E、F 面的形状和空间位置   d) 压板的立体图

图 10-12　压板的读图过程

根据立体图找出 A 面、B 面三视图的过程，如图 10-13 所示。

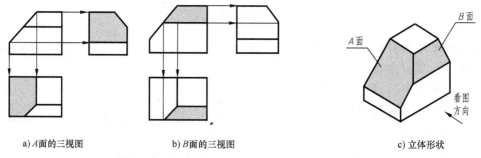

a) A 面的三视图   b) B 面的三视图   c) 立体形状

图 10-13　根据立体图找出 A 面、B 面三视图的过程

（五）绘制支承座组合体三视图

1. 对支承座进行形体分析

读图时，首先要分析该组合体是由哪些基本体所组成的、它们之间的相对位置、组合形式，以及表面间的连接关系及其分界线的特点，如图 10-14 所示。

2. 选择主视图

在表达组合体形状的一组视图中，主视图是最主要的视图。在画三视图时，主视图的投影方向确定以后，其他视图的投影方向也就确定了。以最能反映组合体形体特征的那个视图作为主视图，兼顾其他两个视图表达的清晰性。选择时尽量使零件主要平面和轴线与投影面平行或垂直，使投影能得到实形。

如图 10-14 所示，比较箭头所指的各个投影方向，选择 *A* 向投影为主视图较为合理，选择 *D* 向会增加一条虚线。

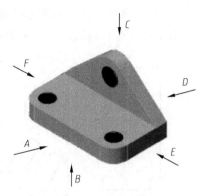

图 10-14 支承座的投影方向

3. 确定比例和图幅

视图确定后，要根据物体的复杂程度和尺寸大小，按照相关国家标准的规定选择适当的比例与图幅。选择的图幅要留有足够的空间，以便于标注尺寸和画标题栏等。

4. 布置视图位置

布置视图时，应根据已确定的各视图每个方向的最大尺寸，并考虑到尺寸标注和标题栏等所需的空间，匀称地将各视图布置在图幅上。

5. 绘制底稿并完成作图

支承座零件图的绘图步骤如图 10-15 所示。

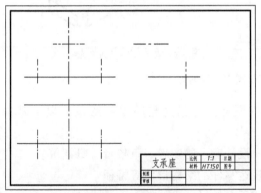

a) 布置视图，画作图基准线

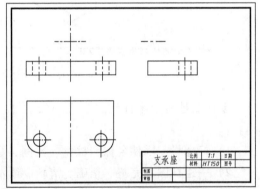

b) 画底板三视图

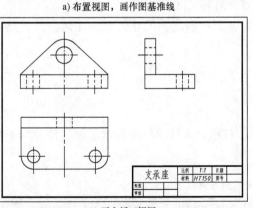

c) 画立板三视图

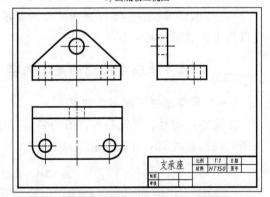

d) 检查、擦掉多余线、描深、完成全图

图 10-15 支承座零件图的绘图步骤

（六）补画组合体三视图中的漏线

根据立体图补画组合体三视图中的漏线，如图 10-16 所示。

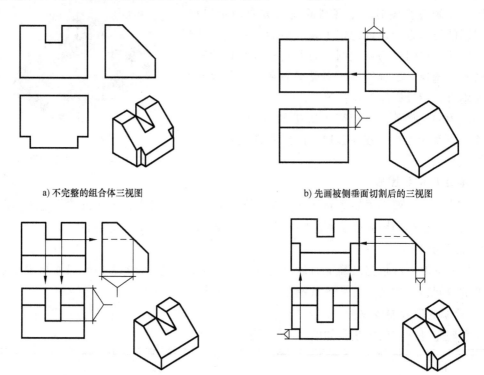

a) 不完整的组合体三视图　　　　　　　　　　b) 先画被侧垂面切割后的三视图

c) 再画切割槽后的三视图　　　　　　　　　　d) 最后画切割左、右两块的三视图

图 10-16　补画组合体三视图中漏线的过程

零件图是表示零件结构、大小及技术要求的图样。一张完整的零件图包含以下基本内容：

1）标题栏：零件名称、材料、比例、数量、设计者、制图者、审核者、日期等。

2）一组视图：完整、正确、清晰、简洁地表达零件的结构形状等特征。

3）齐全尺寸：正确、齐全、合理地标注全部所需的尺寸。

4）技术要求：表达零件制造的质量要求，如表面粗糙度、尺寸公差、几何公差、热处理以及工艺说明和要求等。

二、识读支承座零件图的基本内容

（一）看标题栏了解零件信息

在读零件图时，要先对零件图的名称、比例、材料、设计单位等进行了解，然后对照零件图标题栏在表 10-1 中填写相关信息。

表 10-1　标题栏中的相关信息

零件名称	零件图中采用的比例	制造支承座零件的材料	设计单位

（二）了解支承座的用途

支承座的用途是支承轴。

（三）识读支承座零件的尺寸和技术要求

1. 识读组合体尺寸应注意的几点

1）同一基本形体的定形尺寸和确定其位置的定位尺寸，应尽可能集中标注在一个视图上。

如图 10-17d 所示，将两个圆孔的定形尺寸"2×ϕ10"和两孔中心距"50"、孔到宽度尺寸基准距离"30"这 2 个定位尺寸都集中标注在俯视图上，这样便于在读图时寻找尺寸。

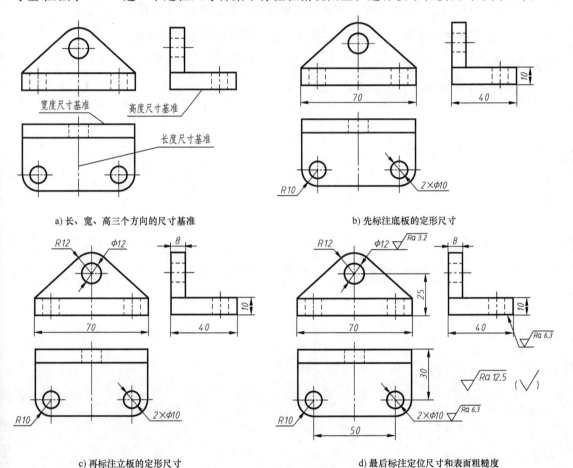

a) 长、宽、高三个方向的尺寸基准　　　　　b) 先标注底板的定形尺寸

c) 再标注立板的定形尺寸　　　　　d) 最后标注定位尺寸和表面粗糙度

图 10-17　支承座的尺寸标注过程

2）圆弧的半径应标注在投影为圆弧的视图上。如图 10-17 所示，底板的"R10"标注在其投影为圆弧的俯视图上，立板的"R12"标注在其投影为圆弧的主视图上。

3）尽量避免在虚线上标注尺寸。

4）尺寸应尽量配置在视图的外面，以避免尺寸线与轮廓线交错重叠，保持图形清晰。

2. 支承座的尺寸标注

3. 识读支承座零件图的尺寸

支承座零件图上标注有 11 处尺寸（单位为 mm）。图中定形尺寸是：40、70、R10、2×

$\phi10$、8、10、$R12$ 和 $\phi12$；定位尺寸是：50、30 和 25。底板长 70、宽 40、高 10，有 2 个半径为 $R10$ 的圆角，底板有 2 个 $\phi10$ 的通孔，孔距为 50。立板有 1 个 $\phi12$ 的通孔，顶部有半径为 $R12$ 的圆角，如图 10-17 所示。其余尺寸由学生自行分析。

4. 识读支承座零件图的表面粗糙度要求

图中标 符号的有 2 处，反映底板底面和底板 2×$\phi10$ 的内圆柱面有相同的表面粗糙度要求，是通过采用去除材料的方法获得的零件表面，表面粗糙度 Ra 值是 6.3μm。立板 $\phi12$ 孔的内圆柱面也是通过采用去除材料的方法获得的零件表面，表面粗糙度 Ra 值是 3.2μm。$\sqrt{Ra\ 12.5}$ ($\sqrt{}$) 表示其余所有未注表面粗糙度的表面，Ra 值都为 12.5μm。

综合归纳零件的形状、尺寸及技术要求，即可读懂支承座的零件图。

想一想

请你总结读画零件图的方法和步骤。

任务11　识读轴承座零件图中的表面粗糙度

学时：2

教学目标

1. 能读懂轴承座零件图中的结构形状及尺寸标注。
2. 会识读零件图中的表面粗糙度。
3. 能说出零件图中表面粗糙度符号与代号的含义。

知识点

1. 表面粗糙度基本概念与评定参数。
2. 表面粗糙度对零件性能的影响。
3. 轮廓算术平均偏差 Ra 和轮廓最大高度 Rz 的概念、数值和应用。

技能点

1. 会正确标注零件图中表面粗糙度符号。
2. 会根据表面粗糙度样块判断实际的表面粗糙度值。

零件图

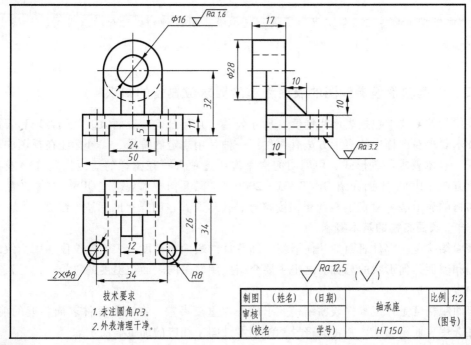

思考

图中 $\sqrt{Ra\,12.5}$（$\sqrt{}$）是什么含义？

教你如何识读轴承座零件图表面粗糙度

一、识读轴承座零件图的基本内容

1. 看标题栏了解零件信息

看标题栏可知：零件的名称为轴承座；绘图比例是 1：2；零件材料是 HT150。

2. 轴承座的用途

轴承座是一个组合体，由底板、支承板、圆筒和肋板组成，主要用途是支承回转轴并保证其回转灵活，如图 11-1 所示。

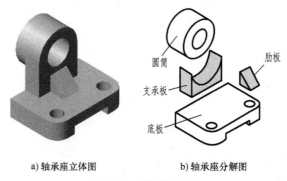

圆筒　肋板　支承板　底板

a) 轴承座立体图　　　　　b) 轴承座分解图

图 11-1　轴承座结构

练一练

请你根据前面学过的知识找出底板、支承板、圆筒和肋板对应的三视图，并搞清楚尺寸要求。

二、识读轴承座零件图的表面粗糙度要求应具备的知识

零件的技术要求包括表面粗糙度、尺寸公差、几何公差、表面涂镀、热处理和表面处理等。技术要求在图样中的表示方法有两种：一种是用规定的符号、代号标注在视图中；另一种是用"技术要求"的形式，用简明的文字说明逐项书写在图样的适当位置（一般在标题栏的上方或左边）。下面介绍 GB/T 131—2006《产品几何技术规范（GPS）技术产品文件中表面结构的表示法》规定的表面粗糙度符号、代号及其在图样上的标注方法。

（一）表面结构的基本概念

表面结构是指零件表面的几何形貌，即零件的表面粗糙度、表面波纹度、表面纹理、表面缺陷和表面几何形状的总称。这里主要介绍应用较多的表面粗糙度的符号、代号及其在图样上的表示方法。

表面粗糙度是评定零件表面结构要求的一项重要参数，在满足零件表面功能的前提下，应合理选用表面粗糙度，并将其符号标注在零件图中相应的加工表面上。

零件经过机械加工后的表面看似光滑平整，但在显微镜下看到的是许多微小的峰顶和谷底。零件加工表面具有较小间距的峰谷所组成的微观几何形状特征，称为表面粗糙度。表面粗糙度的形成与工件的材料、加工方法、刀具、设备、环境条件等因素均有密切的关系。表

面粗糙度对于零件的配合、耐磨性、耐蚀性及密封性都有明显的影响。表面粗糙度值越大，零件表面性能就越差；表面粗糙度值越小，则表面性能就越好，但加工成本也随之增加。因此，为了便于在保证使用功能的前提下，应选用较为经济的评定参数值，国家标准规定了零件表面粗糙度的评定参数。

1. 轮廓算术平均偏差 Ra

在取样长度 l 内，沿测量方向（z 方向）轮廓线上的点与基准线之间距离绝对值的算术平均值称为轮廓算术平均值偏差，用 Ra 表示，如图 11-2 所示。Ra 值越大，表面越粗糙。

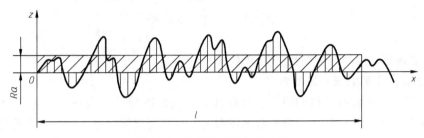

图 11-2 轮廓算术平均偏差 Ra

计算公式为

$$Ra = \frac{1}{l} \int_0^l | Z | \, \mathrm{d}x$$

或近似为

$$Ra = \frac{1}{n} \sum_{i=1}^n | Z_i |$$

Ra 参数能充分反映表面微观几何形状高度方面的特性，因此是国家标准推荐的首选评定参数，其数值见表 11-1。

 提示

零件加工表面 Ra 值越大，其表面越粗糙，表面性能越差。

表 11-1　轮廓算术平均偏差 Ra 的数值　　　　（单位：μm）

Ra	0.012	0.20	3.2	50
	0.025	0.40	6.3	100
	0.050	0.80	12.5	
	0.100	1.60	25	

2. 轮廓最大高度 Rz

Rz 是在取样长度内，轮廓峰顶线与谷底线之间的距离，如图 11-3 所示。

通常只采用轮廓算术平均偏差 Ra，只有在特定要求时才采用轮廓最大高度 Rz，其数值见表 11-2。

表 11-2　轮廓最大高度 Rz 的数值　　　　（单位：μm）

Rz	0.025	0.40	6.3	100	1600
	0.050	0.80	12.5	200	
	0.100	1.60	25	400	
	0.20	3.2	50	800	

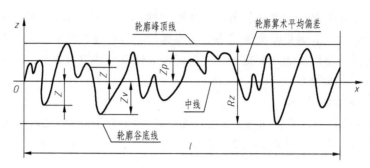

图 11-3 轮廓最大高度 Rz

（二）表面粗糙度的符号与代号的识读

1. 表面结构图形的符号及其含义

在图样中对零件表面结构的要求，可用几种不同的图形符号表达，GB/T 131—2006 标准规定了表面结构的图形符号，分为基本图形符号、扩展图形符号、完整图形符号、工件轮廓表面图形符号。图样及文件上所标注的表面结构符号应是完整图形符号。各图形符号及其含义见表 11-3。

表 11-3 表面结构图形的符号及其含义

序号	分类	图形符号	含义说明
1	基本图形符号	√	表示表面未指定工艺方法。通过一个注释解释时可单独使用，例如：√ = √$Ra\ 3.2$。没有补充说明时不能单独使用
2	扩展图形符号	⤍	表示表面是用不去除材料的方法获得。例如：铸、锻、冲压、冷轧、热轧、粉末冶金等工序形成的表面
		⤎	表示表面是用去除材料的方法获得。例如：车、刨、磨、钻、剪切、抛光、腐蚀、电火花加工、气割等。当其含义是"被加工表面"时可单独使用
3	完整图形符号	√ ⤎ ⤍	在三个符号的长边上加一横线，用来标注有关参数和补充信息。左图的三个完整图形符号还可分别用文字表达为 APA、MRR 和 NMR，用于报告和合同的文本中
4	工件轮廓表面图形符号	⦶⦶⦶	视图上封闭轮廓的各表面有相同的表面结构要求时的符号。当标注引起歧义时，各表面分别标注

2. 表面结构图形代号的组成

在表面结构的基本符号周围，注上表面粗糙度值、单一要求和补充要求，如图 11-4 所示。

3. 常用表面粗糙度符号的标注及其含义

表面结构的图形上，注有表面粗糙度的参数和数值及有关规定，则称为表面粗糙度符号，如图 11-5 所示。常用表面粗糙度符号的标注及其含义见表 11-4。

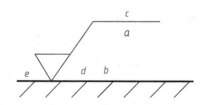

图 11-4 表面结构的图形代号组成
位置 a—注写表面结构的单一要求 位置 b—注写第二个表面结构要求 位置 c—注写加工方法
位置 d—注写表面纹理和方向 位置 e—注写加工余量

表 11-4　常用表面粗糙度符号的标注及其含义

符号	含义	符号	含义
$\sqrt{}$ Rz 0.4	不允许去除材料,轮廓最大高度 Rz 值为 $0.4\mu m$	$\sqrt{}$ Ra 0.8	去除材料,轮廓算术平均偏差值 Ra 为 $0.8\mu m$
$\sqrt{}$ Rz 6.3	去除材料,轮廓最大高度值 Rz 为 $6.3\mu m$	$\sqrt{}$ Rzmax 0.2	去除材料,轮廓最大高度的最大值 Rz 为 $0.2\mu m$
$\sqrt{}$ Ra 0.8	不允许去除材料,轮廓算术平均偏差值 Ra 为 $0.8\mu m$	$\sqrt{}$ U Rz 1.6 L Ra 0.8	去除材料,上限值:轮廓最大高度值 Rz 为 $1.6\mu m$;下限值:轮廓算术平均偏差值 Ra 为 $0.8\mu m$

4. 加工方法的注法

加工方法的注法有两种:一种是在文本上用文字注明加工工艺,如图 11-6a 所示;另一种是在图样上的注法,如图 11-6b 所示。带有补充注释符号的标注及其含义见表 11-5。

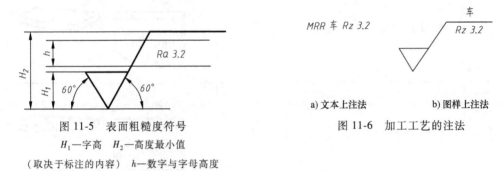

图 11-5　表面粗糙度符号

H_1—字高　H_2—高度最小值

(取决于标注的内容)　h—数字与字母高度

(见 GB/T 14690—1993《技术制图　比例》)

a) 文本上注法　　　b) 图样上注法

图 11-6　加工工艺的注法

表 11-5　带有补充注释符号的标注及其含义

符号	含义	符号	含义
$\sqrt{}$ 铸	加工方法为铸造	$\sqrt{}$ ○	在投影视图上封闭的轮廓线所表示的各表面有相同的表面结构要求
$\sqrt{}$ M	表面纹理呈多方向	$\sqrt{}$ 3	加工余量为 3mm

5. 表面纹理和加工余量的注法

若需要控制表面加工纹理及其方向时,可以在图形符号右侧加注相应的符号,如图 11-7 所示。加工余量的注法如图 11-8 所示。

国家标准规定了常见的加工纹理及其方向符号,见表 11-6。

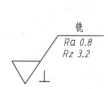

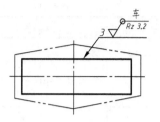

图 11-7　表面加工纹理方向的注法　　　　　　图 11-8　给出加工余量的注法

表 11-6　表面加工纹理的标注（摘录自 GB/T 131—2006）

符号	解释和示例	
二	纹理平行于视图所在的投影面	纹理方向
⊥	纹理垂直于视图所在的投影面	纹理方向
×	纹理呈两斜向交叉且与视图所在的投影面相交	纹理方向

（三）图样上表面结构要求的标注与识读

1. 表面结构符号、代号的标注方法

1）同一图样中，零件的每一表面上，一般表面粗糙度只标注一次，并尽可能注在相应的尺寸及其公差的同一视图上。除非另有说明，所标注的表面结构要求是对完工零件表面的要求。

2）表面结构符号、代号标注的位置示例：

① 表面结构代号应标注在零件可见轮廓线或它们的延长线上，不引起误解时，也可以标注在尺寸线和尺寸界线上，如图 11-9 和图 11-15 所示。

② 表面结构代号必要时可用带黑点或箭头的指引线引出标注，如图 11-10 所示。表面结构代号也可以标注在几何公差框格上方，如图 11-11 所示。

③ 对零件上的连续表面及重复要素（如孔、槽、齿等）的表面，以及用细实线连接的不连续的同一表面（螺纹工作表面），其表面结构代号只标注一次，如图 11-12～图 11-14 所示。

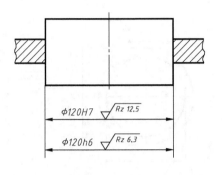

a) 表面结构要求标注在尺寸线上

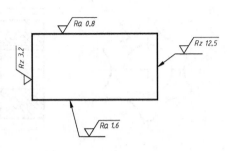

b) 表面结构要求的注写方向

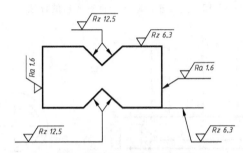

c) 表面结构要求可以标注在延长线上

图 11-9　表面结构要求的注写方向和位置

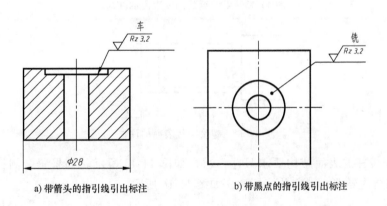

a) 带箭头的指引线引出标注

b) 带黑点的指引线引出标注

图 11-10　用指引线注出表面结构要求

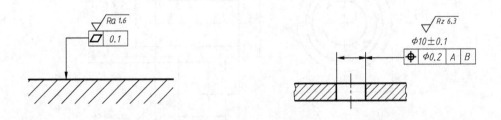

图 11-11　表面结构要求标注在几何公差框格上方

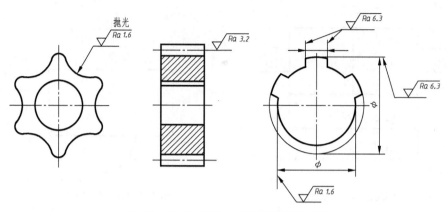

图 11-12 连续表面结构及重复要素的标注

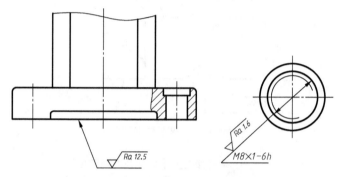

图 11-13 不连续的同一表面的注法

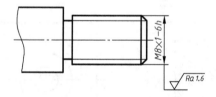

图 11-14 螺纹工作表面的注法

④ 圆柱和棱柱的表面结构要求只注一次，如图 11-15 所示。如果每个圆柱和棱柱表面有不同的表面结构要求，则应单独标注，如图 11-16 所示。

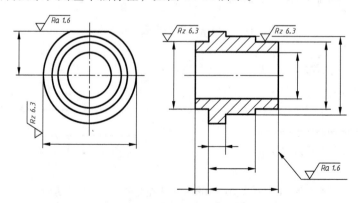

图 11-15 表面结构要求标注在圆柱特征的延长线上

⑤ 对同一表面，但有不同的表面粗糙度值要求时，须用细实线画出其分界线，并注出相应的表面结构代号和数值，如图 11-17 所示。

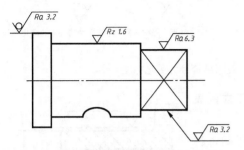

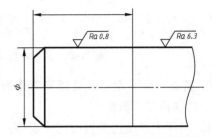

图 11-16　圆柱和棱柱表面结构要求的标注

图 11-17　同一表面有不同表面结构要求的标注

2．表面结构要求的简化注法

（1）相同表面结构要求的简化注法

当零件的多数表面（或所有表面）具有相同的表面结构要求时，其表面结构要求可统一注写在图样标题栏附近。此时，表面结构要求的符号后面应有圆括号，圆括号内给出无任何其他标注的基本符号，如图 11-18 中的 $\sqrt{^{Ra\ 3.2}}(\sqrt{})$；或在圆括号内给出不同的表面结构要求，如图 11-19 中的 $\sqrt{^{Ra\ 3.2}}(\sqrt{^{Rz\ 1.6}}\sqrt{^{Rz\ 6.3}})$。不同的表面结构要求应直接标注在图形中，如图 11-18、图 11-19 所示。

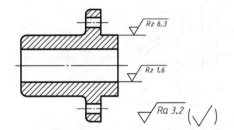

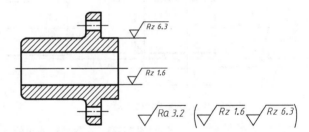

图 11-18　表面结构要求的简化注法（一）

图 11-19　表面结构要求的简化注法（二）

（2）简化注法

当多个表面有相同的表面结构要求或图纸空间有限时，可以采用简化标注。

1）可用带字母的完整图形符号以等式的形式给出对多个表面共同的表面结构要求，如图 11-20 所示。

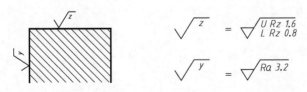

图 11-20　图纸空间有限时的简化标注

2）当采用基本图形符号和扩展图形符号即可说明表面结构要求时，可直接用标注表面结构的基本图形符号和扩展图形符号的简化方式，并以等式的形式说明相应的表面结构要求，如图 11-21 所示。

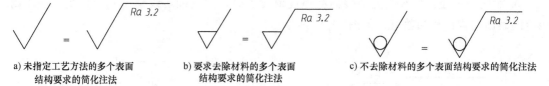

a) 未指定工艺方法的多个表面
结构要求的简化注法

b) 要求去除材料的多个表面
结构要求的简化注法

c) 不去除材料的多个表面结构要求的简化注法

图 11-21 用基本图形符号、扩展图形符号的简化标注

3. 有镀（涂）覆、热处理和其他表面处理要求的表面粗糙度的标注与识读

1）对于多种工艺获得的同一表面，当需要明确每种工艺方法的表面结构要求时，可以同时标注，如图 11-22 所示（图中 Fe 表示基体材料为钢，Ep 表示加工工艺为电镀，Cr 表示为电镀铬元素）。

2）需要零件局部热处理或镀涂时，应用粗点画线画出其范围，并标注相应的尺寸，也可将其要求注写在表面结构符号内，如图 11-23 所示。

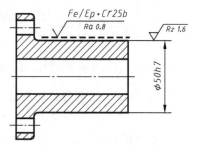

图 11-22 有表面处理要求的表面粗糙度标注

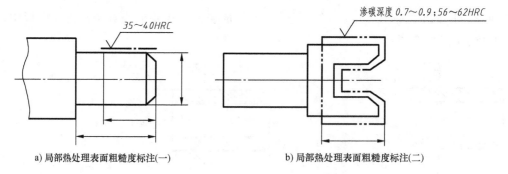

a) 局部热处理表面粗糙度标注(一)

b) 局部热处理表面粗糙度标注(二)

图 11-23 有热处理要求的表面粗糙度标注

三、识读轴承座零件图中的表面粗糙度要求

综合上述表面粗糙度相关知识，可以分析出：该轴承座的底面用去除材料的方法获得表面粗糙度的轮廓算术平均偏差 Ra 值为 $3.2\mu m$；$\phi16mm$ 通孔内表面 Ra 值为 $1.6\mu m$；其余未标注的表面粗糙度 Ra 值均为 $12.5\mu m$。

任务12　识读零件图中外部表达方式——视图

学时：2

教学目标

1. 能看懂视图的各种外部表达方式。
2. 能根据表达需要灵活运用视图的各种外部表达方式。
3. 能指出物体表面中点、线、面在基本视图、向视图、局部视图和斜视图中对应的投影。

知识点

1. 基本视图、向视图、局部视图和斜视图的基本概念。
2. 向视图、局部视图和斜视图的标注。
3. 视图相关的国标及规定。

技能点

1. 会正确使用基本视图、局部视图和斜视图表达零件的结构。
2. 能根据立体图画出六个基本视图、局部视图和斜视图。

学习内容

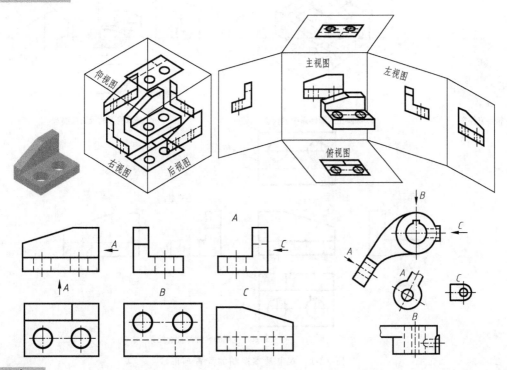

思考

基本视图、向视图、局部视图和斜视图的异同。

教你如何识读零件图中外部表达方式——视图

在实际生产中，汽车的机件结构形状是多种多样的，有时仅用三视图是不能清楚表达的，还需要采取更多有效表达方法。为此，机械制图相关国家标准规定了其他表示法。前面讲过视图是用正投影法将机械零件向投影面投射所得到的图形，主要是用来表达机械零件的外部结构形状，一般仅表达出机件的可见部分，不可见部分必要时用虚线表达。表达机械零件外部形状的视图主要有基本视图、向视图、局部视图和斜视图四种。下面介绍这些视图的基本概念和表达方法。

一、基本视图

机件向基本投影面投射所得到的视图，称为基本视图。基本视图共有六个，除我们已经学到过的主视图、左视图和俯视图外，还增加了右视图、仰视图和后视图，如图 12-1b 所示。

六个基本投影面展开时，规定正面不动，其他投影面按图 12-1c 所示的方向展开至和正面处于同一平面上。

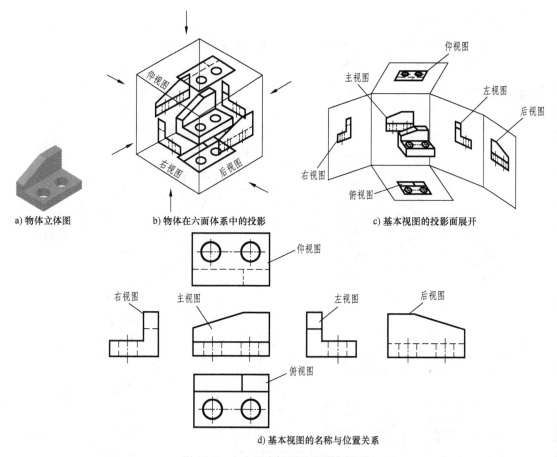

a) 物体立体图　　b) 物体在六面体系中的投影　　c) 基本视图的投影面展开

d) 基本视图的名称与位置关系

图 12-1　六个基本视图的配置与形成

六个基本视图按图 12-1d 所示配置时，一律不注明视图名称，它们仍遵循"长对正、高平齐、宽相等"的投影关系。其中，主视图是由前向后投射得到的视图；左视图是由左向右投射得到的视图；俯视图是由上向下投射得到的视图；右视图是由右向左投射得到的视图；仰视图是由下向上投射得到的视图；后视图是由后向前投射得到的视图。

💡 提示

　　在实际绘图时，应根据零件结构的复杂程度选用合适的基本视图，不是任何零件都需要六个基本视图，原则是用最少、最简练的视图把零件表达清楚即可。

　　基本视图的投影规律：主视图、俯视图和仰视图、后视图长相等；主视图、左视图和右视图、后视图高平齐；俯视图、左视图和仰视图、右视图宽相等。

👤 做一做

　　请你动手按图 12-1c 所示制作一个能打开和合拢的六投影面体系模型，然后观察六投影面体系打开后六个视图方位的变化情况。

　　通过观察发现，六投影面体系打开后除因正面没动，主视图方位没发生变化外，其他视图都有两个方位发生了变化，如图 12-2 所示。

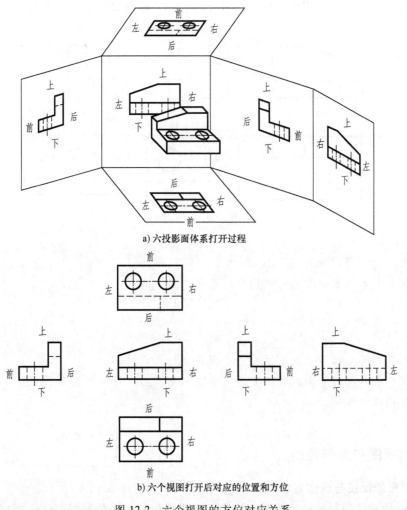

a) 六投影面体系打开过程

b) 六个视图打开后对应的位置和方位

图 12-2　六个视图的方位对应关系

试一试

按下图所示，已知三视图，请你补画右视图、后视图和仰视图。

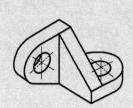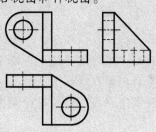

二、向视图

向视图是可以自由配置的视图，即未按规定位置配置的基本视图。为便于识读和查找自由配置后的向视图，应在向视图的上方用大写拉丁字母标出该向视图的名称（A、B、C等），并在相应的视图附近用箭头指明投射方向，注上相同的字母，如图12-3所示。

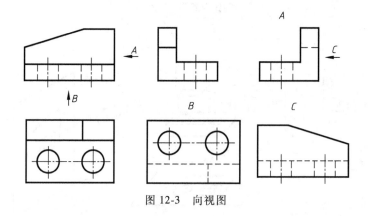

图 12-3　向视图

想一想

向视图与基本视图的异同有哪些？

提示

向视图实质是变动了规定位置的基本视图。

向视图中表示投射方向的箭头应尽可能地配置在主视图上，表示后视图的投射箭头最好配在左视图或右视图上。

三、斜视图和局部视图

1. 斜视图的配置与表达方法

图12-4a所示是压紧杆的三个基本视图，压紧杆中耳板部分是倾斜的，所以它的俯视图

和左视图均不能反映实形，耳板这部分的形状也没有表达清楚，不便于识读。为表达清楚压紧杆中耳板这部分的倾斜结构，可如图 12-4b 所示，加一个平行于耳板的正垂面作为辅助投影面，沿垂直于正垂面的 A 向投射，在辅助平面上就可得到倾斜结构的实形。这种将机件向不平行于任何基本投影面的平面投射得到的视图称为斜视图，如图 12-4c 所示。

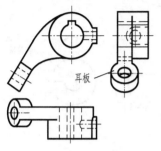 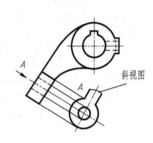

a) 压紧杆三个基本视图　　　　　　b) 压紧杆耳板斜视图的形成　　　　　c) 耳板投影到正垂面再旋转到正面
　　　　　　　　　　　　　　　　　　　　　　　　　　　　　　　　　　　　　　后的斜视图

图 12-4　压紧杆三视图与斜视图的形成

💡 提示

表达斜视图时应注意：

1）耳板向正垂面投影时一定要按正投影规律进行投影，如图 12-4c 所示。

2）斜视图常用于表达零件上的倾斜结构，在表达倾斜结构的实形时，零件的其他部分不必画出，用波浪线断开即可，如图 12-4b 所示。

3）斜视图的配置和标注一般按向视图相应的规定，必要时，允许将斜视图旋转配置，此时应加注旋转符号，例如：⌒A 或 A⌒，如图 12-5b 所示。

2. 局部视图的配置与表达方法

将零件的某部分向基本投影面投射所得的视图称为局部视图，如图 12-5a 所示。在采用一定数量的基本视图后，零件仍有部分结构形状尚未表达清楚，而又没必要再增加基本视图时，可考虑采用局部视图来表达。

局部视图的配置、标注及画法如下：

1）局部视图的断裂边界用波浪线或双点画线表示，如图 12-5a 所示。但当所表示的局部结构是完整的，其图形的外形轮廓呈封闭时，波浪线可省略，如图 12-5a 的 C 向视图。

2）局部视图如果按基本视图规定的位置配置，中间又没有其他视图隔开时，如图 12-5b 中位于俯视图处的局部视图，则不必标注。

3）局部视图也可按向视图的形式配置在适当位置，画法和标注如图 12-5a 中的 C 向局部视图。

4）局部视图还可配置在需要表示的局部结构附近，如图 12-5b 中压紧杆右端凸台。此时，应用细点画线连接两图形，且不必标注。

比较图 12-5 所示的 A 方案与 B 方案中压紧杆的两种表达方案，显然，图 12-5b 的视图布局更紧凑些。

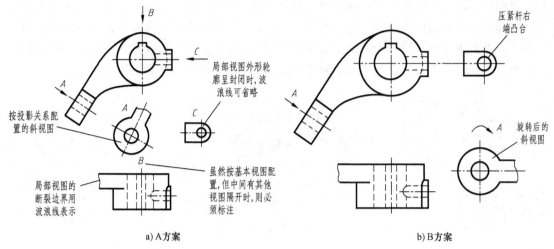

局部视图外形轮廓呈封闭时,波浪线可省略

按投影关系配置的斜视图

局部视图的断裂边界用波浪线表示

虽然按基本视图配置,但中间有其他视图隔开时,则必须标注

压紧杆右端凸台

旋转后的斜视图

a) A方案

b) B方案

图 12-5　压紧杆局部视图与斜视图

任务 13　识读右端盖零件图中内部表达方式——剖视图

学时：2

教学目标

1. 能看懂各种剖视图。
2. 会标注有剖视图的零件图。
3. 能说出有剖视图的零件图的读图方法和步骤。

知 识 点

1. 全剖视图、半剖视图、局部剖视图的概念。
2. 剖视图的配置与标注。
3. 剖视图相关的国家标准规定。

技 能 点

1. 能读懂右端盖零件图。
2. 能读懂右端盖零件图中表面粗糙度标注。
3. 能根据零件的具体结构采用适当的剖视图表达。

零 件 图

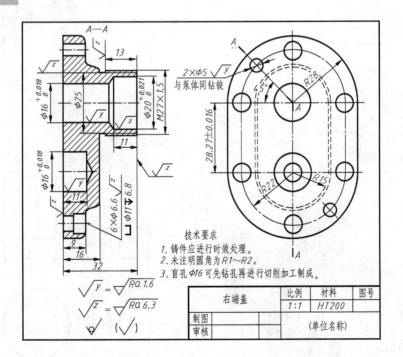

思 考

什么情况下要用剖视图？

教你如何识读右端盖零件图

首先看零件图标题栏，了解零件的名称、材料以及视图采用的比例。然后看视图，发现只有两个视图：主视图和左视图。先看左视图，看到右端盖有很多内孔。按前面学过的知识，主视图看不见的内孔结构应该为虚线，细心的同学可能已发现主视图中应该为虚线的部分是粗实线，这是怎么回事呢？

要搞清楚这些问题，必须从剖视图的基本概念讲起。

一、识读有剖视图的零件图应具备的知识

（一）剖视图的概述

前面讲过，用视图表达机件形状时，对于机件上不可见的内部结构（孔、槽等）要用虚线表示，如图 13-1a 所示支架的主视图。但如果机件的内部结构比较复杂，图上的虚线较多，有些虚线还与外轮廓线重叠，既不便画图和读图，也不便于标注尺寸。因此，可按国家标准规定采用剖视图来表达机件的内部形状（GB/T 17452—1998《技术制图 图样画法 剖视图和断面图》、GB/T 4458.6—2002《机械制图 图样画法 剖视图和断面图》）。

1. 剖视图及其形成

假想用剖切面剖开机件，将处在观察者与剖切面之间的部分移去，而将其余部分向投影面投射所得到的图形称为剖视图，简称剖视。剖视图的形成过程如图 13-1 所示。剖切面一

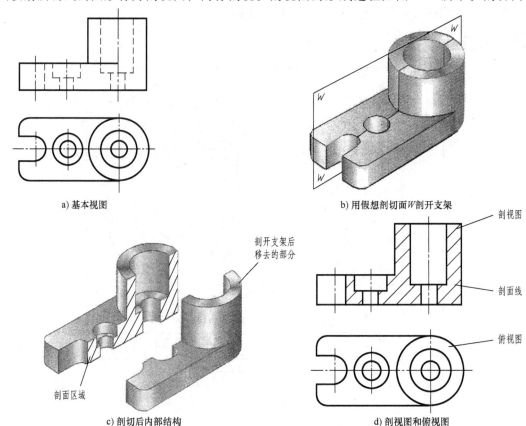

a) 基本视图

b) 用假想剖切面 W 剖开支架

c) 剖切后内部结构

d) 剖视图和俯视图

图 13-1 剖视图的形成过程

般是平面或圆柱面，而平面用得最多。为表达机件内部的真实形状，剖切面一般通过孔、槽的轴线或对称面，并且使剖切面平行或垂直于某一投影面。

 想一想

比较图 13-1a 和图 13-1d，哪个表达更清晰？

2. 剖视图的画法

1）确定剖切面的位置。先确定在哪个视图作剖视，在相关视图上确定标注剖切面的位置。如图 13-1b 所示，选取平行于正面的对称面为剖切面来剖切支架，主视图画成剖视图。

2）画剖视图。剖开机件，移走前半部分；将剖面区域及支架的后半部分向正面投射，得到图 13-1d 所示的剖视图。

3）机件被假想剖开后，剖面区域要求画出与材料相应的剖面符号，以便区别机件的实体与空腔部分，如图 13-1d 中的主视图所画剖面线。

当不需要在剖面区域中表示材料的类别时，剖面符号可采用通用的剖面线表示。剖面线为间隔相等的平行实线，一般与图形主要轮廓线或剖面区域的对称线成 45°，如图 13-2 所示。

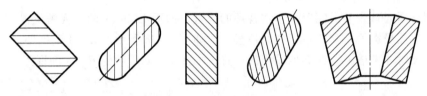

图 13-2　剖面线的方向

 提示

同一零件每个剖视图的剖面线的倾斜方向和间隔都必须一致，如图 13-3c 所示。

不同材料类别，其剖面符号是不同的，国家标准规定了各种材料类别的剖面符号，见表 13-1。

表 13-1　剖面符号（GB/T 4457.5—2013《机械制图　剖面区域的表示法》）

材料类别	剖面符号	材料类别	剖面符号
金属材料（已有规定剖面符号者除外）		混凝土	
非金属材料（已有规定剖面符号者除外）		钢筋混凝土	
型砂、填砂、粉末冶金、砂轮、陶瓷刀片、硬质合金刀片等		定子、转子、电枢、变压器和电抗器等的叠钢片（铁心）	

（续）

材料类别		剖面符号	材料类别	剖面符号
砖			玻璃及供观察用的其他透明材料	
木质胶合板(不分层数)			网格(筛网、过滤网等)	
木材	纵断面		液体	
	横断面			

3. 剖视图的配置与标注

（1）剖视图配置

剖视图位置配置有如下 3 种形式：

1）剖视图应首先考虑配置在基本视图的位置，如图 13-3c 中的主视图位置。

2）可以按投影关系配置在相应的位置上，如图 13-3c 所示的 A—A 剖视图。

3）必要时才考虑配置在其他适当的位置，如图 13-3c 所示的 B—B 剖视图。

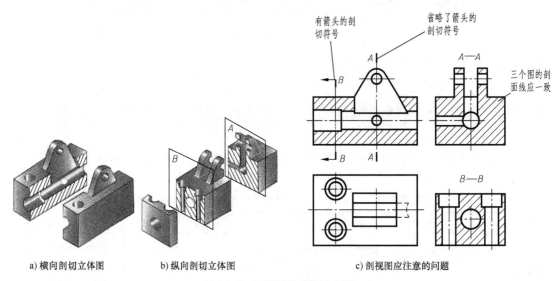

a) 横向剖切立体图　　　　b) 纵向剖切立体图　　　　c) 剖视图应注意的问题

图 13-3　剖视图的配置与标注

（2）剖视图标注

为了便于读图，剖视图一般应标注，标注的内容包括以下 3 要素：

1）剖切线：指示剖切面的位置，用细点画线表示。在剖视图中通常省略不画剖切线。

2）剖切符号：指示剖切面的起止和转折位置（用短粗实线表示）以及投影方向的符号，如图 13-3c 所示的两处剖切符号。

3）字母：用来表示剖视图的名称，用大写拉丁字母注写在剖视图的上方，如图 13-3c 中的 *A—A*、*B—B*。

（3）剖视图简化

在下列情况下，剖视图的标注可简化或省略：

1）当单一剖切面通过机件的对称平面或基本对称平面，且剖视图是按投影关系配置，中间没有其他图形隔开时，可不标注，如图 13-1d 中的主视图未标注。

2）当剖视图按基本视图或投影关系配置时，可省略箭头，如图 13-3c 中所示剖视图 *A—A*。

💡 提示

1）剖视图只是假想的剖开机件，将一个视图画成剖视图后，其他视图仍应完整地画出，所以，图 13-4 中俯视图应完整地画出。

2）剖视图后面的可见部分应全部画出，不可省略或漏画，如图 13-4 所示。

3）剖视图一般不画虚线，只有对尚未表达清楚的结构才用虚线表示。

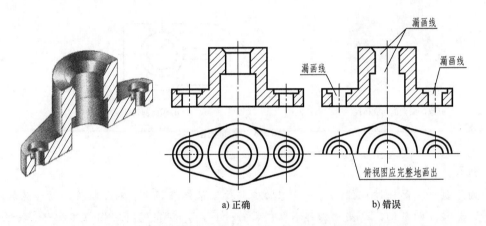

a) 正确　　　　　　　　　　b) 错误

图 13-4　俯视图应完整地画出和剖切面后面的可见轮廓线不能漏画

👤 做一做

请你参照立体图，补画剖视图中所缺的图线。

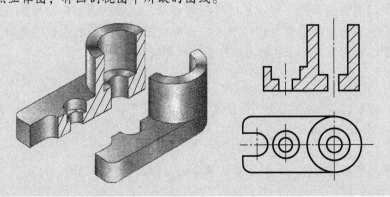

（二）剖视图的种类及其应用

根据剖视图的剖切范围，可分为全剖视图、半剖视图和局部剖视图三种。前面讲的剖视图画法和标注，对三种剖视图都适用。

1. 全剖视图

全剖视图是用剖切面完全地剖开机件所得到的剖视图，适用于表达外形比较简单，而内部结构较为复杂且不对称的机件，如图 13-5 所示。

同一机件可以假想进行多次剖切，画出多个剖视图，如图 13-3 中所示的横向剖切和两次纵向剖切得到三个剖视图。

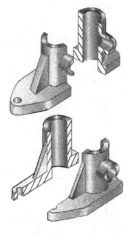

a) 纵、横向剖切立体图

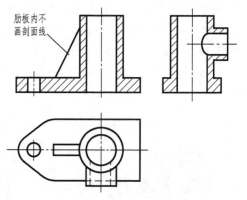

肋板内不画剖面线

b) 纵向剖切肋板的画法

图 13-5　全剖视图

> **提示**
>
> 由于剖切平面通过机件上的三角形肋板，按国家标准规定，对于机件的肋、轮辐及薄壁等，如按纵向剖切，这些结构都不画剖面符号，而以粗实线将它们与其相邻部分分开。如图 13-5 所示，主视图中肋板的轮廓范围内不画剖面线。

2. 半剖视图

当机件具有对称平面时，向垂直于对称平面的投影面上投射所得的图形，可以对称中心线为界，一半用剖视图表示，另一半用视图来表示，这种剖视图称为半剖视图。如图 13-6 所示，机件左右对称及前后也对称，所以它的主视图、俯视图和左视图都可用半剖视图表达。半剖视图主要用于内外形状都比较复杂的对称机件的表达。

> **提示**
>
> 机件内部形状在半剖视图中已经清楚表达时，在另一半视图中不应画出表示内部对称结构的虚线，如图 13-6b 所示。

当机件的形状接近对称时，且不对称部分另有图形表达清楚时，可用半剖视图来表达，如图 13-7 所示。

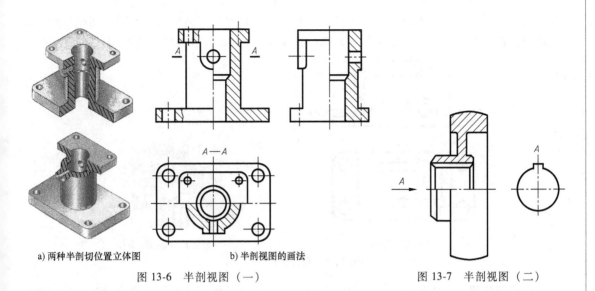

a) 两种半剖切位置立体图　　　　b) 半剖视图的画法

图 13-6　半剖视图（一）　　　　　　　图 13-7　半剖视图（二）

试一试

已知俯视图，请分别在下图 a~c 中选出你认为正确的主视图，在（　）中画√。

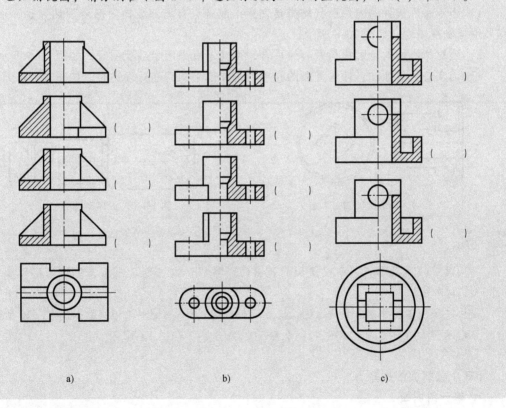

a)　　　　　　　　b)　　　　　　　　c)

3. 局部剖视图

局部剖视图是用剖切面局部剖切机件所得到的剖视图。

如图 13-8 所示的箱体，其顶部有个矩形孔，底板上有四个安装孔，箱体的上、下、左、右、前、后都不对称。为兼顾内外结构形状的表达，将主视图画成两个不同剖切位置的局部剖视图；在俯视图上，为保留顶部的外形，采用 A—A 剖切位置的局部剖视图。

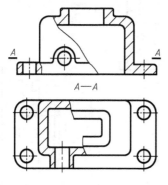

a) 局部剖视图的画法　　　　　　　　　　b) 局部剖视位置立体图

图 13-8　局部剖视图（一）

局部剖视图的标注与全剖视图相同，当只用一个剖切平面且剖切位置明确时，局部剖视图不必标注。局部剖视图的剖切位置和剖切范围根据需要确定，是一种比较灵活的表达方法，运用得当，可使图形简洁而清晰。局部剖视图通常用于以下情况：

1）当不对称机件的内外形状均需要表达，或者只有局部结构内形需剖切表达，而又不宜采用全剖视图时，如图 13-8 所示。

2）当对称机件的轮廓线与中心线重合，而又不宜采用半剖视图时，如图 13-9 所示。

3）当实心机件如轴、杆等上面的孔或槽等局部结构需剖开表达时，如图 13-10 所示。

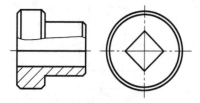
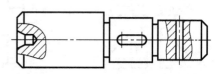

图 13-9　局部剖视图（二）　　　　　　　图 13-10　局部剖视图（三）

💡 提示

1）波浪线是局部视图中视图和剖视图的分界线，波浪线只能画在机件的实体上，如图 13-11b 所示。

2）波浪线不能画在轮廓线的延长线上，也不得用轮廓线代替波浪线，如图 13-11d 所示。

3）局部剖视图也可以用双折线代替波浪线分界，如图 13-12 所示。

（三）剖切面的选择

1. 单一剖切面

当机件的内部结构位于一个剖切平面上时，可选用单一剖切面。单一剖切面包括单一的剖切平面和柱面，应用最多的是单一剖切平面。单一剖切平面一般应为投影面的平行面。上述的全剖视图、半剖视图、局部剖视图示例都是采用平行于某一基本投影面的单一剖切平面剖开机件的，可见单一剖切平面剖切的方法应用最为普遍。

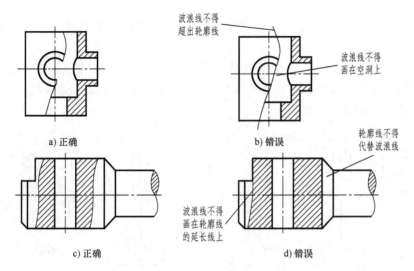

a) 正确　　　　　　　　　　　b) 错误

波浪线不得超出轮廓线

波浪线不得画在空洞上

轮廓线不得代替波浪线

c) 正确　　　　　　　　　　　d) 错误

波浪线不得画在轮廓线的延长线上

图 13-11　局部剖视图波浪线画法

当机件需要表达具有倾斜结构的内部形状时，如图 13-13 所示，若采用平行于投影面的剖切平面剖切，将不能反映倾斜结构内部的实形。这时，可采用一个与倾斜部分的主要平面平行且垂直于某一基本投影面的单一剖切平面剖切，再投影到与剖切平面平行的投影面上，即可得到该部分内部结构的实形，如图 13-13 中的 $B—B$。必要时允许将图形转正，并加注旋转符号，如图 13-13 中的 $B—B$ ⌒ 剖视图。

单一剖切面还包括单一圆柱剖切面，如图 13-14 所示。采用柱面剖切时，机件的剖视图应按展开方式绘制，如图 13-14 中 "$A—A$ 展开"。

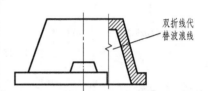

双折线代替波浪线

图 13-12　局部剖视图用双折线代替波浪线分界

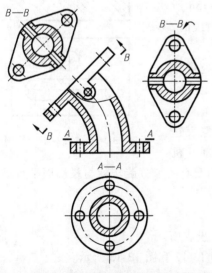

图 13-13　不平行基本投影面的单一剖切面

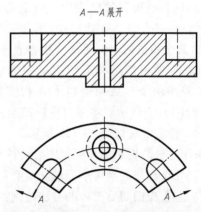

$A—A$ 展开

图 13-14　单一圆柱剖切面

2. 几个平行剖切面

当机件的内部结构位于几个平行平面上时，可采用几个平行平面剖切，如图 13-15e 所示。

如图 13-15 所示，当机件上几个孔的轴线不在同一平面内时，如果用单一剖切平面在对称处切开，则上端小孔没有剖切到，若用两个互相平行的剖切平面剖切，就可以在一个剖视图上把几个孔的形状表达清楚了。

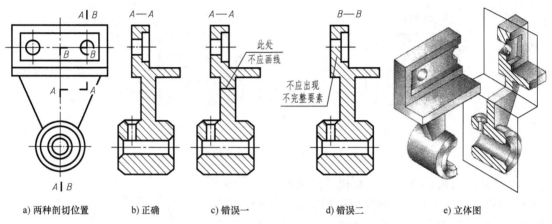

| a) 两种剖切位置 | b) 正确 | c) 错误一 | d) 错误二 | e) 立体图 |

图 13-15　用两个互相平行的剖切平面剖切

 提示

内部结构相同的部分剖切一处即可。

采用这种剖切平面画剖视图时应注意以下几点：

1）因为是假想的，所以在剖视图上不能画出剖切平面转折的界线，如图 13-15c 所示。

2）在剖视图中不能出现不完整要素，如图 13-15d 所示。仅当两个要素在图形上具有公共对称中心或轴线时，方可各画一半，如图 13-16 中的 A—A。

3）这种剖视图的标注中，当剖切符号的转折处位置有限时，可以省略，如图 13-16 所示。

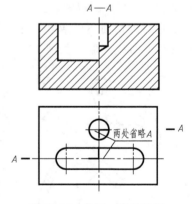

图 13-16　各画一半的特例

3. 几个相交的剖切面（交线垂直于某一投影面）

当机件的内部结构形状用单一剖切面不能完整表达时，可采用两个（或两个以上）相交的剖切平面剖开机件，如图 13-17 所示。将相对投影面倾斜的剖开结构及有关部分旋转到与投影面平行后再进行投射。标注方法如图 13-17b 所示。

采用这种剖切平面画剖视图时应注意以下几点：

1）几个相交的剖切平面的交线必须垂直于某一投影面。

2）应按先剖切后旋转的方法绘制剖视图，如图 13-17 和图 13-18 所示。

3）剖切面后面的结构，一般仍按原来的位置投射，如图 13-18 中的油孔。

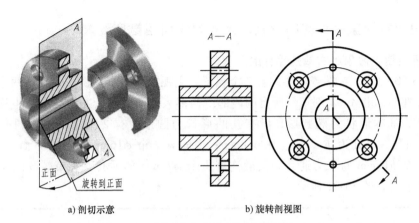

a) 剖切示意　　　　　　　　b) 旋转剖视图

图 13-17　用两个相交的剖切平面剖切（一）

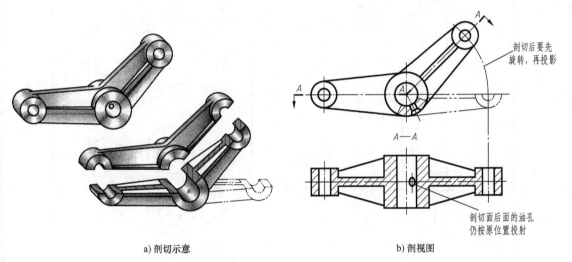

a) 剖切示意　　　　　　　　b) 剖视图

图 13-18　用两个相交的剖切平面剖切（二）

图 13-19 所示是采用三个相交剖切平面剖开机件来表达其内部结构的剖视图。

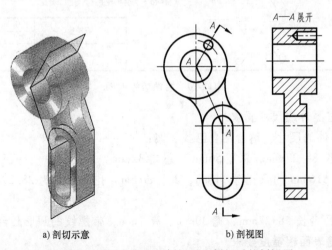

a) 剖切示意　　　　　　　　b) 剖视图

图 13-19　用三个相交的剖切平面剖切时的剖视图

二、识读右端盖零件图的形状、尺寸和表面粗糙度要求

1. 分析视图，想象出右端盖零件的形状

如图 13-20 所示，右端盖零件共有 2 个视图。主视图使用全剖视图，采用两个相交的剖切平面剖开机件，沿 A—A 剖切，所有的内部结构都表达清楚了。左视图为基本视图，表达了右端盖外部基本形状为椭圆形，所有孔的形状为圆形。有 2 个 ϕ5mm 的通孔，有 6 个 ϕ6.6mm 的通孔，沉孔为 ϕ11mm，深 6.8mm；中间有 2 个 ϕ16mm 的孔，下面 ϕ16mm 的孔为盲孔，上面 ϕ16mm 的孔为通孔，其后连着 1 个 ϕ20mm 的通孔；有带螺纹的 1 个圆形凸台。其具体形状如图 13-21 所示。

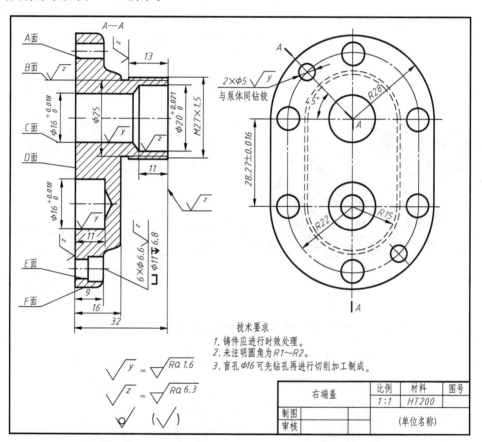

图 13-20　右端盖零件图

2. 了解右端盖零件的尺寸要求

对于右端盖零件的尺寸，请看图自己找答案：

1）右端盖总长 84.27mm、总宽 56mm、总高 32mm。

2）右端盖上 ϕ16mm 的盲孔深 11mm，2 个 ϕ16mm 孔中心距为 28.27mm，ϕ20mm 孔深为 11mm。

3）椭圆形矮凸台长 58.27mm、宽 30mm、高 7mm；带螺纹的圆形凸台直径为 27mm。

3. 了解右端盖表面粗糙度要求

对于右端盖零件的表面粗糙度要求，请看图自己找答案：A、B、C、D、E、F 面的表

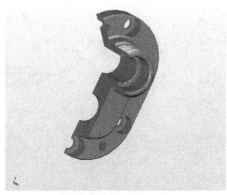

a) 右端盖A—A位置剖视立体图　　　　　　　　　b) 右端盖实物图

图 13-21　右端盖立体图

面粗糙度要求分别为 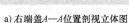。

综合归纳零件的形状、尺寸及技术要求，就能基本读懂右端盖零件图。

任务 14　识读右端盖零件图中的尺寸公差

学时：2

教学目标

1. 会读画公差带图。
2. 能读懂右端盖零件图。
3. 能识读零件图和装配图中的公差与配合要求。

知识点

1. 零件公差与配合的基本概念。
2. 公差与配合相关的国家标准及其标注的规定。
3. 配合的类型和配合制的选用原则。

技能点

1. 会计算尺寸公差、极限尺寸、极限偏差，并判断零件的合格范围。
2. 会查表确定标准公差和基本偏差值。
3. 会查表并计算出图中标注的公差带代号与配合代号的偏差数值。

零件图

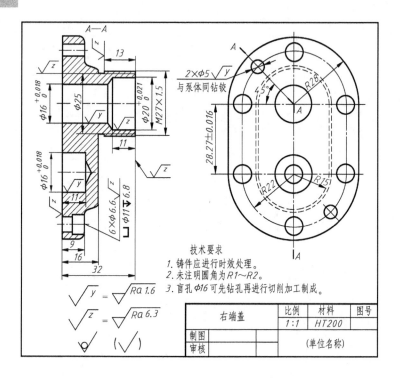

思考

$\phi 16^{+0.018}_{0}$、$\phi 20^{+0.021}_{0}$、28.27 ± 0.016 这些标注，应如何识读呢？

教你如何识读右端盖零件图中的尺寸公差

在"任务13"中，我们已经读懂右端盖零件图的视图、尺寸，但我们发现有这样的标注：$\phi16^{+0.018}_{0}$、$\phi20^{+0.021}_{0}$ 和 28.27 ± 0.016。对于这些标注，应如何识读呢？下面就介绍这方面的知识。

一、识读零部件图中的公差与配合所必须具备的知识

在实际生产中，零件的尺寸不可能加工得绝对准确，例如：生产6件 $\phi50$mm 的实心光轴，加工出来的尺寸不可能正好是 $\phi50.0000000\cdots$mm，生产出来的尺寸可能是 $\phi50.03$mm、$\phi50.02$mm、$\phi50.01$mm、$\phi49.97$mm、$\phi49.98$mm、$\phi49.99$mm。我们需要的是 $\phi50$mm 的尺寸，以上尺寸的产品合格吗？如果不给出合格范围，就不知道合不合格。既然加工误差是绝对的，就必须给出允许的误差范围。如果设计者规定凡 $\phi49.96\sim\phi50.04$mm 的尺寸都合格，那么已生产出来的6件零件就都合格。其中 $\phi49.96$mm 称为合格允许的下极限尺寸，$\phi50.04$mm 称为合格允许的上极限尺寸，它们是允许尺寸变动的两个极限值或界限值。很明显，合格范围越宽，越容易达到。这个允许尺寸变动的（范围）量即为尺寸公差。

（一）尺寸公差

现代化大规模生产要求零件具有互换性，什么是互换性呢？从一批同一规格的零件中任取一件，不经挑选和修配就能装配到机器或部件上，并能保证使用要求，这就是互换性。为满足零件的互换性，就必须制定和执行统一的标准，为此制定了相应的国家标准。

1. 公称尺寸与极限尺寸

1）公称尺寸：由图样规范确定的理想形状要素的尺寸，是设计者根据需要给定的尺寸，如图 14-1 所示孔、轴的直径 $\phi30$。

2）实际尺寸：通过测量得到的尺寸。

3）极限尺寸：尺寸要素允许的尺寸的两个极端，是允许尺寸变动的两个界限值，又分为：

① 上极限尺寸：尺寸要素允许的最大尺寸。

② 下极限尺寸：尺寸要素允许的最小尺寸。

在图中写"凡 $\phi49.96$ 到 $\phi50.04$ 的尺寸都合格"，太不简练，所以规定统一写成：

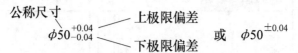

很显然，

$$上极限尺寸＝公称尺寸＋上极限偏差$$
$$下极限尺寸＝公称尺寸＋下极限偏差$$

提示

若实际尺寸在上、下极限尺寸之间，即为合格零件。

4）上极限偏差：上极限尺寸减其公称尺寸所得的代数差。

5）下极限偏差：下极限尺寸减其公称尺寸所得的代数差。

孔的上、下极限偏差代号用大写的字母 *ES*、*EI* 来表示；轴的上、下极限偏差代号用小写的字母 *es*、*ei* 来表示。

如图 14-1 所示，孔和轴上、下极限偏差的计算如下：

孔：上极限偏差 $ES = 30.021\text{mm} - 30\text{mm} = 0.021\text{mm}$

下极限偏差 $ES = 0$

轴：上极限偏差 $es = 29.993\text{mm} - 30\text{mm} = -0.007\text{mm}$

下极限偏差 $ei = 29.980\text{mm} - 30\text{mm} = -0.020\text{mm}$

6）尺寸公差：允许尺寸的变动量。

$$公差 = 上极限尺寸 - 下极限尺寸 = 上极限偏差 - 下极限偏差$$

如图 14-1 所示，孔、轴的公差的计算如下：

孔的公差 $= 30.021\text{mm} - 30\text{mm} = 0.021\text{mm}$ 或孔的公差 $= 0.021\text{mm} - 0 = 0.021\text{mm}$

轴的公差 $= 29.993\text{mm} - 29.980\text{mm} = 0.013\text{mm}$ 或

轴的公差 $= -0.007\text{mm} - (-0.02)\text{mm} = 0.013\text{mm}$

 想一想

公差值必定是正值吗？公差能为 0 或负值吗？

2. 公差带、公差带图与零线

为形象、直观地表达公差值的大小和位置，用公差带图表示：以公称尺寸为基准（零线），用夸大了间距的两条直线表示上、下极限偏差，这两条直线所限定的区域称为公差带。用这种方法画出的图称为公差带图。它表达了尺寸公差的大小和相对零线（公称尺寸线）的位置。如图 14-1 所示，表达了孔和轴尺寸的公差带图。

公差带图中，零线是确定正、负偏差的基准线，零线以上为正偏差，零线以下为负偏差。在零件图上标注尺寸公差，其上、下极限偏差有时都是正值，有时都是负值，有时一正一负。

想一想

上、下极限偏差值中可以有一个值是 0，但不得两个值都是 0，你知道这是为什么吗？

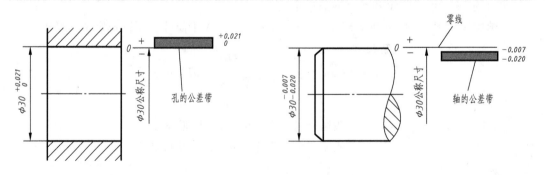

a) 孔的尺寸公差和公差带图　　　　　　　　　b) 轴的尺寸公差和公差带图

图 14-1　孔与轴的尺寸公差及公差带

3. 标准公差（IT）与基本偏差

公差带的两个要素——公差带的大小和公差带的位置，理论上是可以任意确定。但为了生产和管理方便，规定了标准公差和基本偏差。

标准公差分 20 个等级，即 IT01、IT0、IT1～IT18。其中 IT01 公差值最小，精度最高；IT18 公差值最大，精度最低。常见的标准公差数值见表 14-1（参照 GB/T 1800.1—2020《产品几何技术规范（GPS）线性尺寸公差 ISO 代号体系　第 1 部分：公差、偏差和配合的基础》）。

表 14-1　公称尺寸至 3150mm 的标准公差数值

公称尺寸/mm		标准公差等级																		
大于	至	IT01	IT0	IT1	IT2	IT3	IT4	IT5	IT6	IT7	IT8	IT9	IT10	IT11	IT12	IT13	IT14	IT15	IT16	IT17	IT18
		标准公差值																		
		μm													mm						
—	3	0.3	0.5	0.8	1.2	2	3	4	6	10	14	25	40	60	0.1	0.14	0.25	0.4	0.6	1	1.4
3	6	0.4	0.6	1	1.5	2.5	4	5	8	12	18	30	48	75	0.12	0.18	0.3	0.48	0.75	1.2	1.8
6	10	0.4	0.6	1	1.5	2.5	4	6	9	15	22	36	58	90	0.15	0.22	0.36	0.58	0.9	1.5	2.2
10	18	0.5	0.8	1.2	2	3	5	8	11	18	27	43	70	110	0.18	0.27	0.43	0.7	1.1	1.8	2.7
18	30	0.6	1	1.5	2.5	4	6	9	13	21	33	52	84	130	0.21	0.33	0.52	0.84	1.3	2.1	3.3
30	50	0.6	1	1.5	2.5	4	7	11	16	25	39	62	100	160	0.25	0.39	0.62	1	1.6	2.5	3.9
50	80	0.8	1.2	2	3	5	8	13	19	30	46	74	120	190	0.3	0.46	0.74	1.2	1.9	3	4.6
80	120	1	1.5	2.5	4	6	10	15	22	35	54	87	140	220	0.35	0.54	0.87	1.4	2.2	3.5	5.4
120	180	1.2	2	3.5	5	8	12	18	25	40	63	100	160	250	0.4	0.63	1	1.6	2.5	4	6.3
180	250	2	3	4.5	7	10	14	20	29	46	72	115	185	290	0.46	0.72	1.15	1.85	2.9	4.6	7.2
250	315	2.5	4	6	8	12	16	23	32	52	81	130	210	320	0.52	0.81	1.3	2.1	3.2	5.2	8.1
315	400	3	5	7	9	13	18	25	36	57	89	140	230	360	0.57	0.89	1.4	2.3	3.6	5.7	8.9
400	500	4	6	8	10	15	20	27	40	63	97	155	250	400	0.63	0.97	1.55	2.5	4	6.3	9.7
500	630			9	11	16	22	32	44	70	110	175	280	440	0.7	1.1	1.75	2.8	4.4	7	11
630	800			10	13	18	25	36	50	80	125	200	320	500	0.8	1.25	2	3.2	5	8	12.5
800	1000			11	15	21	28	40	56	90	140	230	360	560	1	1.4	2.3	3.6	5.6	9	14
1000	1250			13	18	24	33	47	66	105	165	260	420	660	1.05	1.65	2.6	4.2	6.6	10.5	16.5
1250	1600			15	21	29	39	55	78	125	195	310	500	780	1.25	1.95	3.1	5	7.8	12.5	19.5
1600	2000			18	25	35	46	65	92	150	230	370	600	920	1.5	2.3	3.7	6	9.2	15	23
2000	2500			22	30	41	55	78	110	175	280	440	700	1100	1.75	2.8	4.4	7	11	17.5	28
2500	3150			26	36	50	68	96	135	210	330	540	860	1350	2.1	3.3	5.4	8.6	13.5	21	33

提示

在满足使用要求的前提下，尽可能选用较低的公差等级。

在公差带图中，公差带的大小由公差值确定，公差带相对零线的位置由基本偏差确定。国家标准规定，确定公差带相对零线位置的极限偏差称为基本偏差。基本偏差通常是指靠近零线的那个偏差，它可以是上极限偏差，也可以是下极限偏差。如图 14-1 所示，孔的基本偏差为下极限偏差 0，轴的基本偏差为上极限偏差−0.007。

当孔与轴配合时，为使轴、孔之间具有不同的松紧程度，以满足实际生产需要，国家标准分别对孔与轴各规定了 28 个不同的基本偏差。它们的代号如图 14-2 所示。

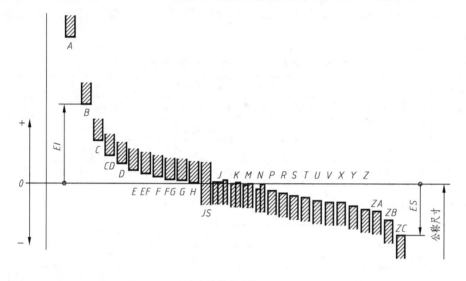

a) 孔(内尺寸要素)

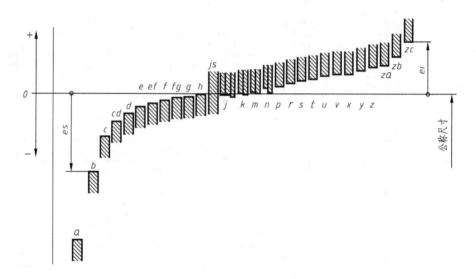

b) 轴(外尺寸要素)

图 14-2　轴和孔基本偏差系列

从图 14-2 中可以看出，孔的基本偏差代号规定为大写字母，轴的规定为小写字母，当公差带位于零线上方时，基本偏差为下极限偏差；当公差带位于零线下方时，基本偏差为上极限偏差。基本偏差系列图只表达公差带的位置。

4. 公差带代号识读

公差带代号由基本偏差代号（字母）加标准公差等级代号（数字）组成。孔、轴的尺寸公差可用公差代号表示。例如：

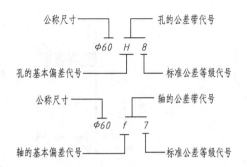

$\phi60H8$ 的含义：公称尺寸为 $\phi60$，基本偏差代号为 H，标准公差等级为 8 级的孔。

$\phi60f7$ 的含义：公称尺寸为 $\phi60$，基本偏差代号为 f，标准公差等级为 7 级的轴。

 提示

只标注了公称尺寸而未注公差的尺寸并不是没有公差要求，而是国标另有规定，见表 14-2。

表 14-2 线性尺寸的极限偏差数值 　　　　　　　　（单位：mm）

公差等级	尺寸分段							
	0.5~3	>3~6	>6~30	>30~120	>120~400	>400~1000	>1000~2000	>2000~4000
f（精密级）	±0.05	±0.05	±0.1	±0.15	±0.2	±0.3	±0.5	—
m（中等级）	±0.1	±0.1	±0.2	±0.3	±0.5	±0.8	±1.2	±2
c（粗糙级）	±0.2	±0.3	±0.5	±0.8	±1.2	±2	±3	±4
v（最粗级）	—	±0.5	±1	±1.5	±2.5	±4	±6	±8

（二）配合的类型

公称尺寸相同的并且相互结合的孔与轴公差带之间的关系称为配合。按照使用的要求不同，孔与轴的配合有松有紧。如图 14-3 所示，轴承座、轴套和轴三者之间的配合是不一样的。轴套与轴承座之间是不允许相对运动的，应选择紧的配合；轴与轴套之间要求能转动，应选择松动的配合。国家标准规定了三种配合：间隙配合、过盈配合、过渡配合。

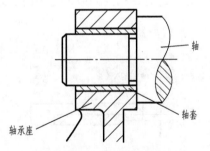

图 14-3 配合的概念

1. 间隙配合

间隙配合是指孔的实际尺寸总比轴的实际尺寸大，装配在一起后，轴与孔之间具有间隙的配合（包含最小间隙为零的情况），轴在孔中能做相对运动。这时，孔的公差带在轴的公差带之上，如图 14-4 所示。

2. 过盈配合

孔的实际尺寸总比轴的实际尺寸小，是具有过盈的配合（包含最小过盈为零的情况）。这时，轴的公差带在孔的公差带之上，如图 14-5 所示。装配时需用一定的外力才能将轴压入孔中，轴与孔装配在一起后，轴在孔中不能做相对运动。

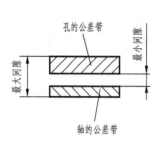

a) 公差带图

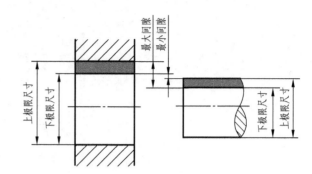

b) 孔与轴的间隙配合示意图

图 14-4　孔与轴的间隙配合

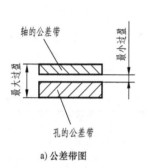

a) 公差带图

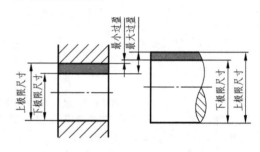

b) 轴与孔的过盈配合示意图

图 14-5　轴与孔的过盈配合

3. 过渡配合

轴的实际尺寸相比孔的实际尺寸，有时小、有时大，轴与孔装配在一起后，可能出现间隙，也可能出现过盈，但间隙或过盈都相对较小，这种可能出现间隙或过盈的配合称为过渡配合。这时，孔的公差带与轴的公差带出现相互重叠部分，如图 14-6 所示。

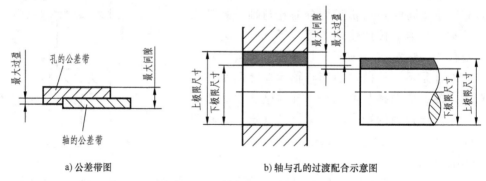

a) 公差带图　　　　　　　　　　　b) 轴与孔的过渡配合示意图

图 14-6　轴与孔的过渡配合

💡 提示

　　过渡配合中出现了间隙，或出现了过盈，不能称为间隙配合或过盈配合，只能称为过渡配合。为什么呢？因为只有确保轴与孔之间一定有间隙，才能称为间隙配合；一定有过盈，才能称为过盈配合；而过渡配合的间隙或过盈是随机的。

（三）配合制

孔和轴公差带形成配合的一种制度，称为配合制。为了统一基准件的极限偏差，从而实现减少零件加工刀具和量具的规格数量，国家标准规定，配合制分为两种：基孔制和基轴制。

1. 基孔制配合

基孔制是指基本偏差为一定的孔的公差带，与不同基本偏差的轴的公差带形成各种配合的一种制度。也就是在公称尺寸相同的孔和轴的配合中，将孔的公差带位置固定，通过变换轴的公差带位置来得到不同的配合，如图14-7所示。国家标准规定："H"为基准孔的基本偏差代号，其下极限偏差为零，即下极限尺寸等于公称尺寸。

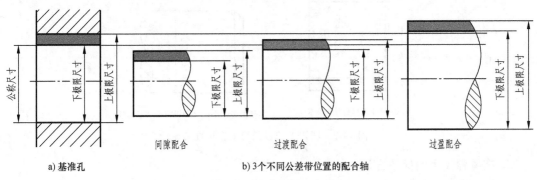

a) 基准孔　　　　　　　b) 3个不同公差带位置的配合轴

图 14-7　基孔制配合

2. 基轴制配合

基轴制是指基本偏差为一定的轴的公差带，与不同基本偏差的孔的公差带形成各种配合的一种制度。将轴的公差带位置固定，通过变换孔的公差带位置来得到不同的配合，如图14-8所示。国家标准规定："h"为基准轴的基本偏差代号，其上极限偏差为零，即上极限尺寸等于公称尺寸。

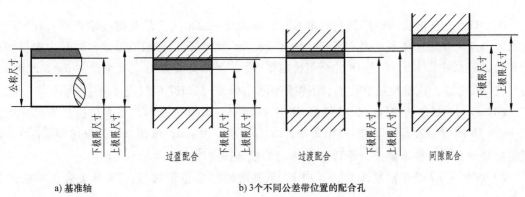

a) 基准轴　　　　　　　b) 3个不同公差带位置的配合孔

图 14-8　基轴制配合

（四）极限与配合的标注与查表

1. 在装配图上的标注方法

在装配图上标注配合代号时，采用组合式注法，如图14-9a所示。在公称尺寸后面用分式表示，分子为孔的公差带代号，分母为轴的公差带代号。

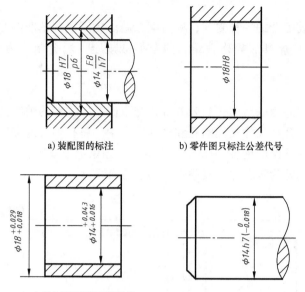

a) 装配图的标注　　　　b) 零件图只标注公差代号

c) 零件图只标注极限偏差　　　d) 零件图公差带代号和极限偏差都标注

图 14-9　图样上的极限与配合标注方法

2. 在零件图上的标注方法

在零件图上标注公差有三种形式：公称尺寸后面只标注公差代号，如图 14-9b 所示；只标注极限偏差，如图 14-9c 所示；公差带代号和极限偏差都标注，如图 14-9d 所示。

3. 查表法

若已知公称尺寸和配合代号，例如 $\phi16H7/p6$、$\phi18F8/h7$，需要知道孔、轴的极限偏差时，可用查表法查取。

1）$\phi16H7/p6$ 是基孔制配合，其中 H7 是基准孔的公差带代号，p6 是配合轴的公差带代号。

$\phi16H7$——基准孔的极限偏差可由 GB/T 1800.2—2020《产品几何技术规范（GPS）线性尺寸公差 ISO 代号体系　第 2 部分：标准公差带代号和孔、轴的极限偏差表》中查得。在表中由公称尺寸从大于 10 至 18 的行与公差带 H7 的列相交处查得 $^{+18}_{0}$（单位为 μm，改按 mm 为单位即 $^{+0.018}_{0}$），这就是基准孔上、下极限偏差，所以 $\phi16H7$ 可写成 $\phi16^{+0.018}_{0}$。

$\phi16p6$——配合轴的极限偏差可由 GB/T 1800.2—2020 中查得。在表中由公称尺寸从大于 10 至 18 的行与公差带 p6 的列相交处查得 $^{+29}_{+18}$（单位为 μm，改按 mm 为单位即 $^{+0.029}_{+0.018}$），这就是配合轴上、下极限偏差，所以 $\phi16p6$ 可写成 $\phi16^{+0.029}_{+0.018}$。

2）$\phi18F8/h7$ 是基轴制配合，其中 h7 是基准轴的公差带代号，F8 是配合孔的公差带代号。

$\phi18F8$——配合孔的极限偏差可由 GB/T 1800.2—2020 中查得。在表中由公称尺寸从大于 10 至 18 的行与公差带 F8 的列相交处查得 $^{+43}_{+16}$（单位为 μm，改按 mm 为单位即 $^{+0.043}_{+0.016}$），这就是配合孔上、下极限偏差，所以 $\phi18F8$ 可写成 $\phi18^{+0.043}_{+0.016}$。

$\phi18h7$——基准轴的极限偏差可由 GB/T 1800.2—2020 中查得。在表中由公称尺寸从大于 10 至 18 的行与公差带 h7 的列相交处查得 $^{0}_{-18}$（单位为 μm，改按 mm 为单位即 $^{0}_{-0.018}$），这就是基准轴上、下极限偏差，所以 $\phi18h7$ 可写成 $\phi18_{-0.018}^{0}$。

 提示

1）国家标准推荐孔比轴精度低一级相配合，如 H8/f7、N7/h6。

2）采用基孔制可以减少定值刀具、量具的品种和数量，降低生产成本，国家标准规定优先选用基孔制配合。

国家标准规定了孔、轴公差带的配合标准，包括优先、常用和一般用途的孔和轴公差配合形式。它们的选用顺序是：首先选用优先配合，其次是常用配合，在不能满足要求时才选用一般孔、轴公差配合。

想一想

查表写出 $\phi60\dfrac{H7}{n6}$、$\phi20\dfrac{H7}{s6}$、$\phi30\dfrac{H8}{f7}$、$\phi24\dfrac{C7}{h6}$、$\phi75\dfrac{R7}{h6}$ 和 $\phi50\dfrac{H6}{h5}$ 的偏差数值，并说明属于何种配合制和配合类别。

二、识读右端盖零件图中的尺寸公差要求

通过学习公差与配合所必须具备的知识，我们可以读懂 $\phi16_{0}^{+0.018}$、$\phi20_{0}^{+0.021}$、28.27 ± 0.016 的含义，见表 14-3。

表 14-3　尺寸公差含义　　　　　　（单位：mm）

项目	$\phi16_{0}^{+0.018}$	$\phi20_{0}^{+0.021}$	28.27 ± 0.016
公称尺寸	16	20	28.27
上极限尺寸	16.018	20.021	28.286
下极限尺寸	16	20	28.254
上极限偏差	+0.018	+0.021	+0.016
下极限偏差	0	0	−0.016
公差	+0.018	+0.021	0.032

其余尺寸公差为未注公差。

综合归纳零件的形状、尺寸及技术要求，即可读懂右端盖零件图。

任务15 识读零件图中常见的工艺结构

学时：2

教学目标

1. 能说出零件常见的工艺结构的作用。
2. 会识读零件图中常见的工艺结构及标注。
3. 会读画常见孔的结构及标注。

知识点

1. 零件常见工艺结构的概念。
2. 零件图的工艺结构的表达。
3. 零件常见与典型的工艺结构标注。

技能点

1. 会正确标注零件图上常见的工艺结构。
2. 会正确画出零件图中常见的工艺结构。

常见的工艺结构

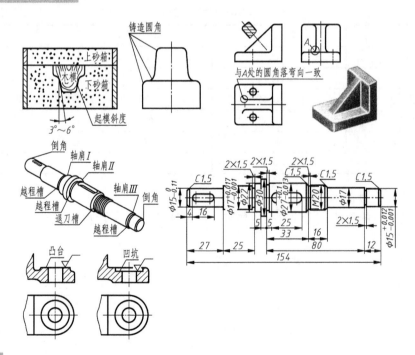

思考

这些工艺结构起什么作用？

教你如何识读零件图中常见的工艺结构

零件的结构形状，除应满足使用上的要求外，还应满足生产制造工艺的要求，具有合理的工艺结构。

一、铸造工艺结构

1. 起模斜度

如图 15-1a 所示，在铸造零件毛坯时，为便于将木模从砂型中取出，零件的内外壁沿起模方向应有一定的斜度，一般为 1：20 ～ 1：10。起模斜度在制作木模时应予考虑，在视图上可不注出来。

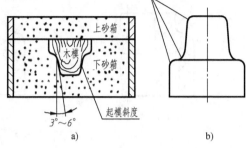

图 15-1　起模斜度与铸造圆角

2. 铸造圆角

如图 15-1b 所示，为防止砂型在尖角处脱落和避免铸件冷却收缩时，在尖角处产生裂缝，铸件各表面相交处应有过渡圆角。

由于铸造圆角的存在，零件各表面交线就显得不明显。为区分不同形体的表面，在零件图上仍画出表面的交线，称为过渡线，可见的过渡线要用细实线表达。过渡线的画法与相贯线的画法基本相同，只是在其端点处不与其他轮廓线相接触，如图 15-2 所示。

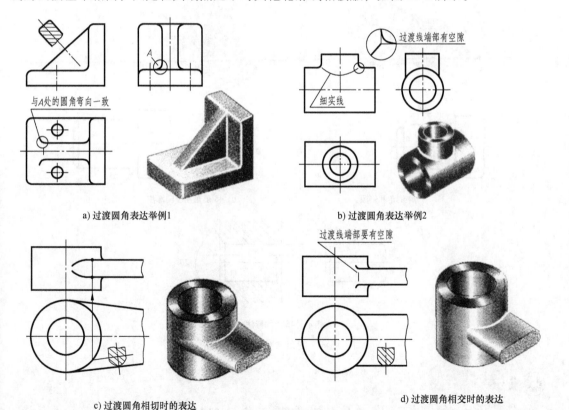

a) 过渡圆角表达举例1　　　　　　　　　b) 过渡圆角表达举例2

c) 过渡圆角相切时的表达　　　　　　　d) 过渡圆角相交时的表达

图 15-2　过渡线的表示方法

3. 铸件壁厚

为避免浇注后由于铸件壁厚不均匀而产生缩孔、裂纹等缺陷，如图 15-3a 所示，应尽可能使铸件壁厚均匀或逐渐过渡，如图 15-3b、c 所示。

a) 容易产生缺陷   b) 壁厚均匀   c) 逐渐过渡

图 15-3 铸件壁厚

二、机械加工工艺结构

1. 倒角和倒圆

如图 15-4 所示，为便于装配和安全操作，轴和轴孔的端部应加工成倒角；为避免应力集中而产生裂纹，轴肩处应有圆角过渡；当倒角为 45°时，尺寸标注可简化，如图 15-4b 中 $C2$。

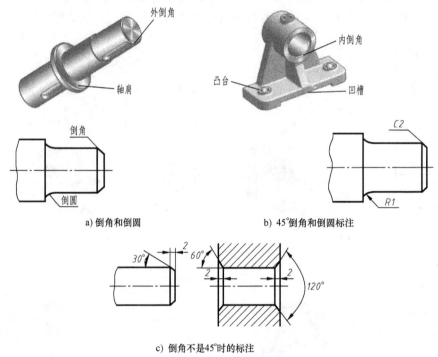

a) 倒角和倒圆   b) 45°倒角和倒圆标注

c) 倒角不是45°时的标注

图 15-4 倒角和倒圆及其标注

💡 提示

"C" 代表 45°倒角，"2" 表示倒角轴向尺寸为 2mm。倒角不是 45°时，要分开标注，如图 15-4c 所示；倒圆应标注圆角的半径，用 "R+数字" 表达，如图 15-4b 中 "$R1$"。

2. 退刀槽和砂轮越程槽

在车削加工、磨削加工或车制螺纹时，为便于刀具退出或使砂轮越过加工面，通常在待加工表面的末端先加工出退刀槽或砂轮越程槽，如图 15-5 所示。

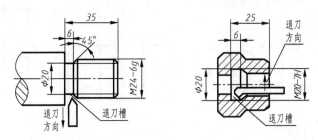

a) 车削内外螺纹的退刀槽

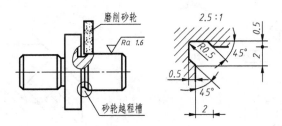

b) 磨削加工的砂轮越程槽

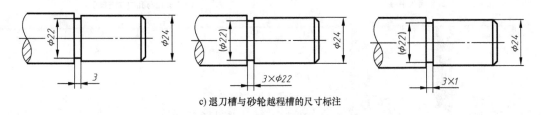

c) 退刀槽与砂轮越程槽的尺寸标注

图 15-5　退刀槽和砂轮越程槽

> **提示**
>
> 1）倒角、倒圆尺寸太小时，在技术要求中加以说明，例如：未注倒角为 C1，可不在图样上画出。
>
> 2）退刀槽和砂轮越程槽具体尺寸可标注"槽宽×槽径"，例如 3×φ22，或标注"槽宽×槽深"，例如 3×1，如图 15-5c 所示。

3. 减少加工面

两零件的接触表面都要加工时，为保证两零件表面接触良好和减少加工面，常将两零件的接触表面做成凸台或凹坑、凹槽等结构，如图 15-6 和图 15-7 所示。

4. 钻孔结构

钻孔时应尽可能使钻头轴线与被钻孔零件上相应的表面垂直，以保证孔的精度和避免钻头折断，其工艺结构如图 15-8 所示。

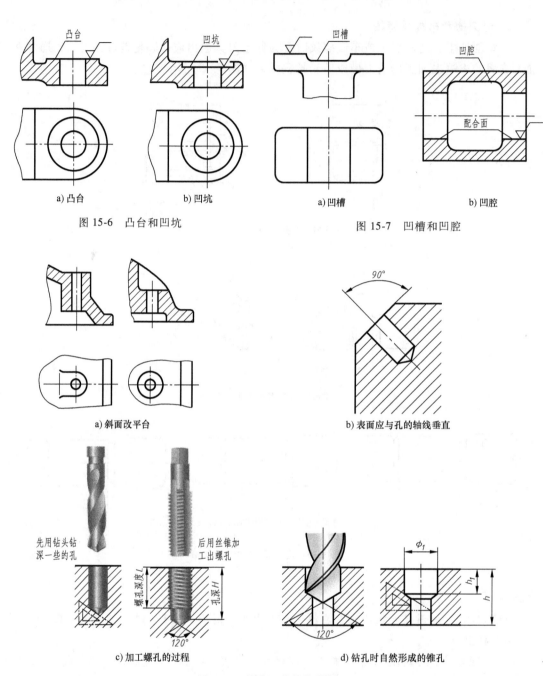

图 15-6　凸台和凹坑

图 15-7　凹槽和凹腔

a) 凸台　　　b) 凹坑

a) 凹槽　　　b) 凹腔

a) 斜面改平台

b) 表面应与孔的轴线垂直

c) 加工螺孔的过程

d) 钻孔时自然形成的锥孔

图 15-8　钻孔工艺结构举例

💡 提示

　　当用麻花钻头钻削加工盲孔时，孔的底部应画成120°，不注尺寸。孔和阶梯孔的表示方法及尺寸标注如图 15-8d 所示。

　　零件图常见的光孔（销孔、沉孔、锥孔）和螺孔等结构，应按 GB/T 4458.4—2003《机械制图　尺寸注法》的规定标注，见表 15-1。

表 15-1　常见孔的标记

零件结构类型		简化注法	一般注法	表达说明
光孔	一般孔	$4\times\phi5\ \overline{\underline{\vee}}\ 10$　　$4\times\phi5\ \overline{\underline{\vee}}\ 10$	$4\times\phi5$	$\overline{\underline{\vee}}$深度符号 $4\times\phi5$ 表示直径为 5mm 均布的四个光孔，孔深可与孔径连注，也可分别注出
	精加工孔	$4\times\phi5^{+0.012}_{\ 0}\ \overline{\underline{\vee}}\ 10$ 孔$\overline{\underline{\vee}}12$　　$4\times\phi5^{+0.012}_{\ 0}\ \overline{\underline{\vee}}\ 10$ 孔$\overline{\underline{\vee}}12$	$4\times\phi5^{+0.012}_{\ 0}$	钻光孔深为 12mm，再精加工至 $\phi5^{+0.012}_{\ 0}$mm，深度为 10mm
	锥孔	锥销孔$\phi5$ 配作　　锥销孔$\phi5$ 配作	锥销孔$\phi5$ 配作	$\phi5$mm 为与锥销孔相配的圆锥销小头直径（公称直径），配作是指测量锥销孔的实际尺寸来加工圆锥销
沉孔	锥形沉孔	$4\times\phi7$ $\vee\phi13\times90°$　　$4\times\phi7$ $\vee\phi13\times90°$	$90°$ $\phi13$ $4\times\phi7$	$\vee$埋头孔符号 $4\times\phi7$ 表示直径为 7mm 均布的四孔，锥形沉孔可以用简化注法，也可直接注出
	柱形沉孔	$4\times\phi7$ $\sqcup\phi13\ \overline{\underline{\vee}}3$　　$4\times\phi7$ $\sqcup\phi13\ \overline{\underline{\vee}}3$	$\phi13$　3 $4\times\phi7$	$\sqcup$沉孔及锪平孔符号 柱形沉孔的直径为 $\phi13$mm，深度为 3mm，均需标注
	锪平沉孔	$4\times\phi7$ $\sqcup\phi13$　　$4\times\phi7$ $\sqcup\phi13$	$\phi13$　锪平 $4\times\phi7$	锪平面 $\phi13$mm 的深度不必标注，一般锪平到不出现毛面为止

（续）

零件结构类型		简化注法	一般注法	表达说明
螺孔	通螺孔	2×M8-6H	2×M8-6H	2×M8 表示公称直径为8mm的两螺孔，可以用简化注法，也可直接注出
	盲螺孔	2×M8-6H▼10 孔▼12	2×M8-6H	一般应分别注出螺纹和钻孔的深度尺寸

任务 16　识读轴零件图

学时：2

教学目标

1. 能根据零件结构需要灵活运用断面图的表达方式。
2. 能看懂断面图。
3. 能读懂轴类零件图中视图、尺寸、尺寸公差和技术要求。

知 识 点

1. 断面图的概念、作用、种类。
2. 移出断面图和重合断面图的配置、标注和异同。

技 能 点

1. 会断面图的应用和配置。
2. 会正确标注断面图。
3. 会正确画出断面图。

零 件 图

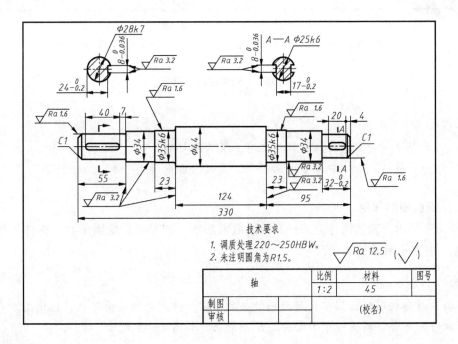

技术要求
1. 调质处理220～250HBW。
2. 未注明圆角为R1.5。

轴		比例	材料	图号
		1:2	45	
制图			(校名)	
审核				

思 考

移出断面图和重合断面图的异同。

教你如何识读轴类零件图

首先看轴零件的标题栏，了解零件的名称、材料以及视图采用的比例。然后看视图，通过观察发现只有一个主视图和两个未按投影规律配置的视图，这是什么视图呢？如何看懂这些视图呢？

要搞清楚这些问题，我们必须从断面图的基本概念讲起。

一、识读有断面图的零件图应具备的知识

（一）断面图的概念

假想用剖切平面将机件的某处切断，仅画出剖切面与机件接触部分的图形，称之为断面图，简称断面。如图 16-1a 所示的小轴，为了把轴上的键槽表达清楚，假想一个垂直轴线的剖切平面在键槽处将轴切断，只画出断面的图形，并画上剖面符号，即为断面图，如图 16-1b 所示。

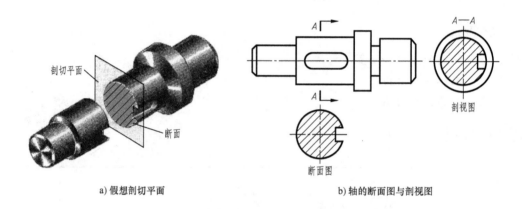

a) 假想剖切平面　　　　　　　　　　　b) 轴的断面图与剖视图

图 16-1　断面图的形成

提示

1）断面图是一种假想画法，机件本身并没有被切断。

2）同一零件的剖面线在各个断面图中，其倾斜方向和间隔都必须一致。

（二）断面图的作用

断面图主要用于表达机件上某些部分的截面形状，如型材的断面形状、机件上的肋板、轮辐、实心杆、孔和槽等。

提示

断面图与剖视图的区别：断面图一般只画出零件被剖切的断面形状，剖视图除画出断面的形状外，还必须画出位于剖切面之后的形状，如图 16-1b 所示。

（三）断面图的种类

按断面图配置的位置不同，断面图可分为移出断面图和重合断面图两种。

1. 移出断面图

画在视图轮廓线之外的断面图称为移出断面图。

（1）移出断面图的画法

1）移出断面图的轮廓线用粗实线画出，并尽量画在剖切符号或剖切面的延长线上，如图16-1b 所示。必要时也可将移出断面图画在其他位置，如图16-2 所示，标出相应的 A—A。

2）当剖切平面通过由回转面而形成的孔或坑槽的轴线时，如图16-2 所示，这些结构应按剖视表达。

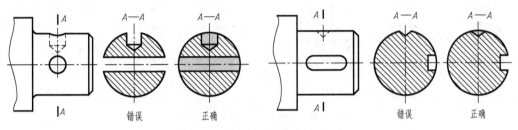

图 16-2　移出断面图的表达（一）

3）当剖切平面通过非圆孔会导致完全分离的断面时，如图16-3 所示，也应按剖视图表达。

4）剖切平面应与被剖切部分的主要轮廓线垂直，由两个（或多个）相交的剖切平面剖切得到的移出断面，中间一段应断开，如图16-4 所示。

5）当断面图形对称时，也可画在视图中的断面处，此时，视图应用波浪线（或双点画线）断开，如图16-5 所示。

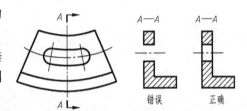

图 16-3　移出断面图的表达（二）

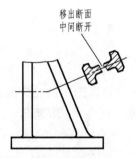

图 16-4　移出断面图的表达（三）

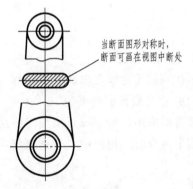

图 16-5　移出断面图的表达（四）

（2）移出断面图的配置和标注

1）未配置在剖切线延长线上的移出断面图，当图形不对称时，要用剖切符号表明剖切位置，画出箭头指示投射方向，并注写字母，如图16-6a 中的 A—A 所示；如果图形对称，则可省略指示箭头，如图16-6a 中的 B—B 所示。

2）配置在剖切符号延长线上的移出断面图，当图形不对称时，可省略字母，如图16-6b 所示。若图形对称时可以不标注，如图16-6a 的右端所示。

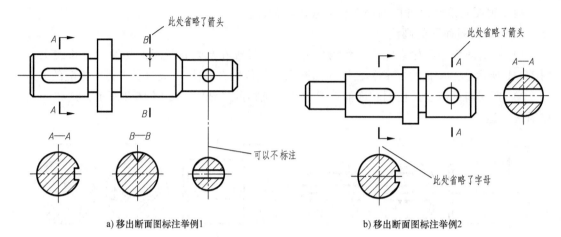

a) 移出断面图标注举例1

b) 移出断面图标注举例2

图 16-6　移出断面图的配置与标注

3）按投影关系配置的移出断面图也可省略箭头，如图 16-6b 中的 A—A 所示。

试一试

以下 A、B 图中，哪个是正确的？请说明理由。

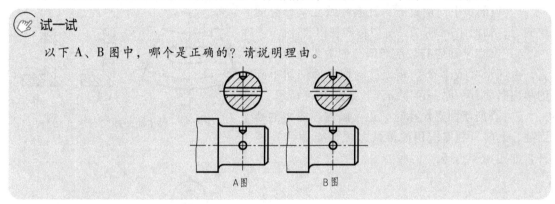

A图　　　　　B图

2. 重合断面图

画在视图轮廓线之内的断面图称为重合断面图。

（1）重合断面图的画法

重合断面图的轮廓线要用细实线绘制，如图 16-7a 所示。当视图中的轮廓线与重合断面图的图形重合时，视图中的轮廓线仍应连续画出，不可间断，如图 16-7b 所示。

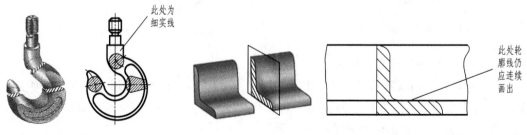

a) 重合断面图表达方法1

b) 重合断面图表达方法2

图 16-7　重合断面图画法

（2）重合断面图的标注

对称的重合断面不必标注，如图 16-7a 所示。不对称的重合断面要标出剖切符号和表示投影方向的箭头，可省略字母；在不致引起误解时，也可省略标注，如图 16-7b 所示。

二、识读轴零件图的形状、尺寸和技术要求

1. 分析视图，想象出轴零件的形状

根据轴的零件图中两个未按投影规律配置的视图可知：主视图上方是两个移出断面图，表达轴左、右端两个键槽的形状和深度。其他部分形状通过主视图可自己想出轴的形状，如图 16-8 所示。

当遇到与轴的主体结构相似的零件时，如轴、套、轮、圆盘等，这类零件的表达一般是：在主视图上将主体沿轴线水平放置，必要时再用断面图、局部剖视图、局部放大图等方法来表达局部结构形状。

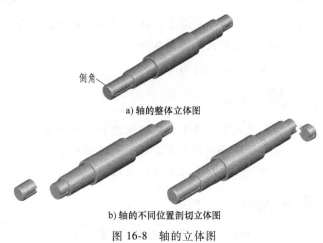

a) 轴的整体立体图

b) 轴的不同位置剖切立体图

图 16-8　轴的立体图

2. 了解轴零件的尺寸和技术要求（所有未注单位都为 mm）

（1）轴零件的尺寸

轴的总长为 330，轴是阶梯轴；从左到右直径分别是 $\phi28$、$\phi34$、$\phi35$、$\phi44$、$\phi35$、$\phi34$、$\phi25$。两个键槽宽都为 8，深都为 4，键槽长分别为 40 和 20。C1 中的 C 表示为 45°倒角，1 表示倒角轴向尺寸为 1mm。其余尺寸由学生自行分析。

（2）轴零件的技术要求

1）尺寸公差要求。键槽宽为 $8_{-0.036}^{0}$ 表示公称尺寸为 8，上极限偏差为 0，下极限偏差为 -0.036，公差为 0.036。$\phi28k7$ 表示直径的公称尺寸为 28，k7 由 GB/T 1800.2—2020 标准中查得：上极限偏差为 $+23\mu m$（0.023），下极限偏差为 $+2\mu m$（0.002）；公差为 0.023-0.002=0.021，公差等级为 7 级，其余尺寸公差为未注公差。余下的尺寸公差由学生自行分析。

2）表面粗糙度要求。直径为 $\phi28$、$\phi35$、$\phi25$ 的外圆柱表面，表面粗糙度要求都为 $\sqrt{Ra\,1.6}$。两个 $\phi34$ 的外圆柱表面，$\phi44$ 的左、右端面，$\phi34$ 的轴肩表面、两键槽的所有表面，表面粗糙度要求都为 $\sqrt{Ra\,3.2}$。$\sqrt{Ra\,12.5}（\sqrt{}$ 表示其余未注表面粗糙度的表面都为 $\sqrt{Ra\,12.5}$。

综合归纳零件的形状、尺寸及技术要求，即可读懂轴的零件图。

任务 17　识读端盖零件图

学时：2

教学目标

1. 能根据零件结构需要灵活运用局部放大图和简化画法表达方式。
2. 能识读局部放大图和各种简化画法。
3. 能读懂端盖零件图。

知 识 点

1. 局部放大图和简化画法的概念和配置规定。
2. 局部放大图和简化画法有关的国家标准及其标注的规定。
3. 局部放大图和简化画法的运用。

技 能 点

1. 会局部放大图、简化视图的应用和配置。
2. 会正确标注局部放大图和简化画法。
3. 会正确画出局部放大图和简化画法。

零 件 图

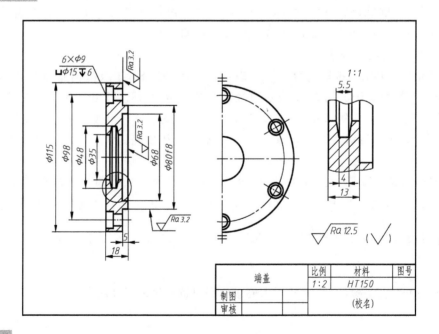

思考

局部放大图应用场合是哪些？

教你如何识读端盖零件图

首先看端盖零件的标题栏，了解零件的名称、材料以及视图采用的比例。然后看视图，通过观察发现有三个视图：主视图采取了全剖视表达端盖的内部结构，因单一剖切平面通过端盖的对称中心线，所以不需要标注；左视图是基本视图，只画了个半圆；右边是一个未按投影规律配置的视图，这是什么视图呢？如何看懂这些视图呢？思考图17-1中的问题。

要搞清楚这些问题，我们必须从局部放大图与简化画法的基本概念讲起。

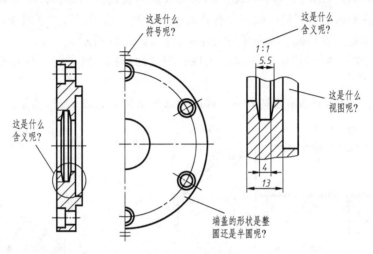

图 17-1　看图思考问题

一、识读有局部放大图和简化画法零件图应具备的知识

（一）局部放大图

1. 局部放大图的表达方式

将机件部分结构用大于原图所采用的比例画出的图形，被称为局部放大图，如图17-2所示。当同一机件上有几处需要放大时，可用细实线圈出被放大的部位，用罗马数字依次标明放大的部位，并在局部放大图的上方标注出相应的罗马数字和所采用的比例，如图17-2a所示。对于同一机件上不同部位，但图形相同或对称时，只需画出一个局部放大图，如图17-2a、b所示。

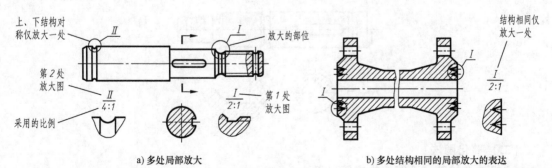

a) 多处局部放大　　　　　　　　　　b) 多处结构相同的局部放大的表达

图 17-2　局部放大图（一）

2. 局部放大图的画法和标注规定

1）不管被放大的部位原来的表达方式如何，局部放大图可以根据需要画成视图、剖视图和断面图。如图 17-2a 所示，Ⅰ 处部位的放大为剖视图，Ⅱ 处部位的放大为视图。

2）绘制局部放大图时，应在视图上用细实线圈出被放大的部位，将局部放大图尽量配置在被放大部位的附近。当同一机件上有几处被放大时，应用罗马数字编号，并在局部放大图上方标注出相应的罗马数字和所采用的比例，如图 17-2a 所示。

3）同一机件上的不同部位的局部放大图，当结构相同或对称时，只需画出一个，如图 17-2b 所示。

4）必要时可用几个图形表达同一个被放大部分结构，如图 17-3a 所示。

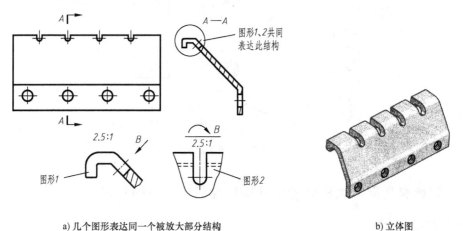

a) 几个图形表达同一个被放大部分结构　　　　　b) 立体图

图 17-3　局部放大图（二）

想一想

说出下图中有几个局部放大图？局部放大图各采取何种表达方式？放大的部分在哪里？比例各是多少？

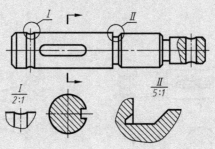

（二）简化画法

1. 机件上的肋、孔等结构的简化表达

纵向剖切机件上的肋、轮辐及薄壁结构时，这些结构都不画剖面符号，而用粗实线将它与邻接的部分分开。当机件回转体上均匀分布的肋、轮辐及孔等结构不处于剖切平面上时，可将其旋转到剖切平面上画出，如图 17-4 所示。

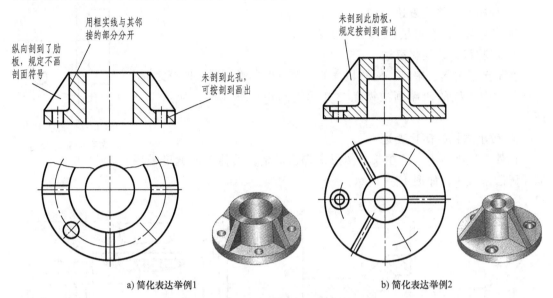

a) 简化表达举例1　　　　　　　　　　　b) 简化表达举例2

图 17-4　机件上的肋、孔等结构的简化表达

2. 机件上相同结构的简化表达

若机件上有规律分布的重复结构要素，如孔、齿、槽等，允许只画出其中的一个或几个完整结构，其余的可以用细实线连接或仅画出它们的中心位置，如图 17-5 和图 17-6 所示。

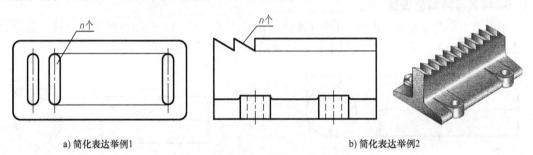

a) 简化表达举例1　　　　　　　　　　　b) 简化表达举例2

图 17-5　机件上相同结构的简化表达（一）

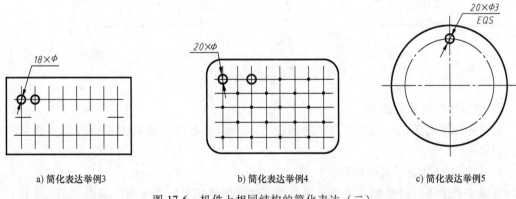

a) 简化表达举例3　　　　　　b) 简化表达举例4　　　　　　c) 简化表达举例5

图 17-6　机件上相同结构的简化表达（二）

图 17-6c 中虽未画出其他孔中心位置，其标注的 EQS 表示孔呈放射状均布。

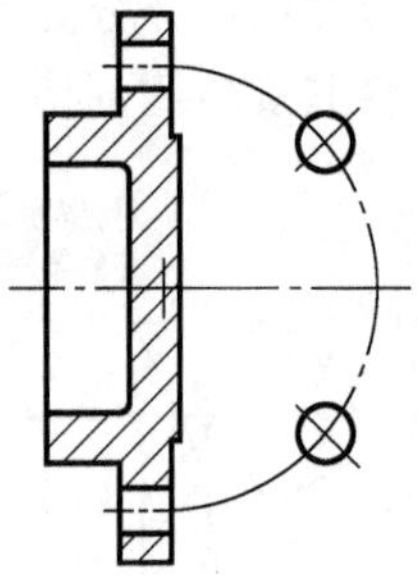

3. 均布孔的简化表达

机件上均布的孔可按图 17-7 所示表达。

4. 对称机件的简化表达

在不至于引起误解时，对称机件的视图可以只画一半或四分之一，并在对称中心线的两端画出两条与其垂直的平行细实线，如图 17-8 所示。

5. 较小结构的简化表达

机件上较小结构，已在某个图形中表达清楚，其他图形就可采用简化画法来表达，如图 17-9 所示。

图 17-7 机件上均布孔的简化表达

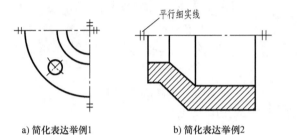

a) 简化表达举例1　　b) 简化表达举例2

图 17-8 机件上对称结构的简化表达

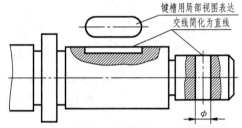

图 17-9 较小结构的简化表达

6. 相贯线的简化表达

在不至于引起误解时，图形中的过渡线、相贯线可以简化。例如用圆弧或直线代替非圆曲线，如图 17-10 所示。也可采用模糊画法表示相贯线，如图 17-11 所示。

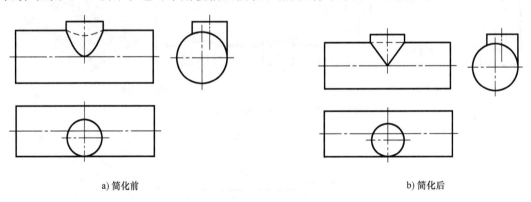

a) 简化前　　　　　　　　　　　　　　　b) 简化后

图 17-10 相贯线的简化表达

7. 倾斜投影的简化表达

与投影面倾斜角小于或等于 30° 的圆或圆弧，其投影可用圆或圆弧代替真实投影的椭圆，如图 17-12 所示。

8. 回转体机件上平面的简化表达

为减少视图数，可用细实线画出对角线表达回转体机件上的平面，如图 17-13 所示。

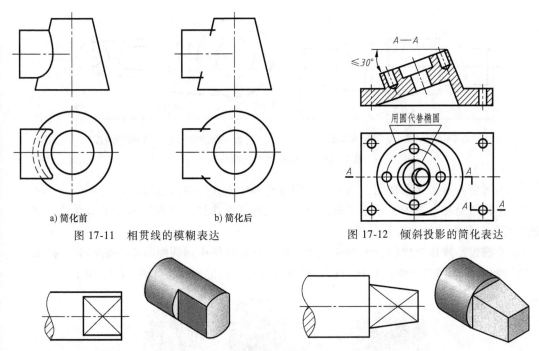

a) 简化前　　　　　　　　b) 简化后

图 17-11　相贯线的模糊表达

图 17-12　倾斜投影的简化表达

图 17-13　回转体机件上平面的简化表达

9. 剖面符号的简化表达

在不至于引起误解的情况下，剖面区域内的剖面线可以省略不画，如图 17-14a 所示；也可以用点阵或涂色代替剖面线，如图 17-14b 所示。

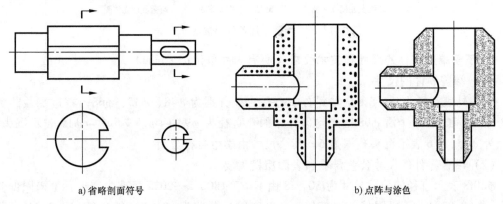

a) 省略剖面符号　　　　　　　　　　　b) 点阵与涂色

图 17-14　剖面符号的简化表达

10. 较长机件的折断表达

较长的机件（如轴、杆、型材等）沿长度方向的形状相同或按一定规律变化时，允许采用断开画法表达，标注尺寸时仍按其实际尺寸标注，如图 17-15 所示。

二、识读端盖零件图的形状、尺寸和技术要求

1. 分析视图，想象出端盖零件的形状

通过以上知识的学习，结合端盖的零件图，可知：

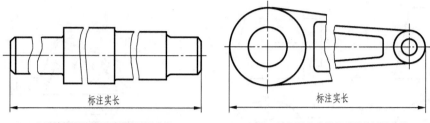

a) 形状相同的较长零件的折断表达　　　　b) 按一定规律变化较长零件的折断表达

图 17-15　较长机件的折断表达

1）主视图画成了全剖视图，表达 6 个均布孔和中心孔的内部结构。

2）左视图是基本视图，采用了简化画法，只画了个半圆，并在对称中心线的上下两端各画出两条与其垂直的平行细实线。

3）未按投影规律配置的视图是局部放大图，是主视图中用圆圈圈起来的部分，按 1 : 1 的比例绘制。其余部分由学生自行分析，想象出端盖零件的形状，如图 17-16 所示。

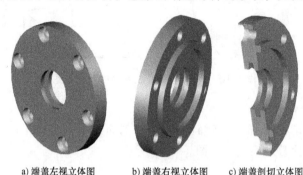

a) 端盖左视立体图　　　b) 端盖右视立体图　　　c) 端盖剖切立体图

图 17-16　端盖零件各种位置的立体图

2. 了解端盖零件的尺寸和技术要求（所有未注单位都为 mm）

（1）端盖零件的尺寸

端盖外表直径为 $\phi115$，从左到右中心孔直径分别为 $\phi48$、$\phi35$、$\phi68$；右边端盖凸台直径为 $\phi80$，长 5；6 个沿 $\phi98$ 圆周均匀分布的孔直径为 $\phi9$，⌴$\phi15$▽6 中⌴$\phi15$ 表示沉头孔，直径为 $\phi15$，▽6 表示沉头孔深为 6。其余尺寸由学生自行分析。

（2）端盖零件的尺寸公差要求和表面粗糙度要求

$\phi80f8$ 表示直径的公称尺寸为 80，f8 由 GB/T 1800.2—2020 标准中查得：上极限偏差为 $-30\mu m$（0.030），下极限偏差为 $-76\mu m$（0.076），公差为 $-0.030-(-0.076)=0.046$，公差等级为 8 级。其余尺寸公差为未注公差。

端盖右端面、中间平面、$\phi80$ 外圆柱表面，其表面粗糙度要求都为 $\sqrt{Ra\,3.2}$。

$\sqrt{Ra\,12.5}$（$\sqrt{}$）表示其余未标注表面粗糙度的面都为 $\sqrt{Ra\,12.5}$。

综合归纳零件的形状、尺寸及技术要求，即可读懂端盖零件图。

任务18 识读柱塞套零件图中的几何公差

学时：2

教学目标

1. 能读懂零件图和装配图中的几何公差要求。
2. 能根据表达需要在图中正确标注几何公差要求。
3. 能读懂柱塞套零件图。

知识点

1. 零件几何公差的基本概念。
2. 零件几何公差的符号与其标注的含义。
3. 几何公差相关的国家标准及其标注的规定。

技能点

1. 能默写出几何公差的特征项目内容与其符号。
2. 能读懂零件图中几何公差中被测要素标注的表达方式。
3. 能对零件图的几何公差标注进行分析与识读。

零件图

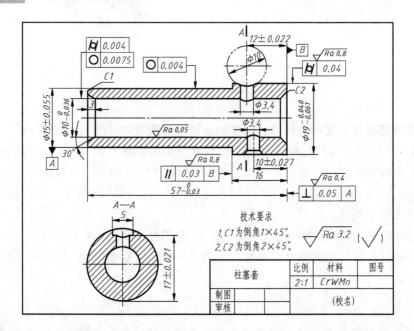

思考

几何公差符号与其标注的含义是什么？

教你如何识读柱塞套零件图中的几何公差

一、识读柱塞套零件图中已学过的内容

1. 看标题栏了解零件

该零件名称为柱塞套，材料为合金钢 CrWMn，绘图比例 2∶1，是喷油泵总成中的一个重要零件。

2. 看视图，想出柱塞套零件的形状

通过观察发现只有两个视图：主视图和断面图。主视图采取了全剖视表达柱塞套的内部结构，因单一剖切平面通过柱塞套的对称中心线，所以不需要标注。断面图从 *A—A* 处剖切，表达柱塞套中 $\phi3.4$mm 孔及 $\phi10$mm 圆弧槽的形状。该柱塞套的外形由同轴且直径分别为 $\phi15$mm 和 $\phi19$mm 的两个圆筒构成，圆筒内部为 $\phi10$mm 的通孔；距右端面 10mm 处下方有一个 $\phi3.4$mm 的圆通孔，距离右端面 12mm 处上方也有一个 $\phi3.4$mm 的圆通孔，且与宽 5mm、直径为 10mm 的圆弧槽相通。其他部分结构由学生自行观察，想象出柱塞套的整体形状，如图 18-1 所示。

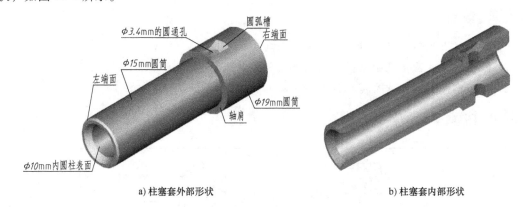

a) 柱塞套外部形状　　　　　　　　　　　　b) 柱塞套内部形状

图 18-1　柱塞套立体图

3. 看懂柱塞套零件图中的尺寸、公差和表面粗糙度要求

该零件的径向基准为外圆柱的轴线。长度基准为右端面，尺寸（单位为 mm）10、12、16、57 均从右端面标出。定位尺寸（单位为 mm）有 12±0.022、10±0.027、17±0.021，其余尺寸均为定形尺寸。倒角 C1、C2 分别表示 1×45°、2×45° 的倒角。双点画线圆表示由 $\phi10$mm 的铣刀加工而成。

标注表面粗糙度值最小的是 $\phi10$mm 孔的内圆柱表面，*Ra* 值为 0.05μm，右端面、$\phi19$mm 的外圆柱表面和轴肩的表面粗糙度分别为 0.4μm、0.8μm 和 0.8μm，其余未注表面粗糙度的表面 *Ra* 值均为 3.2μm。

 练一练

请根据前面学过的知识自己分析柱塞套零件图中余下部分的尺寸、公差和表面粗糙度要求。

二、识读有几何公差要求的零件图应具备的知识

如果细心观察会发现，主视图中除标注表面粗糙度符号外还有许多类似 $\boxed{\begin{array}{c|c}/\!/ & 0.04\end{array}}$ 这样的符号。这些符号如何识读呢？要搞清楚这些问题，我们必须从几何公差的基本概念讲起。

1. 基本概念

零件加工过程中，不仅会产生尺寸误差，也会出现形状和相对位置的误差。如加工轴时，可能出现轴线弯曲，这种现象属于零件的形状误差，如图 18-2a 所示。如加工有台阶的轴，两轴端的轴线相对中间部分的轴线也可能出现位置误差，如图 18-2b 所示。因此，须对零件形状、位置误差予以合理的限制，国家标准规定了形状和位置的公差，称为几何公差。几何公差在图样上表达应符合 GB/T 1182—2018《产品几何技术规范（GPS）几何公差形状、方向、位置和跳动公差标注》的规定。

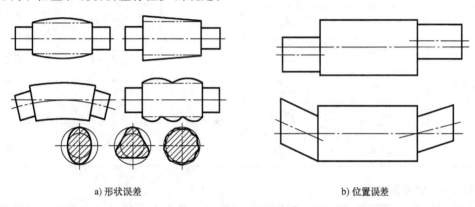

a) 形状误差　　　　　　　　　　　　b) 位置误差

图 18-2　几何误差

1）形状公差：单一实际要素的形状所允许的变动量。
2）位置公差：关联实际要素的位置对基准要素所允许的变动量。

2. 几何公差代号

（1）几何公差代号的组成

几何公差代号包括几何公差特征符号、几何公差框格和指引线、基准代号、几何公差数值和其他有关符号等，如图 18-3 所示。

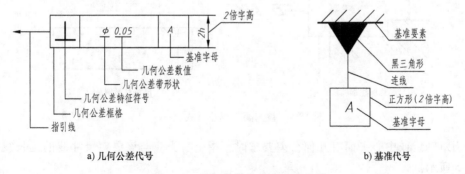

a) 几何公差代号　　　　　　　　　　b) 基准代号

图 18-3　几何公差代号及基准代号

几何公差特征及符号见表 18-1。

表 18-1　几何公差特征及符号

公差类型	几何特征	符号	公差类型	几何特征	符号
形状公差	直线度	—	位置公差	位置度	⊕
	平面度	▱		同心度(用于中心点)	◎
	圆度	○		同轴度(用于轴线)	◎
	圆柱度	⌀			
	线轮廓度	⌒		对称度	═
	面轮廓度	◠			
方向公差	平行度	∥		线轮廓度	⌒
	垂直度	⊥		面轮廓度	◠
	倾斜度	∠	跳动公差	圆跳动	↗
	线轮廓度	⌒			
	面轮廓度	◠		全跳动	⌇

（2）几何公差的标注

1）公差框格。几何公差要求在矩形方框中给出，方框由两格或多格组成，每格填写的内容如图 18-3a 所示。若公差带是圆形或圆柱形的，在公差值前加注"ϕ"，若是球形的公差带，加注"$S\phi$"。第三格根据需要确定，形状公差无基准，位置公差则需要一个或多个字母表示基准要素或基准体系。公差框格可以是水平或垂直放置。

2）被测要素的标注。用箭头的指引线将框格与被测要素相连，按以下方式标注：

① 当对这个要素有几何公差要求时，指引箭头应垂直指向该要素的轮廓线或其延长线，并与相应的尺寸线明显错开，如图 18-4 所示。

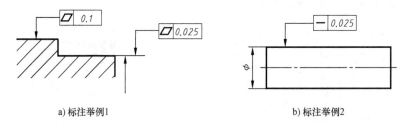

a) 标注举例1　　　　　　　　　　　b) 标注举例2

图 18-4　被测要素标注方式（一）

② 当对轴线或中心平面有几何公差要求时，指引箭头应与该要素尺寸线的延长线重合，如图 18-5 所示。

③ 对于多个被测要素具有同一几何公差要求时，则注写一个公差框格，从指引线上画出多个指引箭头分别指向各被测要素，如图 18-6 所示。

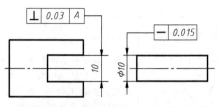

图 18-5　被测要素标注方式（二）

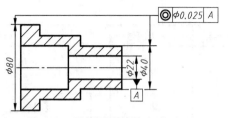

图 18-6　被测要素标注方式（三）

3. 几何公差的表达与识读

在图样中，几何公差是用框格的形式来表达的。常见的几何公差的表达示例及其识读见表 18-2。

表 18-2　几何公差符号及代号标注示例与识读

分类	项目及符号	标注示例	识读说明
形状公差	直线度　—		①圆柱表面上任一素线的直线度公差为 0.02mm（左图）②φ10mm 轴线的直线度公差为 φ0.04mm（右图）
	平面度　▱		实际平面的形状所允许的变动全量为 0.05mm
	圆度　○		在垂直于轴线的任一正截面上实际圆的形状所允许的变动全量为 0.02mm
	圆柱度　⌭		实际圆柱面的形状所允许的变动全量为 0.05mm
	线轮廓度　⌒		实际线的轮廓形状（或对基准 A）所允许的变动全量为 0.04mm（有方框的尺寸表示理论正确尺寸,例如：R25 ）
	面轮廓度　⌓		实际表面的轮廓形状（或对基准 A）所允许的变动全量为 0.04mm

（续）

分类	项目及符号	标注示例	识读说明
方向公差	平行度 // 垂直度 ⊥ 倾斜度 ∠		实际要素对基准在方向上所允许的变动全量，即：相对基准 A 平行度公差为 0.05mm；相对基准 B 垂直度公差为 0.05mm；相对基准 C 倾斜度公差为 0.08mm
方向公差	同轴度 ◎ 对称度 ═ 位置度 ⊕		实际要素对基准在位置上所允许的变动全量，即：同轴度公差为 φ0.1mm；对称度公差为 0.1mm；位置度公差为 φ0.3mm
位置公差	圆跳动 ↗ 全跳动 ⤴		①实际要素绕基准轴线 A 回转一周时所允许的最大跳动量，即：径向圆跳动公差为 0.05mm；轴向圆跳动公差为 0.05mm ②实际要素绕基准轴线 A 连续回转时所允许的最大跳动量，即：径向全跳动公差为 0.05mm（图中从上至下所注，分别为径向圆跳动、轴向圆跳动和径向全跳动）

学一学

识读下图所示气门挺柱几何公差标注的含义。

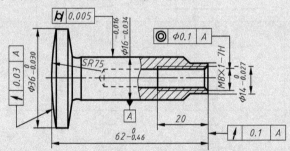

$\boxed{\cancel{}\ 0.005}$——检测 ϕ16mm 外圆柱的圆柱度公差为 0.005mm；

$\boxed{◎\ \phi0.1\ A}$——检测 M8×1 的螺孔轴线，要求以 ϕ16mm 轴线为基准的同轴度公差为 ϕ0.1mm；

$\boxed{↗\ 0.03\ A}$——检测 SR75mm 的球面，要求以 ϕ16mm 轴线为基准的圆跳动公差为 0.03mm；

$\boxed{↗\ 0.1\ A}$——检测右端面，要求以 ϕ16mm 轴线为基准的轴向圆跳动公差为 0.1mm。

三、识读柱塞套零件图中的几何公差要求

根据柱塞套零件图中的几何公差标注，可以用以上所学的知识识读其含义：

1）$\boxed{\begin{array}{c|c}\text{⟊} & 0.004 \\ \hline O & 0.0075 \end{array}}$ 表示检测 $\phi10\text{mm}$ 内圆柱的圆柱度公差为 0.004mm，圆度公差为 0.0075mm。

2）$\boxed{O \mid 0.004}$ 表示检测 $\phi15\text{mm}$ 外圆柱的圆度公差为 0.004mm。

3）$\boxed{\text{⟊} \mid 0.04}$ 表示检测 $\phi19\text{mm}$ 外圆柱的圆柱度公差为 0.04mm。

4）$\boxed{\perp \mid 0.05 \mid A}$ 表示检测右端面，要求以 $\phi15\text{mm}$ 的轴线为基准的垂直度公差为 0.05mm。

5）$\boxed{/\!/ \mid 0.03 \mid B}$ 表示检测轴肩，要求以右端面为基准的平行度公差为 0.03mm。

综合归纳零件的形状、尺寸及技术要求，即可读懂柱塞套零件图。

·学习活动情境4·

畅游标准件和常用件的海洋

学时：8

学习目标

1. 综合观察、看懂标准件和常用件的零件图以及汽车部件图中的标准件和常用件。
2. 能对标准件和常用件零件图中的图形进行分析，巩固对机件的各种表达方法的识读，提高综合想象零件形状的能力。
3. 能对标准件和常用件零件图中的尺寸进行分析。
4. 能读懂标准件和常用件零件图中的表面粗糙度、几何公差和技术要求。
5. 通过识读标准件和常用件零件图，进一步学会读图的方法、步骤和技巧。
6. 能严格按机械制图相关国家标准的规定作图。
7. 作图时能保持图面清晰、整洁和作图环境的整洁，并保证作图室工具和仪器摆放整齐。
8. 能主动与学习小组成员沟通，与教师和同学建立良好的人际关系。

知识点

1. 标准件和常用件零件图的内容和作用。
2. 标准件和常用件零件图的视图选择和尺寸标注。
3. 螺纹、滚动轴承、弹簧、键和销标记的识读。
4. 识读标准件和常用件零件图的方法和步骤。
5. 识读汽车部件图中标准件和常用件的图形及其标注。

技能点

1. 识读标准件和常用件零件图以及汽车部件图中标准件和常用件。
2. 正确使用螺纹规测量螺距。
3. 正确使用游标卡尺测量齿轮的公法线长度和齿顶圆直径。
4. 正确使用游标齿厚卡尺测量齿轮的齿厚。
5. 正确使用设备和工具加工内外螺纹。

教学方法

以直观感知为主的教学法；以学生为主、教师为辅的教学法；愉快教学法；小组工作法；任务驱动教学法。

教具、工具与媒体

工具台套数按工作小组匹配：

螺纹规，台钻，丝锥，套扣，游标卡尺，游标齿厚卡尺，平板，台虎钳，钳桌，各种螺纹紧固件、滚动轴承、弹簧、键和销实物，多媒体教学设备，教学课件、软件，维修资料，视频教学资料，网络教学资源。

任务19　识读汽车零部件图中的螺纹结构

学时：2

教学目标

1. 能看懂螺纹结构和螺纹连接件的视图表示方法。
2. 能识读零件图、装配图中的螺纹标注。
3. 会螺纹和螺纹连接件的规定画法。

知识点

1. 螺纹结构的形成和螺纹。
2. 螺纹五要素的概念和基本规定。
3. 螺纹和螺纹紧固件的标注。

技能点

1. 会应用国家标准及其规定识读各类螺纹。
2. 会正确使用螺纹规测量螺距。
3. 正确使用设备和工具加工内外螺纹。

螺纹结构表达

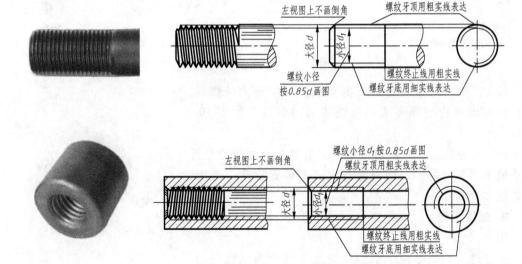

思考

M10×1-LH-6g 和 G1A 的含义是什么？

教你如何识读零部件图中的螺纹结构

螺纹结构在零件中十分常见，主要用于连接、密封以及传递动力。螺纹结构比较复杂，画出真实的结构形状既麻烦又没有必要，国家标准规定了螺纹结构的表达方法，在视图中看不出螺纹的形状特征，已经符号化了，而螺纹的特征则是通过标注来表达的。下面介绍螺纹结构及螺纹连接件规定表达。

一、识读零件图中的螺纹结构

（一）螺纹的基本知识

1. 螺纹结构的形成

螺纹是在圆柱或圆锥的外表面（或内表面）上，沿螺旋线人为加工出来的有确定断面形状的沟槽（或凸起）。其加工过程，对于直径较大的使用车床加工，如图 19-1a 所示；对于直径较小的采用手工加工，如图 19-1b 所示。

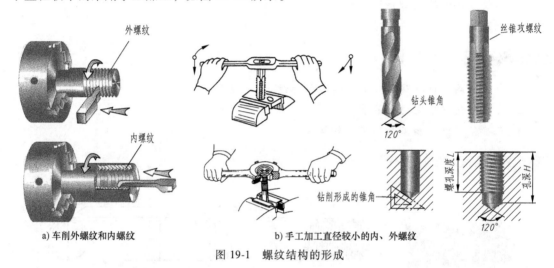

a) 车削外螺纹和内螺纹   b) 手工加工直径较小的内、外螺纹

图 19-1 螺纹结构的形成

经加工在圆柱或圆锥外表面形成的螺纹称为外螺纹，在圆柱或圆锥内表面形成的螺纹称为内螺纹，如图 19-2 所示。

内、外螺纹总是成对使用的，只有当内、外螺纹的牙型、公称直径、螺距、线数和旋向五个要素完全一致时，才能正常地旋合。

2. 螺纹要素

（1）牙型

通过螺纹轴线断面上的螺纹轮廓形状称为螺纹牙型。

常见的螺纹牙型有三角形、梯形、锯齿形和矩形，如图 19-3 所示。其中，矩形螺纹尚未标准化，其余牙型的螺纹均为标准螺纹。

图 19-2 外螺纹和内螺纹

（2）直径

螺纹的直径有大径、小径和中径，如图 19-4 所示。

大径是指与外螺纹牙顶或内螺纹牙底相切的假想圆柱或圆锥的直径，也是螺纹的最大直径，称为螺纹的公称直径。内、外螺纹的大径分别用 D 和 d 表示。

中径是指素线通过牙型上沟槽和凸起宽度相等处的假想圆柱或圆锥的直径。内、外螺纹的中径分别用 D_2、d_2 表示。

小径是指与外螺纹牙底或内螺纹牙顶相切的假想圆柱或圆锥的直径。内、外螺纹的小径分别用 D_1 和 d_1 表示。

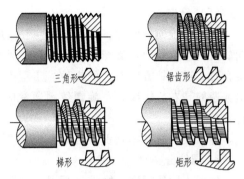

图 19-3　常见的螺纹牙型

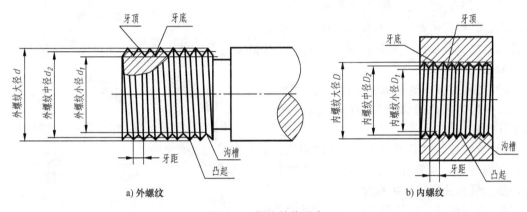

a) 外螺纹　　　　　　　　　　b) 内螺纹

图 19-4　螺纹结构要素

（3）线数

螺纹有单线和多线之分。只有一个起始点的螺纹为单线螺纹，有两个或两个以上起始点的螺纹为双线或多线螺纹，如图 19-5 所示。

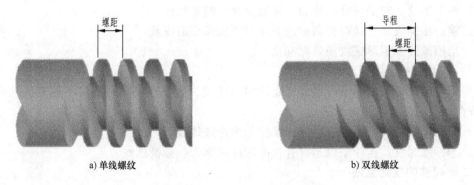

a) 单线螺纹　　　　　　　　　　b) 双线螺纹

图 19-5　螺纹的线数、螺距和导程

（4）螺距和导程

螺纹上相邻两牙体上的对应牙侧与中径线相交两点间的轴向距离称为螺距，用 P 表示；最邻近的两同名牙侧与中径线相交两点间的轴向距离称为导程，用 P_h 表示，如图 19-5 所示。对于单线螺纹，导程＝螺距；对于线数为 n 的多线螺纹，导程＝$n×$螺距。

（5）旋向

螺纹的旋向有两种，即右旋和左旋。所谓右旋螺纹，是指内、外螺纹旋合时，顺时针方向旋入的螺纹；而左旋螺纹，是指内、外螺纹旋合时，逆时针方向旋入的螺纹。工程上应用最普遍的是右旋螺纹，左旋螺纹则通常应用在特殊场合。

螺纹旋向的基本判别方法如图 19-6 所示。

a) 左旋螺纹(左边高)　　b) 右旋螺纹(右边高)

图 19-6　螺纹旋向的判别

3. 螺纹分类

根据不同的标准，螺纹有不同的分类。

（1）按用途分类

1）紧固螺纹。这类螺纹是用来将零件连接起来，这种连接是一种可分解连接，一般采用普通螺纹。其在汽车上应用极为普遍，如气缸盖与气缸体的连接、发动机与车架的连接等，如图 19-7 所示。

2）传动螺纹。这类螺纹是用来传递动力或运动，一般采用梯形螺纹和锯齿形螺纹，如机械千斤顶用螺纹。

3）管螺纹。它是用来连接管道的螺纹，如汽车上的油管、水管和气管的连接。特别要注意的是，管螺纹采用寸制螺纹。

4）专用螺纹。它是根据特定用途而制作的螺纹，如用来连接薄壁材料的自攻螺钉的螺纹，在汽车上多应用于内饰安装。

圆柱头内六角螺钉　　沉头十字槽螺钉　　六角头螺栓

双头螺柱　　　　圆螺母　　　　六角开槽螺母

图 19-7　常用螺纹紧固件

（2）按牙型分类

1）普通螺纹。它是符合国标的、牙型为三角形的螺纹。

2）梯形螺纹。它是符合国标的、牙型为梯形的螺纹。

3）锯齿形螺纹。它是符合国标的、牙型为锯齿形的螺纹。

4）矩形螺纹。矩形螺纹尚未标准化。

（3）按是否符合国标分类

1）标准螺纹。国家标准对螺纹五要素中的牙型、公称直径和螺距做了规定，凡是这三项都符合标准的螺纹称为标准螺纹。

2）特殊螺纹。仅牙型符合标准的螺纹称为特殊螺纹。

3）非标准螺纹。连牙型也不符合标准的螺纹称为非标准螺纹。

（二）螺纹的规定画法

1. 外螺纹画法

如图 19-8c 所示，螺纹的牙顶（大径）和螺纹终止线用粗实线表示，牙底（小径）用细实线表示。通常，小径按大径的 0.85 倍画出，即 $d_1 \approx 0.85d$。在平行于螺纹轴线的视图中，表示牙底的细实线应画入倒角或倒圆部分。在垂直于螺纹轴线的视图中，表示牙底的细实线只画约 3/4 圈，此时螺纹的倒角按规定省略不画。在螺纹的剖视图（或断面图）中，剖面线应画到粗实线，如图 19-8d、e 所示。

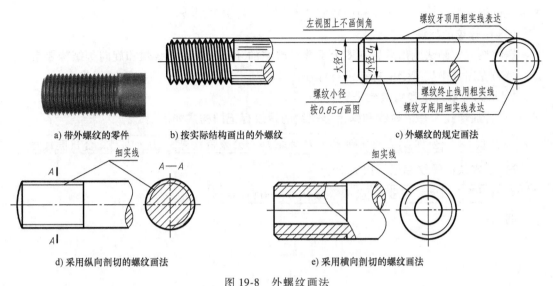

图 19-8　外螺纹画法

2. 内螺纹画法

在视图中，内螺纹若不可见，所有图线均用虚线绘制。剖开表示时，如图 19-9 所示，螺纹的牙顶（小径）及螺纹终止线用粗实线表示，牙底（大径）用细实线表示，剖面线画到粗实线处。在投影为圆的视图中，表示牙底的细实线圆只画约 3/4 圈，倒角、倒圆省略不画。

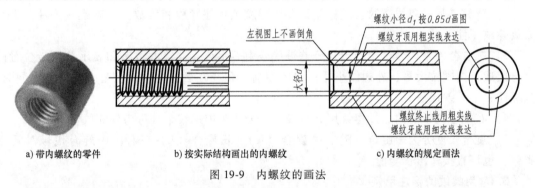

图 19-9　内螺纹的画法

3. 螺纹连接的画法

如图 19-10 所示，内、外螺纹旋合后，旋合部分按外螺纹画，其余部分仍按各自的画法

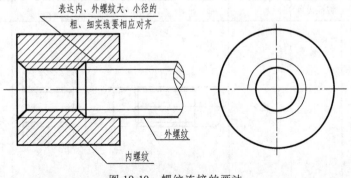

图 19-10　螺纹连接的画法

表示。必须注意，表示大、小径的粗实线和细实线应分别对齐。

（三）螺纹的标注

螺纹按规定画法画出后，在图上不能反映它的牙型、螺距、线数和旋向等结构要素，因此，必须在图样中按规定的标记进行标注。

1. 常见标准螺纹和螺纹代号

1）普通螺纹、梯形螺纹和锯齿形螺纹的螺纹标记的构成如下：

| 特征代号 | | 公称直径 | ×导程 P_h（P 螺距）| —公差带代号 | —旋向 | 旋合长度代号 |

2）管螺纹的螺纹标记的构成如下：

| 特征代号 | | 尺寸代号 | | 公差等级代号 | —旋向代号 |

例如：

特征代号 —— G 1½ A —— 公差等级代号
                          └—— 尺寸代号(无单位)

2. 螺纹标注时的注意点

1）普通螺纹特征代号为 M。螺距有粗牙和细牙两种，其规定见附录 A。粗牙无须标注，细牙必须标注。其标记应符合国家标准 GB/T 193—2003《普通螺纹 直径与螺距系列》、GB/T 196—2003《普通螺纹 基本尺寸》的规定。

2）螺纹导程：单线螺纹无须标注，多线螺纹须标注导程和线数。左旋螺纹要注写 LH，右旋螺纹不注。

3）螺纹公差带代号：中、顶径公差带代号由表示公差等级的数字和表示公差带位置的字母组成。内螺纹大写、外螺纹小写；中径在前、顶径在后；中、顶径公差带代号相同时，只标注一个公差代号。

4）有配合关系的内、外螺纹用分数表示，分子为内螺纹，分母为外螺纹。

5）旋合长度分为短旋合（S）、中旋合（N）、长旋合（L）三种。中旋合代号 N 可以省略，也可直接写出长度值。

3. 常用螺纹的标注示例

常用螺纹的标注示例见表 19-1。

表 19-1　常用螺纹的标注示例

螺纹类别		特征代号		标注示例	说明
连接螺纹	普通螺纹	M	粗牙	M10-6g　M10-6H	粗牙普通螺纹，公称直径为 10mm，螺距为 1.5mm（查附录 A 可知），右旋（省略了标记）；外螺纹中径和顶径公差带代号均为 6g；内螺纹中径和顶径公差带代号都是 6H；中等旋合长度（省略了标记）

（续）

螺纹类别		特征代号		标注示例	说明
连接螺纹	普通螺纹	M	细牙	*M8×1LH-6g*　*M8×1LH-7H*	细牙普通螺纹,公称直径为 8,螺距为 1mm,左旋;外螺纹中径和顶径公差带代号均为 6g;内螺纹中径和顶径公差带代号都是 7H;中等旋合长度
	管螺纹	G	55°非密封管螺纹	*G1A*　*G3/4*	55°非密封管螺纹,外管螺纹的尺寸代号为 1,公差等级为 A 级,内管螺纹尺寸代号为 3/4,内管螺纹公差等级只有一种,省略不标注
		Rc Rp R_1 R_2	55°密封管螺纹	*$R_2$1/2*　*Rc3/4-LH*	55°密封管螺纹,特征代号 R_2 为圆锥外螺纹,其尺寸代号为 1/2,右旋,与圆锥内螺纹配合;圆锥内螺纹 Rc 的尺寸代号为 3/4,左旋;公差等级只有一种,省略不标注。Rp 是圆柱内螺纹的特征代号,与其配合的圆柱外螺纹的特征代号为 R_1
传动螺纹	梯形螺纹	Tr		*Tr40×7-7e*	梯形外螺纹,公称直径为 40mm,单线,螺距为 7mm,右旋,中径和顶径公差带代号均为 7e,中等旋合长度
	锯齿形螺纹	B		*B32×6-7e*	锯齿形外螺纹,公称直径为 32mm,单线,螺距为 6mm,右旋,中径和顶径公差带代号均为 7e,中等旋合长度

💡 提示

　　米制螺纹的标注与回转体尺寸标注形式相同,而管螺纹的标注则采用引线,引线从大径处引出。

　　非标准螺纹的标注如图 19-11 所示。

（四）常用螺纹紧固件

常用螺纹紧固件的标记示例见表 19-2。

图 19-11　非标准螺纹的标注

表 19-2　常用螺纹紧固件的标记示例

名称及视图	规定标记示例	名称及视图	规定标记示例
开槽盘头螺钉　M10　45	螺钉　GB/T 67—2016　M10×45	双头螺柱(b_m=1.25d)　M12　b_m　50	螺柱　GB/T 898—1988　M12×45
开槽沉头螺钉　M10　45	螺钉　GB/T 68—2016　M10×45	六角开槽螺母　M16	螺母　GB/T 6178—1986　M16
开槽锥端紧定螺钉　M12　40	螺钉　GB/T 71—2018　M12×40	平垫圈　ϕ18.2	垫圈　GB/T 97.1—2002　16-140HV
六角头螺栓　M12　50	螺栓　GB/T 5780—2016　M12×50	弹簧垫圈　ϕ20.5	垫圈　GB/T 93—1987

二、识读部件图中的螺纹结构

1. 螺栓连接表达

螺栓适用于连接两个不太厚的并能钻成通孔的零件。连接时将螺栓穿过被连接两零件的光孔（孔径比螺栓大径略大，一般可按 1.1d 画出），套上垫圈，然后用螺母紧固，如图 19-12a 所示。螺栓连接的简化画法如图 19-12b 所示。

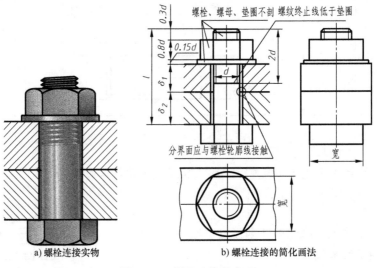

a) 螺栓连接实物　　　　b) 螺栓连接的简化画法

图 19-12　螺栓连接的表达

螺栓连接的表达应注意如下几点：

1）螺栓的公称长度 L 按下式计算：

$L \geqslant \delta_1 + \delta_2 + 0.15d$（垫圈厚）$+ 0.8d$（螺母厚）$+ 0.3d$（螺栓顶端露出高度）

按上式计算出的长度，选取略大于计算值的公称长度 L。

2）在剖视图中，当剖切平面通过螺栓轴线时，螺栓、螺母、垫圈均按不剖的方式绘制。

3）相邻两零件的表面接触时，画一条粗实线作为分界线，不接触表面画两条线。

4）相邻两零件的剖面线方向必须相反。

5）螺栓的螺纹终止线必须画在垫圈之下，否则螺母就有可能拧不紧。

2. 螺柱连接表达

当两个被连接的零件中，有一个较厚或不适宜用螺栓连接时，一般采用螺柱连接。螺柱两端都有螺纹，一端（旋入端）全部旋入被连接零件的螺孔内，另一端（紧固端）穿过另一个被连接零件的通孔，套上垫圈，再用螺母拧紧，如图 19-13a 所示。螺柱连接的简化画法如图 19-13b 所示。

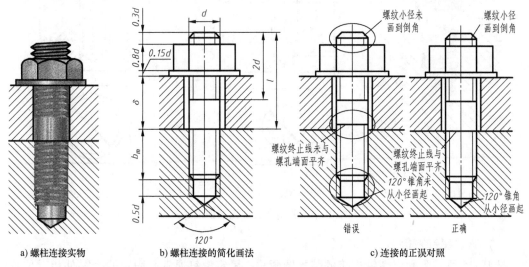

a) 螺柱连接实物　　　　b) 螺柱连接的简化画法　　　　c) 连接的正误对照

图 19-13　螺柱连接的表达

螺柱连接的表达应注意以下三点：

1）螺柱的公称长度 L 按下式计算：

$$L \geqslant \delta + 0.15d（垫圈厚）+ 0.8d（螺母厚）+ 0.3d（螺栓顶端露出高度）$$

2）旋入端长度 b_m 与被旋入零件的材料有关，钢或青铜 $b_m = d$，铸铁 $b_m = 1.25d$ 或 $1.5d$，铝合金 $b_m = 2d$。为保证连接牢固，应使旋入端完全旋入螺纹孔中，即在装配图上旋入端的螺纹终止线与螺孔口端面平齐，如图 19-13c 所示。

3）被连接零件上的螺孔深度应稍大于螺柱旋入端螺纹长度，一般取螺纹长度加 $0.5d$。

3. 螺钉连接表达

（1）连接螺钉表达

螺钉适用于受力不大的零件之间的连接，被连接的零件中一个为通孔，另一个为不通的螺孔。螺钉连接的装配图画法，其旋入端与螺柱相同，被连接板孔口画法与螺栓相同，如图 19-14a 所示。螺钉根据其头部的形状不同而有多种型式，它们的画法如图 19-14b、c 所示。

螺钉连接的表达应注意以下四点：

1）螺钉的公称长度 L 按下式计算：$L \geqslant \delta + b_m$。按此式计算出的长度，查标准选取公称长度 L。

2）旋入端长度 b_m 与螺柱旋入端相同。

3）为了保证连接牢固，螺钉的螺纹长度与螺孔的螺纹长度都应大于旋入端深度，即装入螺钉后，螺钉上的螺纹终止线必须高出旋入端零件的上端面。

4）圆柱头开槽螺钉头部的槽（在投影为圆的视图上）不按投影关系绘制，可按图 19-14b、c 所示，画成与水平线成 45°的加粗实线，线宽为粗实线的 2 倍。

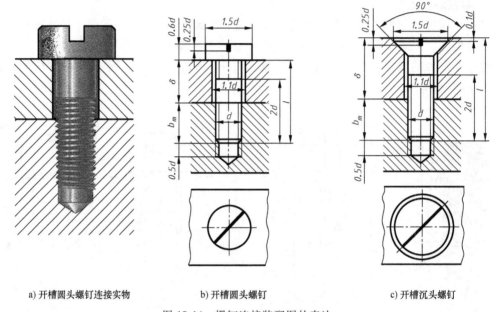

a) 开槽圆头螺钉连接实物　　b) 开槽圆头螺钉　　c) 开槽沉头螺钉

图 19-14　螺钉连接装配图的表达

（2）紧定螺钉表达

图 19-15 所示为紧定螺钉连接的装配图画法。紧定螺钉通常起固定两个零件相对位置的作用，不致产生位移或脱落现象。使用时，螺钉拧入一个零件的螺孔中，并将其尾端压在另一个零件的凹坑中或插入另一个零件的小孔中。

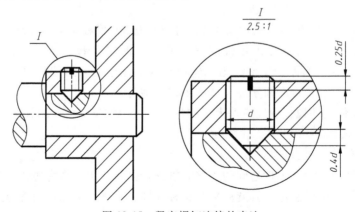

图 19-15　紧定螺钉连接的表达

任务 20　识读汽车零部件图中的键、销和弹簧结构

学时：2

教学目标

1. 会识读键、销、弹簧结构的视图表示方法。
2. 会读画键、销连接。
3. 能看懂零件图和装配图中的键、销、弹簧结构。

知识点

1. 键、销、弹簧的作用和类型。
2. 国标中有关键、销、弹簧的基本规定。
3. 零件图、装配图中的键、销、弹簧连接。

技能点

1. 会键、销、弹簧的规定画法。
2. 会识读键、销、弹簧的标注。
3. 会查表确定键、销及连接的各部分尺寸。

学习内容

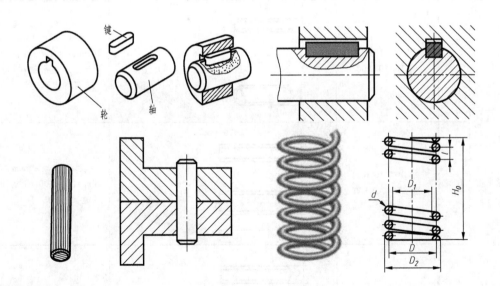

思考

键、销、弹簧的作用是什么？

教你如何识读汽车零部件图中的键、销和弹簧结构

键、销和弹簧是在汽车中经常使用的零件，由于它们应用极为普遍，已经标准化。下面介绍如何读画这些零件。

一、读画常用的键与键连接

键作为已经标准化的零件，在实际中主要是用于要求可拆卸的、传递动力与转矩的两零件之间的连接。根据键连接的结构形状不同，汽车上常用的键连接主要有平键连接、半圆键连接和花键连接三种，楔键在汽车上应用较少，如图 20-1 所示。

a) 平键连接   b) 半圆键连接   c) 花键连接

图 20-1 汽车上常用的键连接

1. 平键、半圆键和楔键的标记（表 20-1）

表 20-1 平键、半圆键和楔键的标记

名称及类型		标记	图例		说明
普通平键	A 型	GB/T 1096 键 16×10×100		A型	表示 $b = 16mm$，$h = 10mm$，$L = 100mm$ 的 A 型平键。A 型平键在标注时"A"可省略不注
	B 型	GB/T 1096 键 B16×10×100		B型	表示 $b = 16mm$，$h = 10mm$，$L = 100mm$ 的 B 型平键
	C 型	GB/T 1096 键 C16×10×100		C型	表示 $b = 16mm$，$h = 10mm$，$L = 100mm$ 的 C 型平键

（续）

名称及类型	标记	图例	说明
半圆键	GB/T 1099.1 键 6×10×25		表示 $b=6\text{mm}$，$h=10\text{mm}$，$d_1=25\text{mm}$ 的半圆键
钩头型楔键	GB/T 1565 键 18×100		表示 $b=18\text{mm}$，$h=11\text{mm}$，$L=100\text{mm}$ 的钩头型楔键

2. 键槽的画法与尺寸标注

在用键来连接被连接件时，键置于被连接件上已预制好的槽里，这个槽被称为键槽。图 20-2 所示为在轮毂和轮轴上常见的加工键槽的方法。

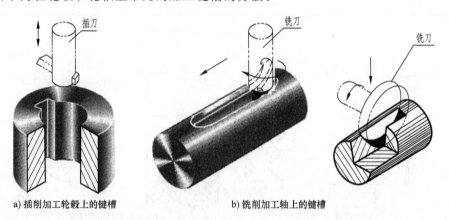

a) 插削加工轮毂上的键槽　　　b) 铣削加工轴上的键槽

图 20-2　键槽的常用加工方法

键槽的画法及其标注如图 20-3~图 20-5 所示。普通平键尺寸与轴直径的关系见表 20-2。

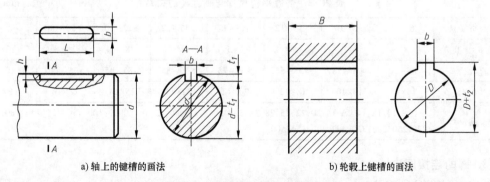

a) 轴上的键槽的画法　　　　　　b) 轮毂上键槽的画法

图 20-3　平键槽的画法及其标注

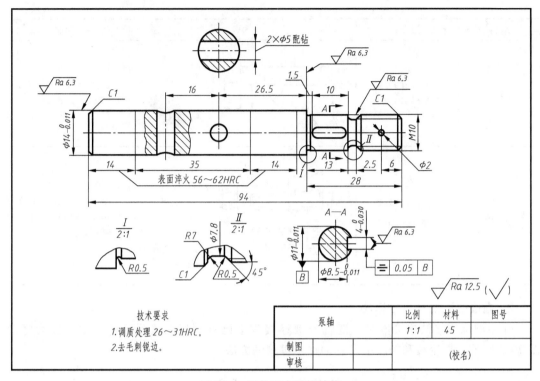

图 20-4 零件图中键槽结构

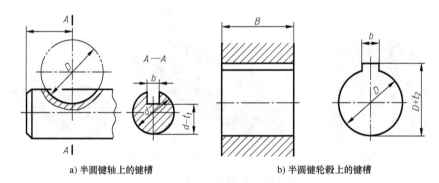

a) 半圆键轴上的键槽 　　　　　　　　　b) 半圆键轮毂上的键槽

图 20-5 半圆键槽的画法及其标注

表 20-2 普通平键尺寸与轴直径的关系 　　　　　　（单位：mm）

轴的直径 d	6~8	>8~10	>10~12	>12~17	>17~22	>22~30	>30~38	>38~44
键宽 b×键高 h	2×2	3×3	4×4	5×5	6×6	8×7	10×8	12×8
轴的直径 d	>44~50	>50~58	>58~65	>65~75	>75~85	>85~95	>95~110	>110~130
键宽 b×键高 h	14×9	16×10	18×11	20×12	22×14	25×14	28×16	32×18
键的长度系列 L	6,8,10,12,14,16,18,20,22,25,28,32,36,40,45,5 0,56,63,70,80,90,100,110,125,140,180,200, 220,250,280,320,360,400,450,500							

3. 键的连接画法

（1）平键的连接画法

平键和半圆键的键连接作用相似，两侧面是它们的工作面，在实际连接中平键与半圆键的两侧面均与键槽的侧面直接接触。反映在装配图中，键的侧面与槽的侧面直接接触，故只画一条线，键的下底面与轴上键槽的底面接触，所以也画一条线，而键的上底面与轮毂上键槽的底面是不接触的，所以画两条线。另外，键连接通常采用剖视来表达，在反映键长的剖视图中，轴采用局部剖，键按不剖表达。平键连接画法如图 20-6 所示。普通平键的尺寸和键槽的断面尺寸按轴的直径在本书附录 B 中直接查得。

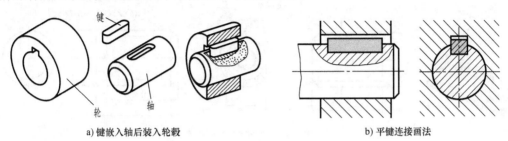

a) 键嵌入轴后装入轮毂　　　　　　　　b) 平键连接画法

图 20-6　平键连接画法

（2）半圆键的连接画法

半圆键连接画法如图 20-7 所示。

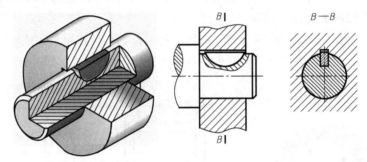

图 20-7　半圆键连接画法

4. 花键的画法与尺寸标记识读

花键分为外花键和内花键，其结构和尺寸已经标准化。图 20-8 所示为花键连接在汽车中的应用。

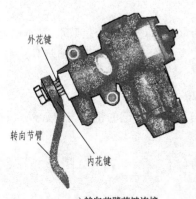

a) 转向节臂花键连接　　　　　　　　b) 手动变速器中花键连接

图 20-8　花键连接在汽车中的应用

（1）外花键的画法及标记识读

在轴向图中，大径用粗实线绘制，小径用细实线绘制，并画入倒角内。花键工作长度的终止线和尾部长度的末端用细实线绘制，尾部用细实线画成与轴线成30°的斜线，如采用局部剖视时，齿按不剖处理，此时小径用粗实线表达。在径向图中，可画出全部或部分齿形，如图20-9所示。

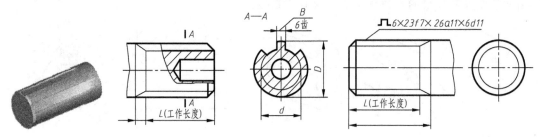

图 20-9 外花键的画法

外花键代号 ⊓ 6×23f7×26a11×6d11 含义如下：

外花键（小写字母表示），⊓表示矩形花键，6齿，小径为23mm、标准公差IT7、基本偏差f，中径为26mm、标准公差IT11、基本偏差a，齿宽为6mm、标准公差IT11、基本偏差d。

（2）内花键的画法及标记识读

在轴向图中，基本视图用虚线表达，剖视图则大径、小径均用粗实线绘制，而齿按不剖处理；在径向图中，可画出部分或全部齿形，如图20-10所示。

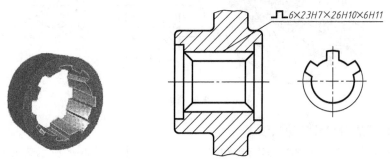

图 20-10 内花键的画法

内花键代号 ⊓ 6×23H7×26H10×6H11 含义如下：

内花键（大写字母表示），⊓表示矩形花键，6齿，小径为23mm、标准公差IT7、基本偏差H，中径为26mm、标准公差IT10、基本偏差H，齿宽为6mm、标准公差IT11、基本偏差H。

（3）矩形花键的连接画法

矩形花键连接的装配图一般会选择剖视图表达，如图20-11所示。

其内、外花键重合部分按外花键画，未重合部分按各自画；而标记的识读与内、外花键的识读相同。

 想一想

你是否能够区分螺纹结构与花键结构的不同？

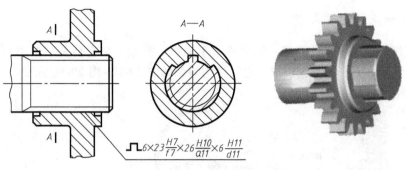

$$\sqcap 6\times23\frac{H7}{f7}\times26\frac{H10}{a11}\times6\frac{H11}{d11}$$

图 20-11 矩形花键的连接画法

二、读画常用的销与销连接

销在汽车上也经常应用，主要用于定位、连接和锁定。常用的销有圆柱销、圆锥销和开口销，其连接的画法、种类、标记见表 20-3。

表 20-3 常用销的连接表达示例

名称及标准号	主要尺寸	标记	连接示例
圆柱销 GB/T 119.2—2000		销 GB/T 119.2 $d\times l$	
圆锥销 GB/T 117—2000	1:50	销 GB/T 117 $d\times l$	
开口销 GB/T 91—2000		销 GB/T 91 $d\times l$	

三、读画常用弹簧结构

弹簧在汽车上应用非常普遍，它主要用于减振、夹紧、储存能量、测力和提供预紧力等，如悬架系统、离合器操纵机构、配气机构等，如图 20-12~图 20-14 所示。

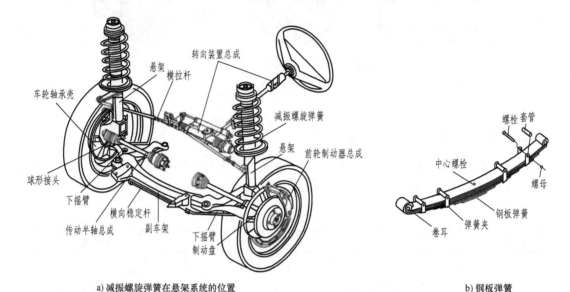

a) 减振螺旋弹簧在悬架系统的位置   b) 钢板弹簧

图 20-12 弹簧在悬架系统中的应用

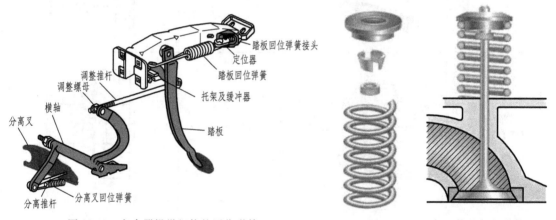

图 20-13 离合器操纵机构的回位弹簧   图 20-14 配气机构的气门弹簧

1. 弹簧的种类

弹簧根据形状结构、应用特性不同有很多种类，在汽车上应用普遍的有压缩弹簧、涡卷弹簧、钢板弹簧、扭转弹簧、拉伸弹簧等（图 20-15）。下面以圆柱螺旋弹簧为例，介绍有关知识。

2. 圆柱螺旋压缩弹簧各部分名称及尺寸关系

图 20-16 所示为圆柱螺旋压缩弹簧。

1）簧丝直径 d：弹簧钢丝的直径。

| a) 压缩弹簧 | b) 扭转弹簧 | c) 拉伸弹簧 | d) 涡卷弹簧 |

图 20-15　常用弹簧

2）弹簧中径 D：弹簧的平均直径，$D = \dfrac{D_1 + D_2}{2} = D_1 + d = D_2 - d$。

3）弹簧内径 D_1：弹簧的最小直径。

4）弹簧外径 D_2：弹簧的最大直径。

5）节距 t：除支承圈外，相邻两有效圈上对应点之间的轴向距离。

6）支承圈数 n_2、有效圈数 n 和总圈数 n_1。为了使螺旋弹簧工作时受力均匀，增加弹簧自身的平稳性，在加工弹簧时，将弹簧两端并紧、磨平。并紧、磨平的圈数主要起对弹簧自身的支承作用，故称为支承圈，一般用 n_2 表示。弹

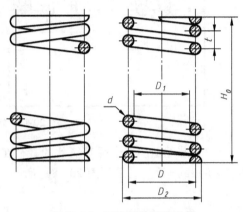

图 20-16　圆柱螺旋压缩弹簧

簧中保持相等节距的圈数，称为有效圈数，一般用 n 表示。有效圈数与支承圈数之和，称为该弹簧的总圈数，一般用 n_1 表示。它们之间的关系为 $n_1 = n + n_2$。

7）自由高度 H_0：弹簧在不受外力作用，处于自由状态时的高度（或长度）。

8）展开长度 L：制造弹簧时坯料的长度。

练一练

看图 20-17 所示螺旋压缩弹簧零件图，说出簧丝直径、弹簧外径、内径、中径、节距、支承圈数、有效圈数、总圈数、自由高度、展开长度各为多少。

3. 圆柱螺旋压缩弹簧的画法

1）弹簧在轴向图中，各圈的轮廓可用直线代替螺旋线的投影，如图 20-16 所示。

2）螺旋弹簧均可画成右旋，但左旋弹簧不论画成右旋还是左旋，一律要加注旋向"左旋"，在有特定的右旋要求时也要注明"右旋"。

3）有效圈数在四圈以上的螺旋弹簧，中间各圈可以省略，只画出其两端的 1 或 2 圈（不包括支承圈），中间只需用通过簧丝断面中心的细点画线连接起来。省略后，允许适当缩短图形的长度，但应注明弹簧设计要求的自由高度，如图 20-17 所示。

4）在装配图中，螺旋弹簧被剖切后，不论中间各圈是否省略，被弹簧挡住的结构一般不画，其可见部分应从弹簧的外轮廓线（或簧丝断面中心线）画起，如图 20-18b 所示。

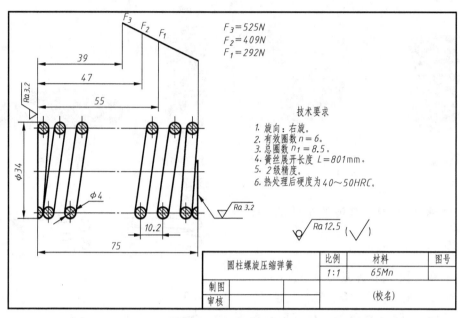

图 20-17　螺旋压缩弹簧零件图

5）在装配图中，当弹簧簧丝的直径在图上等于或小于 2mm 时，其剖面可以涂黑表示，如图 20-18a 所示，或采用图 20-18c 所示的示意画法。

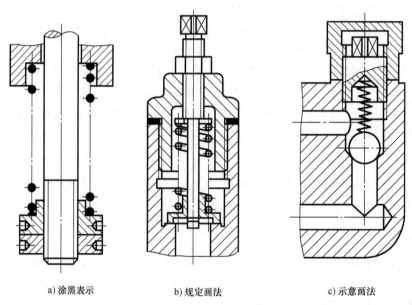

　　a) 涂黑表示　　　　　b) 规定画法　　　　　c) 示意画法

图 20-18　装配图中弹簧的表达

4. 圆柱螺旋压缩弹簧的标记

弹簧的标记由类型代号、规格、精度代号、旋向代号和标准号组成。例如：YA 1.2×8×40 左 GB/T 2089，表示 YA 为两端圈并紧磨平的冷卷压缩弹簧（YB 为热卷压缩弹簧），材料直径为 1.2mm，弹簧中径为 8mm，自由高度为 40mm，精度等级为 2 级，左旋。

试一试

下图是小客车的前悬架部件图，指出其中弹簧的位置、种类和数量。

任务 21　识读汽车零部件图中的齿轮结构

学时：2

教学目标

1. 会圆柱齿轮的规定画法。
2. 能看懂各类齿轮视图表示。
3. 能看懂零件图和装配图中的齿轮结构。

知 识 点

1. 齿轮的作用和常见类型。
2. 国标中有关齿轮的基本规定。
3. 圆柱齿轮各部分的几何要素及其计算方法。

技 能 点

1. 能说出圆柱齿轮各部分名称。
2. 能看懂装配图中的齿轮连接。

部件图

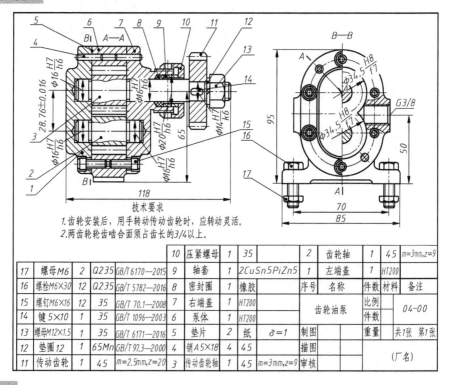

技术要求

1. 齿轮安装后，用手转动传动齿轮时，应转动灵活。
2. 两齿轮轮齿啮合面须占齿长的3/4以上。

10	压紧螺母	1	35			2	齿轮轴	1	45	m=3mm,z=9
						9	轴套	1	2CuSn5PiZn5	1	左端盖	1	HT200

17	螺母M6	2	Q235	GB/T 6170—2015	9	轴套	1	2CuSn5PiZn5	1	左端盖	1	HT200
16	螺栓M6×30	12	Q235	GB/T 5782—2016	8	密封圈	1	橡胶	序号	名称	件数	材料	备注
15	螺钉M6×16	12	35	GB/T 70.1—2008	7	右端盖	1	HT200			比例		
14	键 5×10	1	35	GB/T 1096—2003	6	泵体	1	HT200	齿轮油泵	件数		04-00
13	螺母M12×1.5	1	35	GB/T 6171—2016	5	垫片	2	纸	δ=1	制图		重量	共1张 第1张
12	垫圈12	1	65Mn	GB/T 97.3—2000	4	销A5×18	4	45		描图			(厂名)
11	传动齿轮	1	45	m=2.5mm,z=20	3	传动齿轮轴	1	45	m=3mm,z=9	审核			

思考

齿轮是如何变速和改变运动方向的？

教你识读零部件图中的齿轮结构

齿轮是广泛运用于汽车中的传动零件，它的主要作用是传递运动和动力，改变运动方向、运动形式和转速。图 21-1 是汽车发动机的机油泵分解图，从中可看到应用了齿轮轴 3、传动齿轮轴 4 和传动齿轮 6。由于它们应用极为普遍，所以已经标准化。

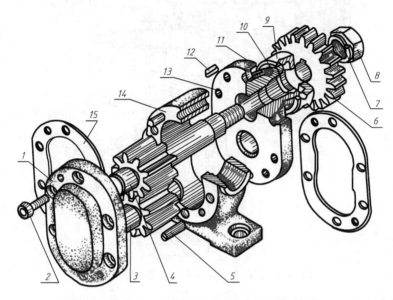

图 21-1　汽车发动机的机油泵分解图

1—左端盖　2—圆柱头内六角螺钉　3—齿轮轴　4—传动齿轮轴　5—圆柱销　6—传动齿轮　7—垫圈
8—螺母　9—压紧螺母　10—轴套　11—密封圈　12—键　13—右端盖　14—泵体　15—垫片

齿轮传动在日常生活中也随处可见，常见的类型如图 21-2 所示。

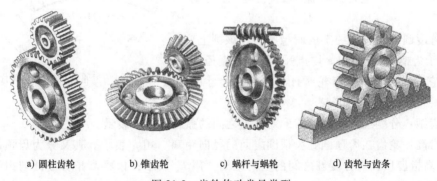

a) 圆柱齿轮　　　　b) 锥齿轮　　　　c) 蜗杆与蜗轮　　　　d) 齿轮与齿条

图 21-2　齿轮传动常见类型

一、圆柱齿轮

圆柱齿轮主要用于两平行轴之间的传动，如图 21-2a 所示。其在汽车上得到了广泛的应用，如变速器。图 21-3 所示的是某款车型使用的五档变速器结构图。

圆柱齿轮按轮齿方向的不同分为直齿圆柱齿轮、斜齿圆柱齿轮和人字齿圆柱齿轮三种。

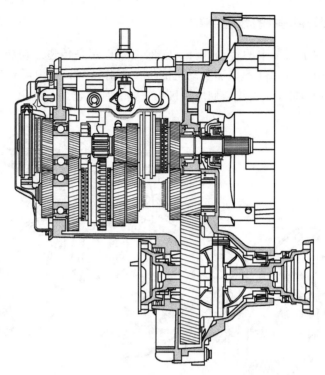

图 21-3 某款车型使用的五档变速器结构图

1. 直齿圆柱齿轮的几何要素

图 21-4 所示为齿轮几何要素及其代号。

1) 齿顶圆：齿轮轮齿顶部轮廓形成的圆，其直径用 d_a 表示。

2) 齿根圆：通过轮齿根部的圆，其直径用 d_f 表示。

3) 分度圆：是一个约定的假想圆，在该圆上，齿厚 s 等于齿槽宽 e（s 和 e 均指弧长），其直径用 d 表示，它是设计、制造齿轮时计算各部分尺寸的基准圆。

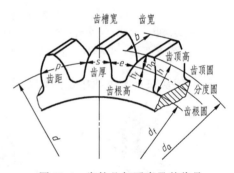

图 21-4 齿轮几何要素及其代号

4) 齿距：分度圆上相邻两齿廓对应点之间的弧长，用 p 表示。

5) 齿高：轮齿在齿顶圆到齿根圆之间的径向距离，用 h 表示。其又分为齿顶高和齿根高。齿顶高指齿顶圆与分度圆之间的径向距离，用 h_a 表示；齿根高指分度圆与齿根圆之间的径向距离，用 h_f 表示。齿高 $h = h_a + h_f$。

6) 中心距：两啮合齿轮轴线之间的距离，用 a 表示。

2. 直齿圆柱齿轮的基本参数

1) 齿数：齿轮上轮齿的个数，用 z 表示。

2) 模数：齿轮的分度圆周长 $\pi d = zp$，则 $d = zp/\pi$，令 $m = p/\pi$，则 $d = mz$。所以模数 m 是齿距 p 与圆周率 π 的比值，单位为 mm。模数是齿轮设计、加工中十分重要的参数，齿数一定，模数越大，轮齿越大，因此齿轮的承载能力也就越大。模数与轮齿间的关系如图 21-5 所示。

为了便于设计和制造，模数已经标准化。国家标准 GB/T 1357—2008《通用机械和重型机械用圆柱齿轮　模数》中的标准模数值见表 21-1。

表 21-1　渐开线圆柱齿轮

第一系列	1,1.25,1.5,2,2.5,3,4,5,6,8,10,12,16,20,25,32,40,50
第二系列	1.75,2.25,2.75,(3.25),3.5,(3.75),4.5,5.5,6.5,7,9,(11),14,18,22,28,36,45

3）齿形角 α：通过齿廓曲线上与分度圆交点所做的切线与径向所夹的锐角，如图 21-6 所示。根据 GB/T 1356—2001《通用机械和重型机械用圆柱齿轮 标准基本齿条齿廓》的规定，我国采用的标准齿形角 α 为 20°。

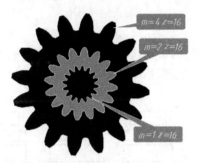

图 21-5　模数大小与轮齿大小的关系　　　　图 21-6　齿形角概念

 提示

　　两标准直齿圆柱齿轮正确啮合传动的条件是模数 m 和齿形角 α 相等。

3. 直齿圆柱齿轮各部分尺寸的计算公式

直齿圆柱齿轮的基本参数 z、m、α 确定以后，齿轮各部分尺寸可按表 21-2 中的公式计算。

表 21-2　直齿圆柱齿轮各部尺寸及其计算公式

名称	代号	计算公式
齿顶高	h_a	$h_a = m$
齿根高	h_f	$h_f = 1.2m$
齿高	h	$h_f = 2.25m$
分度圆直径	d	$d = mz$
齿顶圆直径	d_a	$d_a = m(z+2)$
齿根圆直径	d_f	$d_f = m(z-2.5)$
中心距	a	$a = \dfrac{1}{2}(d_1+d_2) = \dfrac{1}{2}m(z_1+z_2)$

4. 圆柱齿轮的规定画法

直齿圆柱齿轮的轮齿方向与齿轮的轴线方向平行；斜齿圆柱齿轮的轮齿方向不平行于齿轮轴线，而是圆柱体上的螺旋线方向；人字齿圆柱齿轮的轮齿方向在圆柱面上构成汉字"人"的结构，是由两个旋向相反的螺旋线构成的，如图 21-7 所示。

a) 直齿圆柱齿轮　　　　　　　b) 斜齿圆柱齿轮　　　　　　　c) 人字齿圆柱齿轮

图 21-7　圆柱齿轮的类型

（1）单个圆柱齿轮的规定画法

齿轮的轮齿是多次重复出现的结构，画出真实的结构形状既麻烦又没有必要，国家标准 GB/T 4459.2—2003《机械制图　齿轮表示法》对齿轮的画法做了规定，如图 21-8 所示。

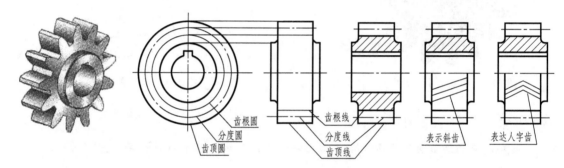

图 21-8　单个圆柱齿轮的规定画法

1）齿顶圆和齿顶线用粗实线表示，分度圆和分度线用细点画线表示，齿根圆和齿根线用细实线表示或者省略不画。

2）在剖视图中，齿根线用粗实线表示，轮齿部分被剖到也不画剖面线。

3）对于斜齿或人字齿的圆柱齿轮，可用三条与齿线一致的细实线表示。齿轮的其他结构，按投影画出。

（2）两个相啮合的圆柱齿轮的规定画法

两个标准圆柱齿轮互相啮合时，两个齿轮的分度圆相切，此时分度圆又称为节圆。两个齿轮的啮合画法的关键是啮合区的画法；其他部分仍按单个齿轮的画法规定绘制。啮合区的画法规定如图 21-9 所示。

1）在非圆投影的剖视图中，两个齿轮的分度线重合，只画一条，画细点画线，齿根线画粗实线。齿顶线的画法是将一个齿轮的轮齿作为可见画成粗实线，另一个齿轮的轮齿作为被遮住部分画成细虚线，如图 21-9a 所示，该虚线也可省略不画。

2）在投影为圆的视图中，两个齿轮的分度圆相切。齿顶圆按粗实线画，啮合区内的粗实线可以画出，如图 21-9b 所示，也可以省略不画，如图 21-9c 所示。

3）在非圆投影的外形视图中，啮合区的齿顶线和齿根线都不必画出，分度线只画一条粗实线，如图 21-9d 所示。

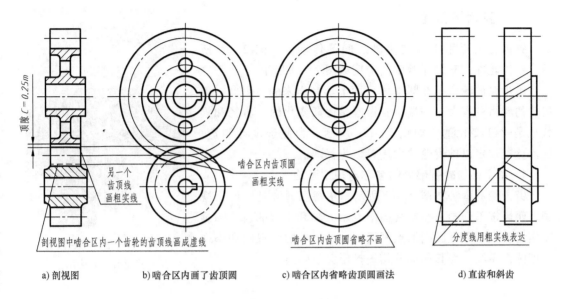

顶隙 C = 0.25m

另一个
齿顶线
画粗实线

啮合区内齿顶圆
画粗实线

分度线用粗实线表达

剖视图中啮合区内一个齿轮的齿顶线画成虚线

啮合区内齿顶圆省略不画

a) 剖视图　　b) 啮合区内画了齿顶圆　　c) 啮合区内省略齿顶圆画法　　d) 直齿和斜齿

图 21-9　两个相啮合的圆柱齿轮规定画法

5. 齿轮与齿条啮合的规定画法

当齿轮无穷大时，齿轮就成了齿条，如图 21-10 所示。此时的齿顶圆、分度圆、齿根圆和齿廓曲线都成了直线。齿轮与齿条相啮合时，齿轮旋转，而齿条做直线运动。这时，齿条的模数和齿形角与其相啮合的齿轮的模数和齿形角相同。

齿轮和齿条啮合的规定画法与两圆柱齿轮啮合的规定画法基本相同，如图 21-10a 所示。在主视图中，齿轮的分度圆和齿条的分度线相切；在全剖的左视图中，应将啮合区内的齿顶线之一画成粗实线，另一轮齿被遮部分画成虚线或省略不画。

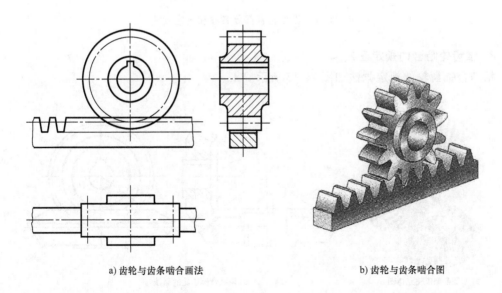

a) 齿轮与齿条啮合画法　　　　　　b) 齿轮与齿条啮合图

图 21-10　齿轮与齿条啮合的规定画法

二、直齿锥齿轮

锥齿轮主要用于两交错轴之间的传动，如图 21-2b 所示。锥齿轮在汽车差速器中的应用如图 21-11 所示。

锥齿轮的轮齿是在圆锥体表面上切制出来的，因此，锥齿轮的轮齿一端大、一端小，齿厚是逐渐变化的，直径和模数也是逐渐变化的，如图 21-12a 所示。为便于设计制造，国家标准规定以锥齿轮的大端参数为标准值。

1. 单个锥齿轮各部分的名称与规定画法

锥齿轮的画法如图 21-12 所示，主视图通常是画成剖视图，轮齿按不剖画。在左视图中表示大端和小端的齿顶圆画粗实线，大端分度圆画细点画线。大、小端的齿根圆和小端分度圆都不画，而其他部分均按投影关系画出。

图 21-11 锥齿轮在汽车
差速器中的应用

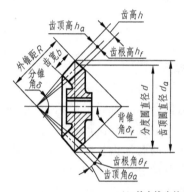

a) 单个锥齿轮立体图　　　　　　　　b) 单个锥齿轮各部分的名称与规定画法

图 21-12 锥齿轮各部分名称和规定画法

2. 锥齿轮啮合的规定画法

相啮合锥齿轮的规定画法如图 21-13 所示。

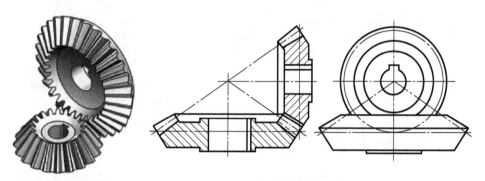

a) 相啮合锥齿轮立体图　　　　　　　　b) 相啮合锥齿轮的画法

图 21-13 相啮合锥齿轮的规定画法

三、蜗轮蜗杆

1. 蜗杆的规定画法

蜗杆形状如梯形螺杆，轴向剖面齿形为梯形，顶角为 40°，一般用一个视图（轴向图）表达。它的齿顶线、分度线、齿根线的画法与圆柱齿轮基本相同，牙型可用局部剖视或局部放大图表述，如图 21-14 所示。

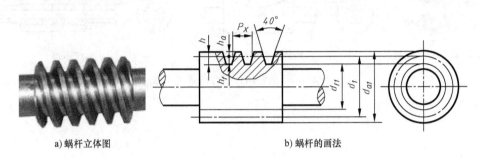

a) 蜗杆立体图　　　　　　　　　　b) 蜗杆的画法

图 21-14　蜗杆的规定画法

2. 蜗轮的规定画法

蜗轮的画法与圆柱齿轮的画法基本相同，只是在径向图中最大的用粗实线画的圆不是齿顶圆，而是最外圆（即蜗轮的端面圆），如图 21-15 所示。

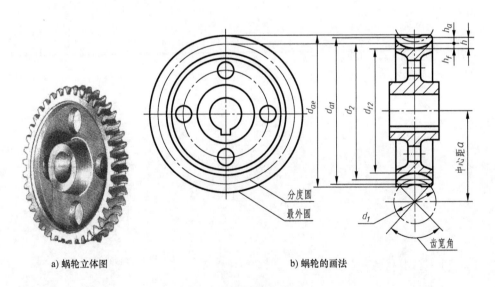

a) 蜗轮立体图　　　　　　　　　　b) 蜗轮的画法

图 21-15　蜗轮的规定画法

3. 蜗轮蜗杆啮合的规定画法

蜗轮蜗杆的非啮合部分按各自的表达方式画。啮合部分采用剖视图表达时，蜗杆的顶圆及顶圆线用粗实线来画，蜗轮的顶圆及顶圆线可以省略，如图 21-16c 所示。啮合部分用基本视图表达时，在蜗杆为圆的视图中，被遮盖的蜗轮不必画出，在蜗杆为轴向图的视图中，蜗轮、蜗杆的顶圆、顶圆线用粗实线表达，如图 21-16b 所示。

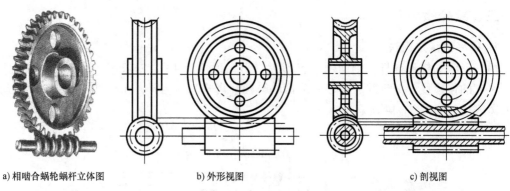

a) 相啮合蜗轮蜗杆立体图   b) 外形视图   c) 剖视图

图 21-16　蜗轮蜗杆啮合的规定画法

任务22 识读汽车零部件图中的滚动轴承结构

学时：2

教学目标

1. 会识读滚动轴承结构的视图表示方法。
2. 能说出滚动轴承代号的含义。
3. 能看懂零件图和装配图中的滚动轴承结构。

知识点

1. 滚动轴承的结构、类型及作用。
2. 国标中有关滚动轴承的基本规定。

技能点

1. 能识读滚动轴承的代号。
2. 会常用滚动轴承的规定画法。

部件图

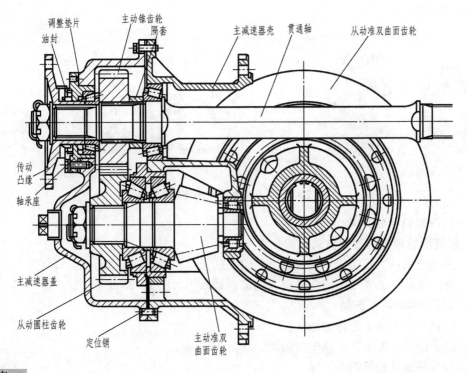

思考

上图中滚动轴承的数量和类型是什么？

教你如何识读汽车零部件图中的滚动轴承结构

轴承是安装于轴与支架之间的专用零件，用来减小轴与支架之间的摩擦阻力，提高工作效率。它的规格和型式有很多，都已经标准化，在实际中可根据使用要求选用。滚动轴承在汽车上有广泛的应用，如万向节、差速器等，如图 22-1 所示。

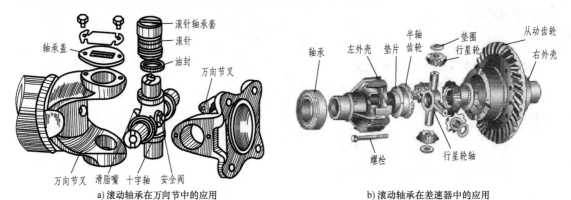

a) 滚动轴承在万向节中的应用　　　　b) 滚动轴承在差速器中的应用

图 22-1　滚动轴承在汽车中的应用

一、滚动轴承的基本结构、分类及表示法

滚动轴承种类繁多，但其基本结构大体相同，主要由外圈、内圈、滚动体和隔离圈组成，如图 22-2 所示。

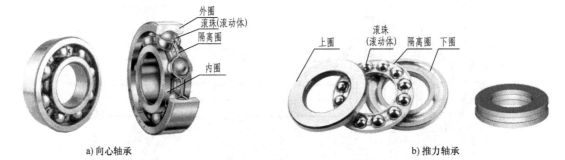

a) 向心轴承　　　　　　　　　b) 推力轴承

图 22-2　滚动轴承的基本结构

（一）滚动轴承的分类

1. 按其所能承受的载荷方向不同分类

1）向心轴承：主要用于承受径向力的滚动轴承，如图 22-2a 所示。

2）推力轴承：主要用于承受轴向力的滚动轴承，如图 22-2b 所示。

2. 按滚动体的种类分类

1）球轴承：滚动体为球的轴承。

2）滚子轴承：滚动体为滚子的轴承，如图 22-3 所示。

（二）常用滚动轴承的表示法

由于滚动轴承的保持架的形状复杂并为重复结构，而滚动体的数量较多，结构重复，若采用真实投影的方法来表达，极不方便，为此，国家标准对其规定了画法。

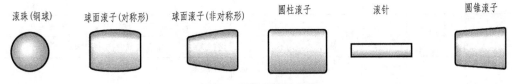

| 滚珠(钢球) | 球面滚子(对称形) | 球面滚子(非对称形) | 圆柱滚子 | 滚针 | 圆锥滚子 |

图 22-3　滚动体的种类

国家标准 GB/T 271—2017《滚动轴承 分类》规定的滚动轴承的表示方法有通用画法、特征画法和规定画法，前两种画法又称为简化画法。各种画法的示例见表 22-1。常用滚动轴承的具体尺寸见附录 D。

表 22-1　常用滚动轴承的画法

轴承类别	结构型式	通用画法	特征画法	规定画法
		（均指滚动轴承在所属装配图中的画法）		
深沟球轴承 6000 型 GB/T 276—2013 （主要承受径向载荷）	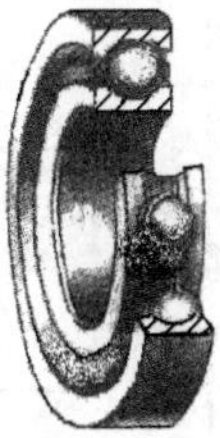	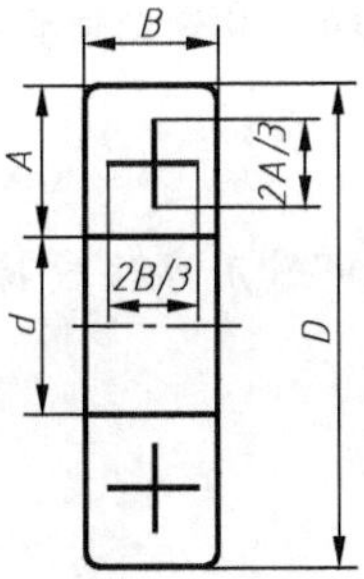	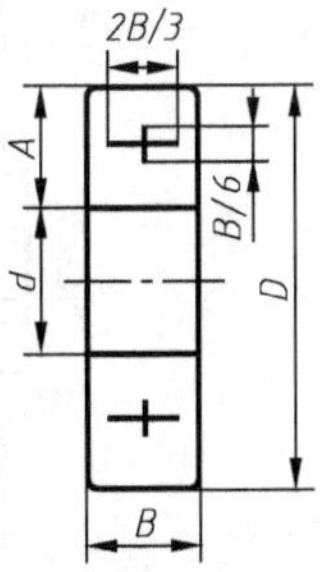	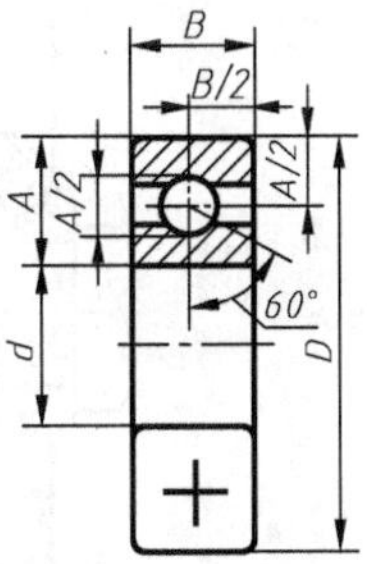
圆锥滚子轴承 30000 型 GB/T 297—2015 （主要承受径向载荷，也可以承受一定的轴向载荷）				
推力球轴承 51000 型 GB/T 301—2015 （承受单方向的轴向载荷）				

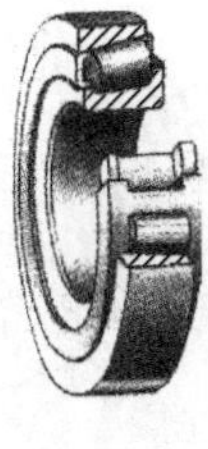

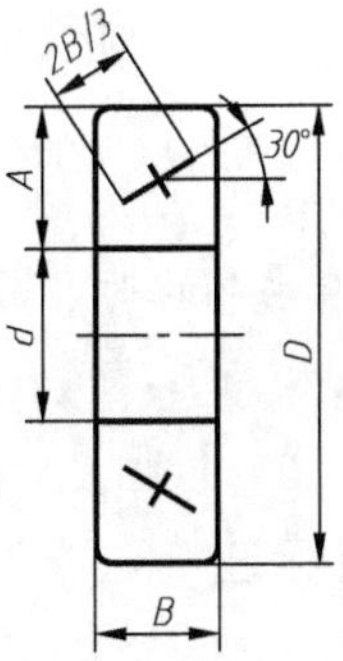

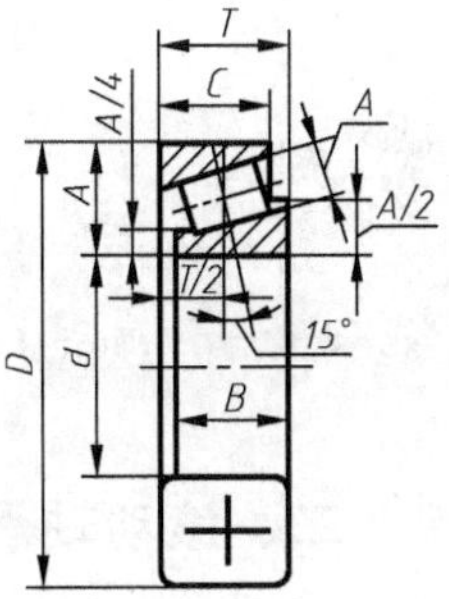

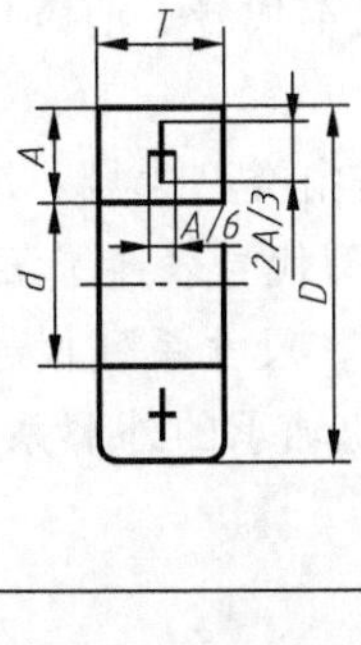

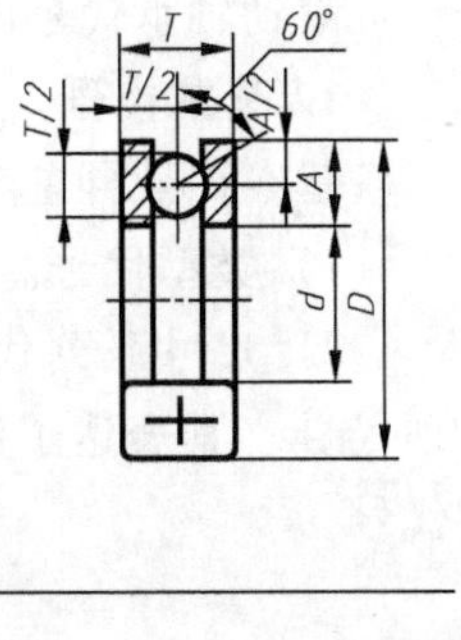

（续）

轴承类别	结构型式	通用画法	特征画法	规定画法
		（均指滚动轴承在所属装配图中的画法）		
三种表达方法的选用原则		当不需要确切表达滚动轴承的外形轮廓、结构特征和承载特性时采用	当需要较形象地表达滚动轴承的结构特征时采用	滚动轴承的产品图样、产品样本、产品标准和产品使用说明书中采用

在装配图中，如果需要详细表达滚动轴承的主要结构，可采用规定画法。滚动轴承一侧采用规定画法时，另一侧则用通用画法画出。如果只需要简单表达滚动轴承的主要结构，可采用特征画法或通用画法，如图 22-4 所示。

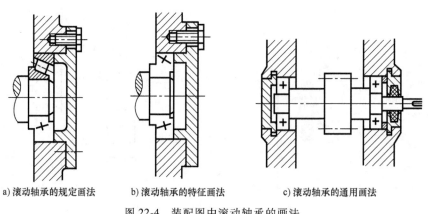

a) 滚动轴承的规定画法　　　　b) 滚动轴承的特征画法　　　　c) 滚动轴承的通用画法

图 22-4　装配图中滚动轴承的画法

💡 提示

用简化画法绘制滚动轴承时，应采用通用画法或特征画法，但在同一图样中，一般只能采用一种画法。

二、滚动轴承的标注

滚动轴承的标注是采用代号表达，用字母加数字来表达滚动轴承的结构、尺寸、公差等级、技术性能等特征。

滚动轴承代号由基本代号、前置代号和后置代号构成。

1. 基本代号

基本代号自左向右由类型代号、尺寸系列代号和内径代号组成。

1）类型代号。类型代号表述了滚动轴承的类型，见表 22-2。

2）尺寸系列代号。尺寸系列代号由两部分组成，即宽度（高度）系列代号与直径系列代号。其表达了滚动轴承的外廓系列。表 22-3 列举了向心轴承与推力轴承的尺寸系列代号。

表 22-2　**滚动轴承类型代号**（摘自 GB/T 272—2017《滚动轴承 代号方法》）

代号	轴承类型	代号	轴承类型
0	双列角接触球轴承	6	深沟球轴承
1	调心球轴承	7	角接触球轴承
2	调心滚子轴承和推力调心滚子轴承	8	推力圆柱滚子轴承
3	圆锥滚子轴承	N	圆柱滚子轴承
4	双列深沟球轴承	U	外球面球轴承
5	推力球轴承	QJ	四点接触球轴承

表 22-3　**向心轴承、推力轴承尺寸系列代号**

直径系列代号	向心轴承									推力轴承		
	宽度系列代号									高度系列代号		
	8	0	1	2	3	4	5	6	7	9	1	2
	尺寸系列代号											
7	—	—	17	—	37	—	—	—	—	—	—	—
8	—	08	18	28	38	48	58	68	—	—	—	—
9	—	09	19	29	39	49	59	69	—	—	—	—
0	—	00	10	20	30	40	50	60	70	90	10	—
1	—	01	11	21	31	41	51	61	71	91	11	—
2	82	02	12	22	32	42	52	62	72	92	12	22
3	83	03	13	23	33	43	53	63	73	93	13	23
4	—	04	—	24	—	—	—	74	—	94	14	24
5	—	—	—	—	—	—	—	—	—	95	—	—

3）内径代号。内径代号表示该滚动轴承内径的大小，见表 22-4。

表 22-4　**滚动轴承内径代号**

轴承公称内径/mm		内径代号	示例
0.6~10（非整数）		用公称内径毫米数直接表示,在其与尺寸系列代号之间用"/"分开	深沟球轴承　617/0.6　$d=0.6$mm 深沟球轴承　618/2.5　$d=2.5$mm
1~9（整数）		用公称内径毫米数直接表示,对深沟及角接触球轴承直径系列 7、8、9,内径与尺寸系列代号之间用"/"分开	深沟球轴承　625　$d=5$mm 深沟球轴承　618/5　$d=5$mm 角接触球轴承　707　$d=7$mm 角接触球轴承　719/7　$d=7$mm
10~17	10	00	深沟球轴承　6200　$d=10$mm
	12	01	调心球轴承　1201　$d=12$mm
	15	02	圆柱滚子轴承　NU 202　$d=15$mm
	17	03	推力球轴承　51103　$d=17$mm
20~480（22,28,32除外）		公称内径除以5的商数,商数为个位数,需在商数左边加"0",如08	调心滚子轴承　22308　$d=40$mm 圆柱滚子轴承　NU 1096　$d=480$mm
≥500以及22,28,32		用公称内径毫米数直接表示,但在与尺寸系列之间用"/"分开	调心滚子轴承　230/500　$d=500$mm 深沟球轴承　62/22　$d=22$mm

2. 前置、后置代号

前置、后置代号是轴承在结构形状、尺寸、公差、技术要求等有改变时，在其基本代号前、后添加的补充代号。

前置代号用字母表示，后置代号用字母（或加数字）表示。具体编制规则及含义可查阅有关标准。

> **学一学**
>
> 以滚动轴承代号6204为例，说明滚动轴承代号各数字的含义如下：
>
> 6——类型代号，表示深沟球轴承。
>
> 2——尺寸系列代号"02"，其中，"0"为宽度系列代号，按规定省略了"0"未写出，"2"为直径系列代号，两者组合时，只注写"2"。
>
> 04——两位数字为内径代号，表示该轴承内径尺寸为04×5mm＝20mm，即内径代号是公称直径20mm除以5的商数4，前面加"0"成为"04"。

学习活动情境5

奔驰在装配图的草原

 学习目标

1. 综合观察、看懂装配图所包含的内容。

2. 能对装配图中的图形进行识读，巩固对机件的各种表达方法的识读，综合想象零件形状。

3. 会识读装配图的方法和步骤，能识读较简单的汽车组件图。

4. 能严格按机械制图相关国家标准的规定作图。

5. 作图时能保持图面清晰、整洁和作图环境的整洁，并保证作图室工具和仪器摆放整齐。

6. 能主动与学习小组成员沟通，与教师和同学建立良好的人际关。

 知 识 点

1. 装配图中的编号及明细栏。

2. 装配图的表达方式。

3. 装配图上尺寸和技术要求的注写。

4. 常用装配结构。

5. 识读装配图。

 技 能 点

1. 正确使用常用工具及设备。

2. 正确使用离合器拆装台。

3. 正确拆装汽车活塞连杆组件、汽车球叉式万向节组件和汽车膜片弹簧离合器组件。

4. 识读汽车活塞连杆组件图、汽车球叉式万向节组件图、汽车膜片弹簧离合器组件图。

 教学方法

以直观感知为主的教学法；以学生为主、教师为辅的教学法；愉快教学法；小组工作法；任务驱动教学法。

 教具、工具与媒体

工具台套数按工作小组匹配：

套筒扳手、梅花扳手、呆扳手；内六角扳手；尖嘴钳；卡簧钳；十字螺钉旋具和一字螺钉旋具；铜棒；台虎钳；钳桌；离合器拆装台；汽车活塞连杆组件及挂图；汽车球叉式万向节组件及挂图；汽车膜片弹簧离合器组件及挂图；多媒体教学设备；教学课件、软件；维修资料；视频教学资料；网络教学资源。

任务23　识读装配图的内容、尺寸标注和表达方式

学时：2

教学目标

1. 能看懂装配图的一般表达方法和特殊表达方法。
2. 能看懂装配图的尺寸标注和所注写的技术要求。
3. 看懂球阀装配图并能指出各零件的安装位置。

知识点

1. 装配图表达对象、作用及内容。
2. 装配图的各种表达方法及作用。
3. 装配图的尺寸标注、技术要求。

技能点

1. 会画装配图的标题栏和明细栏。
2. 会标注装配图的尺寸。

装配图

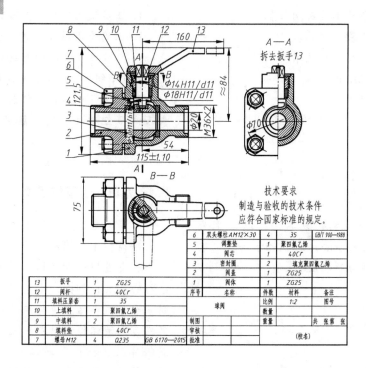

说明

此装配图幅面为 A2，按比例进行了缩小。标题栏采用了学生练习用简化形式，以突出其主要部分内容。

教你如何识读装配图的内容、尺寸标注和表达方式

学习任务单中是一张球阀总成的技术图样，其上有一组图形、尺寸及相关的文字符号信息，形如零件图但又有别于零件图。这是一张什么样的技术图样？它有什么用途？表达的对象是什么？包含一些什么内容？要解决这些问题，必须一步一个脚印地学习。下面就以球阀装配图为例详尽介绍如何识读装配图。

一、识读装配图的内容

装配图比零件图更复杂，内容更多，读图时不要着急，先搞清楚装配图和零件图的联系及区别，分成几部分内容，从最基本的内容入手逐步看懂装配图。

（一）一组视图

用一组视图完整、清晰、准确地表达出机器或部件的工作原理、各零件之间相对位置及装配关系、连接方式和重要零件的形状结构等。图 23-1 中球阀装配图采用了三个基本视图：主视图采用全剖视图，左视图为半剖视图，俯视图采用局部剖视图。这样就清楚地表达了零件之间的装配关系及其工作原理。

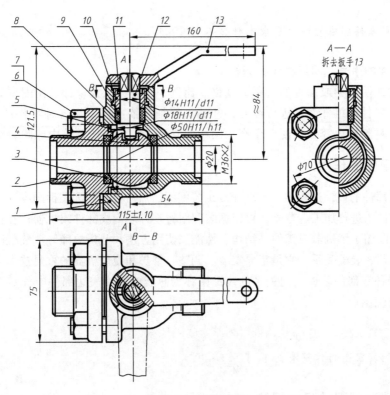

图 23-1　球阀的视图

 想一想

装配图中的视图是否还采用正投影方法读画？

提示

零件图的各种表达方法,如视图、剖视图、断面图、简化画法等同样可用于装配图。

(二) 必要尺寸

装配图上同样需要标注尺寸,反映装配体的大小。但因表达对象及反映侧重点不同,不必注全所属各零件的全部尺寸,只需注出用以说明机器或部件的性能、工作原理、装配关系、外形和安装要求等方面的尺寸,这些尺寸是根据装配图的作用确定的。图 23-1 所示球阀装配图中(尺寸单位为 mm),管口直径 $\phi20$ 为规格尺寸,M36×2 与 84 为安装尺寸,$\phi14H11/d11$、$\phi50H11/h11$ 等为装配尺寸,115、75、121.5 为装配后的总体尺寸。

(三) 技术要求

用文字或符号在装配图中说明对机器或部件的性能、装配、检验、使用等方面的要求和条件,这些统称为装配图的技术要求。

学习任务单中球阀装配图的文字注写的技术要求是:制造与验收的技术条件应符合国家标准的规定。

想一想

装配图和零件图中的技术要求有什么不同?

(四) 零件的序号、明细栏和标题栏

用标题栏注明机器或部件的名称、规格、比例、图号,以及设计、制图者签名等。在装配图上对每种零件或组件必须进行编号,并编制明细栏依次注写出各种零件的序号、名称、规格、数量、材料等内容,以便于生产和图样的管理,如学习任务单中球阀装配图所示。

二、装配图的作用

在机器或部件的设计过程中,要求先画出装配图,然后根据装配图拆画零件图;在生产过程中,根据零件图进行加工、检验,再依据装配图将零件装配成部件或机器;在使用、维修过程中,通过装配图了解机器或部件的结构、性能、使用方法和分析故障等。装配图表达了机器性能、工作原理、装配关系,它是指导安装、调整、维护和使用机器的重要技术文件。

表达机器各零部件总成装配关系的装配图称为总装配图,表达部件中各零件装配关系的则称为部件装配图。

想一想

零件图和装配图的作用有何不同?

三、识读装配图的尺寸标注

(一) 装配图的尺寸标注

1. 规格 (性能) 尺寸

它是设计和选用机器或部件的主要依据,是表明机器或部件的性能、规格的尺寸,如图 23-1 中的管口直径 $\phi20$,就是规格 (性能) 尺寸 (单位为 mm)。

2. 装配尺寸

它是保证相关零件间配合性质和相对位置的尺寸，如图 23-1 中，M36×2、84、ϕ14H11/d11、50H11/h11 等为装配尺寸（单位为 mm）。

3. 总体尺寸

它是表达机器或部件外形轮廓大小的尺寸，即总长、总宽、总高尺寸，如图 23-1 中，115、75、121.5 为装配后的总体尺寸（单位为 mm）。

上述尺寸之间不是孤立无关的，实际上有些尺寸同时具有多种作用。

 想一想

在装配图中要标注每个零件的尺寸吗？

（二）装配图的尺寸公差标注

1) 在装配图中，标注线性尺寸的配合代号时，必须在公称尺寸的右边用分式的形式注出，分子位置注孔的公差代号，分母位置注轴的公差代号，如图 23-2a 所示，必要时，也允许按图 23-2b 或图 23-2c 所示的形式标注。

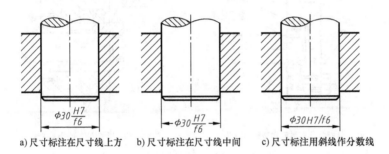

a) 尺寸标注在尺寸线上方　　b) 尺寸标注在尺寸线中间　　c) 尺寸标注用斜线作分数线

图 23-2　线性尺寸的配合代号标注

2) 在装配图中，标注相配零件的极限偏差时，一般按图 23-3a 所示的形式标注，孔的公称尺寸和极限偏差注写在尺寸线的上方；轴的公称尺寸和极限偏差注写在尺寸线的下方。也允许按图 23-3b 所示的形式标注。若需要明确指出装配件的代号时，可按图 23-3c 所示的形式标注。

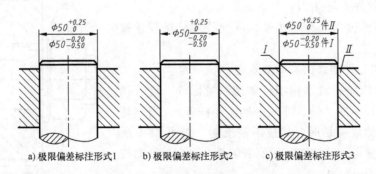

a) 极限偏差标注形式1　　b) 极限偏差标注形式2　　c) 极限偏差标注形式3

图 23-3　相配零件极限偏差的标注

3）标注标准件、外购件与零件（轴或孔）的配合代号时，可以仅标注相配零件的公差带代号，如图23-4所示。

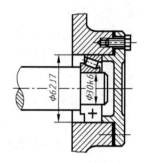

图23-4　与标准件
配合要求的标注

四、识读装配图的表达方法

装配图上只要求把零件之间的装配关系、原理表达清楚，而不需要把每个零件的形状完全表达出来，装配图中零件的具体形状由零件图来表达清楚，两种图的作用是不同，所表达的侧重也不同。因此，国家标准中规定了有关装配图表达的规定画法和特殊画法。

（一）规定画法

为了表达零件之间的装配关系，必须遵守装配图表达方法的三条规定。

1）接触面和装配面只用一条线表示其公共轮廓，如图23-5所示。

相邻零件的接触面和装配面，规定只画一条轮廓线。但相邻零件之间的非接触面，即使间隙再小也要画两条轮廓线。

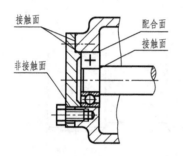

a) 接触面、非接触面和装配面画法

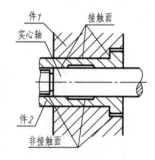

b) 相邻零件剖面线画法

图23-5　接触面与装配面画法

2）在装配图中，对被剖金属材料的零件，其剖面线的画法有如下规定：

① 在同一装配图上，同一零件在各个视图、剖面图中剖面线的倾斜方向和间隔应画成一致。

② 为了区分不同的零件，对于相邻零件的剖面线，其倾斜的方向或间距均不得画成一样。应采用倾斜方向相反或剖面线间距不同加以区别，如图23-5b所示的件1与件2。

③ 薄壁零件被剖，其厚度≤2mm允许用涂黑表达被剖部分。

3）标准实心件的画法有如下规定：

① 在装配图中，对于标准件如螺纹紧固件、键、销以及标准的实心零件（轴、球、手柄、连杆等），当剖切平面沿它们的轴线剖切时，均按不剖绘制，如图23-6所示。但如果被垂直于其轴线的平面剖切时，则应画剖面符号，如图23-8所示。

② 实心轴上有需要表示的结构，如键槽、销孔等；

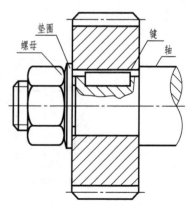

图23-6　实心件和紧固件的画法

可采用局部剖表达，如图 23-6 所示。

（二）特殊画法

1. 拆卸画法

在装配图的某一视图上，对于已经在其他视图中表达清楚的一个或几个零件，若它们遮住了其他装配关系和零件时，可假想将它们拆去，对其余部分再进行投影，这种画法被称为拆卸画法。需要在视图上方写明"拆去××件"，如图 23-7 所示。

2. 沿结合面剖切画法

在装配图中，当需要表达某些内部结构时，可假想在两个零件结合面处剖切后画出投影。此时，零件的结合面不画剖面线，被横向剖切的轴、螺栓、销等实心杆件要画出剖面线，如图 23-8 所示。

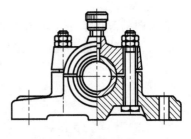

拆去螺栓、螺母及轴承盖等↓

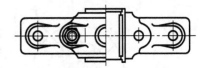

图 23-7 拆卸画法

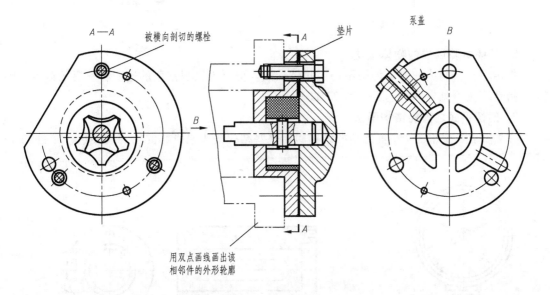

图 23-8 沿结合面剖切画法和单独画出泵盖零件的视图的画法

3. 单独画出某零件的某视图的画法

在装配图中，为表达某零件的结构形状，可另外单独画出该零件的某一视图。采用这种画法时，必须在所画视图上方注出该视图的名称，在相应视图附近用箭头指明投影方向，并注上同样字母，如图 23-8 所示泵盖 B 向视图。

4. 假想画法

1）在装配图中，当需要表达运动件的运动范围和极限位置时，可将运动件画在一个极限位置（或中间位置）上，另一极限位置（或两个极限位置）用双点画线画出该运动件的外形轮廓，如图 23-9 所示。

2）在装配图中，当需要表达与本部件有关的相邻零部件时，可假想用双点画线画出该相邻件的外形轮廓，如图 23-8 所示。

5. 夸大画法

装配图的薄片零件（如图23-8中的垫片）、细丝弹簧（如图23-10中的弹簧）、较小间隙等，为了清楚表达，允许不按比例，适当加大尺寸画出。

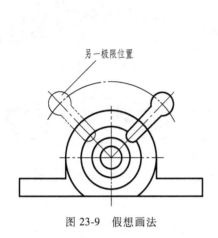

图 23-9　假想画法

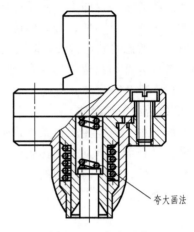

图 23-10　夸大画法

6. 透明材料制成的物体画法

由透明材料制成的物体均按不透明物体绘制。但对于供观察用的透明材料后的刻度、字体、指针等按可见轮廓表达，如图23-11所示。

7. 剖切平面之前的结构画法

在需要表达位于剖切平面之前的结构时，这些结构按假想投影的轮廓线表达，如图23-12所示。

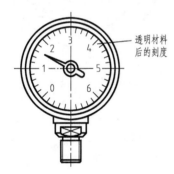

图 23-11　透明材料后面图形画法

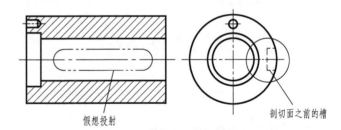

图 23-12　位于剖切平面之前结构的表达

8. 剖中剖的画法

在剖视图的剖面中可再作一次局部剖（称为剖中剖）。采用该表达时，两个剖面线应方向相同、间隔一致，但要错开，并用引出线标注其名称，如图23-13所示。

（三）简化画法

1）在装配图中，若干相同的零件组（如螺栓连接组件等）可仅详细地画出一处（或几处），其余各处以点画线表达其位置，如图23-14所示。

2）在装配图中，用点画线表示链传动中的链条，如图23-15a所示；可用细实线表示带传动中的带，如图23-15b所示。

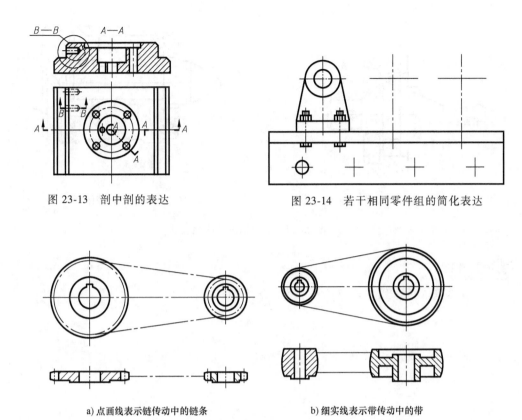

图 23-13　剖中剖的表达

图 23-14　若干相同零件组的简化表达

a) 点画线表示链传动中的链条　　b) 细实线表示带传动中的带

图 23-15　链条和传动带的简化表达

3）在装配图中，零件细小工艺结构如小圆角、倒角、退刀槽等均可省略不表达，如图 23-16 所示。

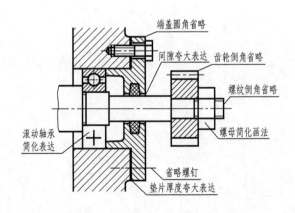

图 23-16　零件细小工艺结构的简化表达

4）被网状物挡住的部分均按不可见轮廓线表达，如图 23-17a 所示。

5）在装配图中，滚动轴承允许采用简化画法来表达，如图 23-17b 所示；也可以采用特征画法表达，如图 23-17a 所示。

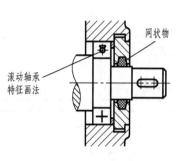

网状物

滚动轴承
特征画法

a) 被网状物挡住部分的表达

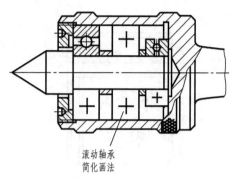

滚动轴承
简化画法

b) 滚动轴承的简化画法

图 23-17　滚动轴承的简化表达

 想一想

为什么要在装配图中采用这些表达方法绘制视图？

任务 24　识读机器中常见的装配结构

学时：2

教学目标

1. 能说出机器上有哪些常见的密封装置和防漏装置。
2. 能说出机器中有哪些防松装置。
3. 能看懂装配图中常见的装配结构。

知 识 点

1. 机器中的装配结构的作用。
2. 装配图中常见的装配结构的规定。

技 能 点

1. 会画机器中常见的装配结构。
2. 会判别装配图中装配结构的对错。

学习内容

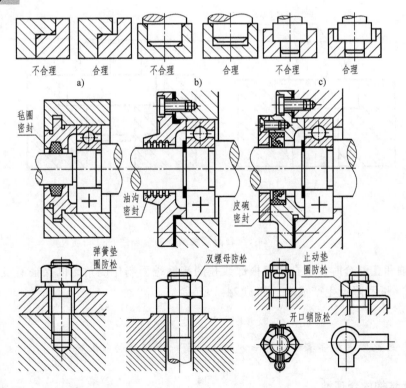

思考

装配结构为什么要这样规定？

教你识读机器上常见的装配结构

为了保证机器或部件能顺利装配，并达到设计规定的性能要求，而且装、拆方便，必须使零件间的装配结构满足装配工艺要求。因此，在绘制装配图时，应考虑合理的装配结构问题。

一、常见的装配工艺结构

1. 接触面及配合面结构的合理性

1）当两个零件接触时，在同一方向上只能接触一对接触面，既满足装配要求，又可降低加工难度，如图 24-1 所示。

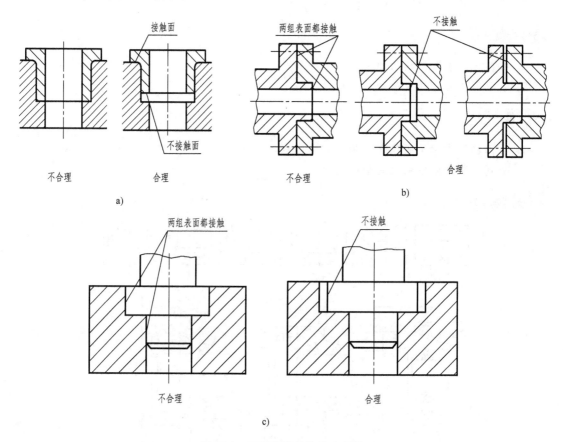

图 24-1　表面接触结构的合理性

2）当轴和孔配合时，应在轴肩根部或孔的接触端面制作倒角，以保证有良好接触精度的装配要求，以利降低生产成本，如图 24-2 所示。

 想一想

　为什么装配体上相邻零件在同一方向只能有一个接触面或配合面？

2. 装拆结构的合理性

1）采用销钉连接的结构，为了拆卸方便应尽可能将销孔加工成通孔，如图 24-3 所示。

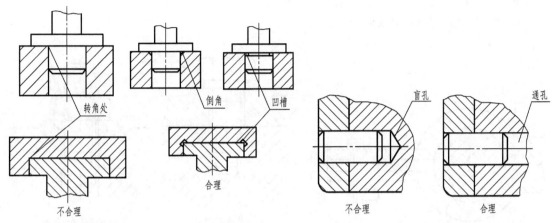

图 24-2 轴和孔配合结构的合理性　　　图 24-3 销钉连接装拆结构的合理性

2）螺纹连接件装拆的合理结构。如图 24-4a 所示，螺栓头部全封在箱体内，将无法安装，可在箱上开出一个扳手孔或改用双头螺柱结构，如图 24-4b、c 所示。

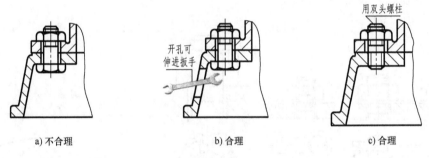

a) 不合理　　　　　　　　b) 合理　　　　　　　　c) 合理

图 24-4 螺纹连接装拆结构的合理性

3）滚动轴承的内、外圈在进行轴向定位设计时，必须考虑到其拆卸的方便，如图 24-5 所示。

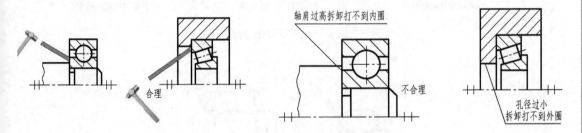

图 24-5 滚珠轴承装拆结构的合理性

3. 锁紧结构的合理性

对于夹紧式锁紧结构的轴和壳体的配合，锁紧时应画出最小间隙 b，如图 24-6 所示。

4. 螺纹紧固件防松结构的合理性

机器或部件在工作时，由于受到冲击或振动，一些连接件可能发生松脱，有时甚至产生严重事故，因此在某些结构中需要采用防松结构。

1）摩擦防松，如图 24-7 所示。

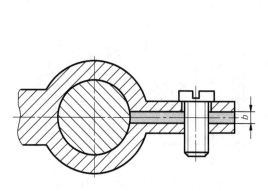

图 24-6　锁紧结构的合理性

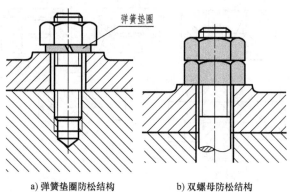

a) 弹簧垫圈防松结构　　b) 双螺母防松结构

图 24-7　摩擦防松结构

2）机械防松，如图 24-8 所示。

3）永久防松，如图 24-9 所示。

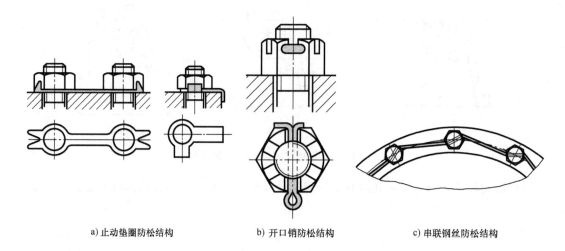

a) 止动垫圈防松结构　　　　b) 开口销防松结构　　　　c) 串联钢丝防松结构

图 24-8　机械防松结构

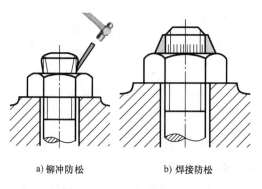

a) 铆冲防松　　　　b) 焊接防松

图 24-9　永久防松结构

二、轴系零件的工艺装配结构

1. 紧固件的连接

1）销连接，如图 24-10a 所示。

2）紧定螺钉连接，如图 24-10b 所示。

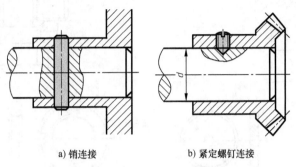

a) 销连接　　　　　　　b) 紧定螺钉连接

图 24-10　销连接与螺纹紧固件连接结构

2. 滚动轴承的固定与间隙调整

防止滚动轴承轴向窜动，须采用相应的结构来固定滚动轴承的内、外圈。常用的结构如下：

1）用轴肩或孔肩固定，此时的轴肩与孔肩的高度不得超过轴承的内外圈的厚度（便于其拆卸），如图 24-11a 所示。

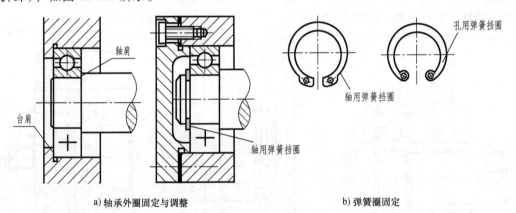

a) 轴承外圈固定与调整　　　　　　　　　　b) 弹簧圈固定

图 24-11　轴承内、外圆固定结构

2）用弹簧挡圈固定，如图 24-11a、b 所示。弹簧挡圈是标准件，其尺寸与相应的环槽尺寸均可在相应的技术手册中查取。

3）用轴端挡圈固定，如图 24-12 所示。轴端挡圈是标准件，其尺寸可在相应的技术手册中查取。

4）用圆螺母及止动垫圈固定，如图 24-13 所示。圆螺母及止动垫圈是标准件，其尺寸可在相应的技术手册中查取。

采用轴端挡圈或圆螺母固定滚动轴承结构时，应注意其轴颈的长度要小于轴承的宽度，以使挡圈或圆螺母能压紧轴承的内圈，起到固定的作用。

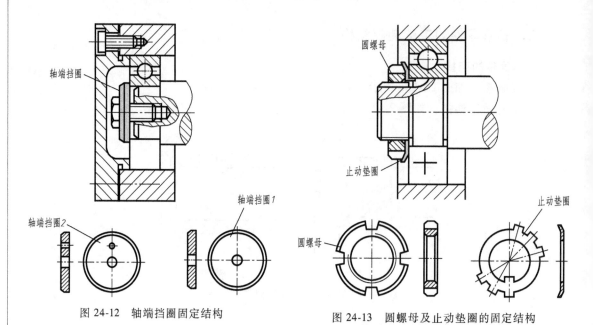

图 24-12　轴端挡圈固定结构

图 24-13　圆螺母及止动垫圈的固定结构

5）用衬套固定，如图 24-14 所示。

6）滚动轴承间隙的调整结构。该结构十分重要，由于轴承与轴在高速旋转时会引起发热和鼓胀，为防止发热鼓胀使轴承转动不灵活或卡住，常常在轴承和轴承盖端面之间留有适量的间隙（一般为 0.2～0.3mm）。常用的方法有更换厚度不同的调整垫，如图 24-15a 所示，或采用螺钉调整止推盘，如图 24-15b 所示。

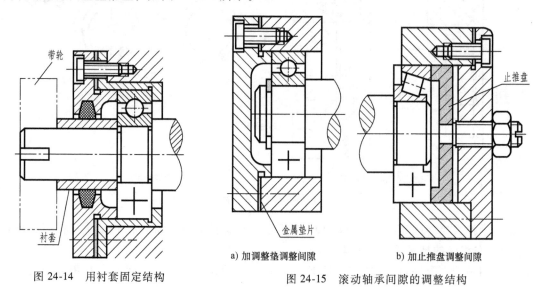

a) 加调整垫调整间隙　　　　　b) 加止推盘调整间隙

图 24-14　用衬套固定结构

图 24-15　滚动轴承间隙的调整结构

三、常用的密封结构

为防止机器或部件内部的液体和润滑油向外渗漏，同时避免外部灰尘、水汽和杂质等侵入，必须采用密封结构。

1. 垫片密封结构

密封垫片两端应分别与被密封件端面接触。该结构的表达如图 24-16 所示。

2. 填料密封结构

填料密封结构的主要作用是通过对填料的预紧或挤压，封住孔与轴之间的缝隙来达到密封效果，其结构型式较多，如图 24-17 所示。

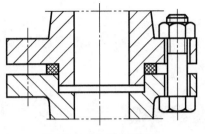

图 24-16　垫片密封结构

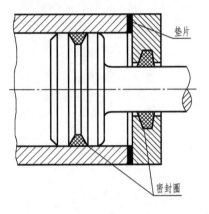

a) 填料预紧密封　　　　　　　　　　b) 挤压填料密封

图 24-17　填料密封结构

通过使用填料的预紧或挤压来达到密封效果时，注意预紧力适当，既达到密封的目的，又不至于转动中产生过热。

3. 滚动轴承密封结构

滚动轴承为防止润滑油外流和外部灰尘、水汽等的侵入，需要进行密封。常用的密封结构如图 24-18 所示。常用的密封件已标准化，如皮碗和毡圈；某些结构也已标准化，如圈槽、油沟等，其尺寸可在相关技术手册中查取。

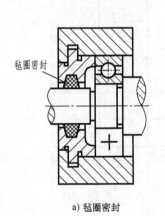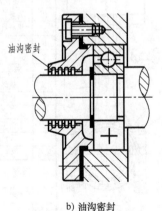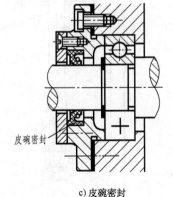

a) 毡圈密封　　　　　　　　b) 油沟密封　　　　　　　　c) 皮碗密封

图 24-18　滚动轴承密封结构

任务25　识读活塞连杆总成装配图

学时：2

教学目标

1. 能说出装配图的看图方法和步骤。
2. 能说出活塞连杆总成中各零件的装拆顺序。
3. 能看懂简单的装配图。

知识点

1. 零件之间的装配关系、各零件的主要形状和作用。
2. 装配图中零部件序号规定。
3. 活塞连杆总成装配图表达对象、功用及工作原理。

技能点

1. 能说出装配图的表达对象、性能、组成及其作用。
2. 会分析装配图中视图、必要的尺寸和装配关系。

装配图

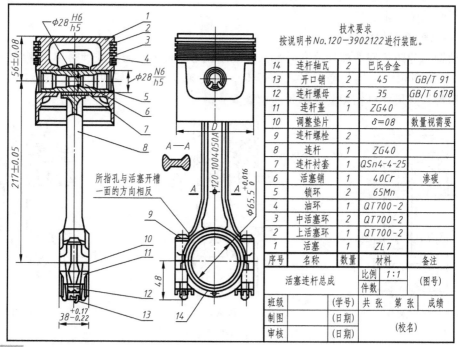

14	连杆轴瓦	2	巴氏合金	
13	开口销	2	45	GB/T 91
12	连杆螺母	2	35	GB/T 6178
11	连杆盖	1	ZG40	
10	调整垫片	δ=08		数量视需要
9	连杆螺栓	2		
8	连杆	1	ZG40	
7	连杆衬套	1	QSn4-4-25	
6	活塞销	1	40Cr	渗碳
5	锁环	2	65Mn	
4	油环	1	QT700-2	
3	中活塞环	2	QT700-2	
2	上活塞环	1	QT700-2	
1	活塞	1	ZL7	
序号	名称	数量	材料	备注

技术要求
按说明书No.120-3902122进行装配。

所指孔与活塞开槽一面的方向相反

活塞连杆总成		比例	1:1	(图号)
		件数		
班级	(学号)	共　张　第　张　成绩		
制图	(日期)	(校名)		
审核	(日期)			

思考

活塞连杆总成的装拆顺序是什么？

教你如何识读活塞连杆总成装配图

机器或部件的设计、制造、维修和技术交流，都要用到装配图。因此，从事工程技术工作的人员都必须能读懂装配图。

读装配图的目的是：从装配图中了解机器或部件的性能、作用和工作原理；了解部件中各零件间的装配关系和装、拆顺序；了解主要零件及其他有关零件的结构形状特征和作用。下面就以活塞连杆总成的装配图为例介绍如何识读装配图。图 25-1 所示为活塞连杆总成视图。

一、概括了解

看装配图时，首先从标题栏了解机器或部件的名称；由明细栏和图中序号了解机器或部件中各种零件的名称、数量、材料以及标准件的规格，估计机器或部件的复杂程度；由画图的比例、视图大小和外形尺寸，了解机器或部件的大小；由产品说明书和有关资料，联系生产实践知识，了解机器或部件的性能、功用等。

从图 25-2 所示标题栏可知，名称为活塞连杆总成，是发动机中的一个组件，其作用是推动曲轴旋转，如图 25-3 所示。

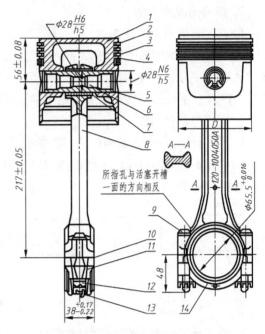

图 25-1　活塞连杆总成视图

14	连杆轴瓦	2	巴氏合金	
13	开口销	2	45	GB/T 91
12	连杆螺母	2	35	GB/T 6178
11	连杆盖	1	ZG40	
10	调整垫片	$\delta=08$		数量视需要
9	连杆螺栓	2		
8	连杆	1	ZG40	
7	连杆衬套	1	QSn4-4-25	
6	活塞销	1	40Cr	渗碳
5	锁环	2	65Mn	
4	油环	1	QT700-2	
3	中活塞环	1	QT700-2	
2	上活塞环	1	QT700-2	
1	活塞	1	ZL7	
序号	名称	数量	材料	备注
活塞连杆总成		比例 1:1		(图号)
		件数		
班级		(学号)	共 张 第 张	成绩
制图		(日期)		(校名)
审核		(日期)		

图 25-2　标题栏与明细栏

图 25-3　活塞连杆曲轴连接

为了便于看装配图，对装配图中每种零件都必须编注序号，并填写在明细栏内。从明细栏和图上的零件序号可知，该总成共由 14 种零件组成，其中有 2 种标准件，序号 12 是连杆螺母，序号 13 是开口销，其余 12 种为非标准件。

下面介绍零部件序号的编注。

1. 序号的一般规定

1）装配图中每种零部件都必须编注序号。同一装配图中相同的零部件只编注一个序号，且一般只标注一次。

2）零部件的序号应与明细栏中的序号一致。

3）同一装配图中编注序号的形式应一致。

2. 序号的编排方法

（1）序号的通用编注形式

序号的通用编注形式有图 25-4 所示三种。在指引线的横线（细实线）上或圆圈（细实线）内注写序号，序号的字高比该装配图中所注尺寸数字高度大一号或两号。在指引线附近注写序号，序号的字高比该装配图中的尺寸数字大两号。

（2）序号的指引线

1）指引线应自所指零部件的可见轮廓线内引出，并在末端画一小圆点。若所指部分是很薄的零件或涂黑的剖面内不便画圆点时，可在指引线的末端画出箭头，并指向该部分的轮廓，如图 25-5 所示。

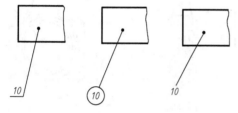

图 25-4　序号的三种通用编注形式

图 25-5　指引线末端采用箭头

2）指引线应尽可能排布均匀，且不宜过长，相互不能相交，应尽量不穿或少穿过其他零件的轮廓，当穿过有剖面线的区域时，不应与剖面线平行。

3）指引线在必要时允许画成折线，但只可弯折一次。同一组紧固件以及装配关系清楚的零件组，允许用公共指引线。对于标准部件（如螺栓连接件、滚动轴承等）可看成一个整体，只编一个序号，用一条指引线，如图 25-6、图 25-7 所示。

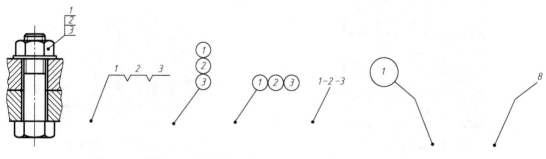

图 25-6　零件组可用公共指引线　　　　　图 25-7　指引线可弯折一次

（3）序号的排列形式

1）按顺时针或逆时针方向在整个一组图形外围顺次排列，不得跳号。

2）在整个图上无法按顺时针或逆时针方向排列时，可只在某个图形周围的水平或竖直方向顺次排列，也不得跳号。

3. 序号的画法

为使序号布置整齐美观，编注序号时应按一定位置画好横线或圆圈，然后再找好各零部件轮廓内的适当处，一一对应地画出指引线和圆点。

试一试

在图 25-1 中找到 14 种零件对应的位置及视图。

二、分析视图

从图 25-1 可以看出，采用了两个视图和一个移出断面图综合反映活塞连杆的工作原理、装配连接关系及其零件的主要结构形状。主视图上采用了局部剖，用来表达活塞内部的结构形状以及活塞 1、活塞销 6、连杆衬套 7 和连杆 8 的相对位置和装配关系等。左视图重点表达了活塞连杆组的外形。

三、分析工作原理、装配关系和必要的尺寸

从图 25-1 中的主视图可以看出，活塞销与活塞销孔相配合要求为 $\phi 28N6/h5$，连杆衬套内圆柱面与活塞销中部外圆柱面相配合要求为 $\phi 28H6/h5$。连杆盖 11 用连杆螺栓 9 连接，内孔中装有连杆轴瓦 14，活塞环 2、3 装在活塞上部的气环槽内，油环 4 装在活塞的油环槽内，为了防止活塞销左右轴向移动，在活塞销孔的两端装有锁环 5，为了防止连杆螺母 12 松动，采用了开口销 13 锁定。活塞是装在气缸内，而连杆大头是与曲轴上的连杆轴颈相连的，因此，活塞上下运动时，通过连杆来推动曲轴做旋转运动。

活塞连杆总成的拆卸顺序是：先用尖嘴钳夹出锁环 5，从活塞 1 孔内打出活塞销 6，从连杆 8 中打出连杆衬套 7，再拆卸开口销 13、连杆螺母 12、连杆盖 11、调整垫片 10、连杆轴瓦 14 和连杆螺栓 9，最后拆上活塞环 2、中活塞环 3 和油环 4。

活塞连杆总成装配图中标注了 7 个必要的尺寸，分别反映活塞连杆总成的性能、规格、外形，以及装配、检验、安装时所必需的一些尺寸。如活塞连杆总成的尺寸（单位为 mm）有 38、48、$\phi 65.5$、217、56 和两个配合尺寸 $\phi 28$。细心的读者会注意到装配图上所注尺寸比零件图少很多。

四、分析零件结构形状和作用

通过以上分析，知道了总成各零件的位置、装配关系以及工作原理，对总成中的标准件以及一些结构较简单的非标准件，能比较容易地从图上识别出来，对于较复杂的活塞、连杆，对照主视图和左视图，不难想象出它们的形状，如图 25-8 所示。

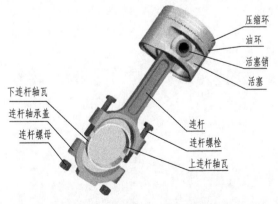

图 25-8　活塞连杆总成实物图

五、归纳总结

由尺寸 $\phi28N6/h5$ 可知，活塞销与其孔的配合为基轴制的过渡配合，且配合要求较高，拆卸时应特别注意保护孔的表面；217 ± 0.05、$\phi65.5^{+0.016}_{0}$ 为重要尺寸；技术要求提出"按说明书 No. 120-3902122 进行装配"，因此，装配前必须查阅说明书，并按说明书的技术要求进行装配。由各零件的形状，以及各零件间的装配关系，即可综合想象出活塞连杆总成的整体形状。

附录 A　螺　纹

表 A-1　普通螺纹（摘自 GB/T 193—2003、GB/T 196—2003）　　（单位：mm）

标记示例

M10-5g6g（普通粗牙螺纹，公称直径 10mm，中径公差带代号 5g，顶径公差带代号 6g，中等旋合长度）

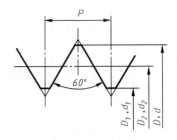

| 公称直径 D、d | | 螺距 P | | 粗牙小径 D_1、d_1 | 公称直径 D、d | | 螺距 P | | 粗牙小径 D_1、d_1 |
第一系列	第二系列	粗牙	细　牙		第一系列	第二系列	粗牙	细　牙	
3		0.5	0.35	2.459	20		2.5	2,1.5,1	17.294
	3.5	0.6		2.850		22	2.5		19.294
4		0.7	0.5	3.242	24		3		20.752
	4.5	0.75		3.688		27	3		23.752
5		0.8		4.134	30		3.5	(3),2,1.5,1	26.211
6		1	0.75	4.917		33	3.5	(3),2,1.5	29.211
	7	1		5.917	36		4	3,2,1.5	31.670
8		1.25	1,0.75	6.647		39	4		34.670
10		1.5	1.25,1,0.75	8.376	42		4.5	4,3,2,1.5	37.129
12		1.75	1.25,1	10.106		45	4.5		40.129
	14	2	1.5,1.25,1	11.835	48		5		42.587
16		2	1.5,1	13.835		52	5		46.587
	18	2.5	2,1.5,1	15.294	56		5.5		50.046

注：1. 优先选用第一系列，括号内尺寸尽可能不用。第三系列未列入。

　　2. M14×1.25 仅用于发动机的火花塞。

表 A-2　梯形螺纹（摘自 GB/T 5796.1～5796.4—2022）　　　　（单位：mm）

标记示例

Tr40×7-7H（梯形螺纹，公称直径 40mm，螺距 7mm，中径公差带代号 7H，中等旋合长度）

Tr40×14（P7）LH-7e-L（梯形螺纹，公称直径 40mm，导程 14mm，螺距 7mm，左旋（LH），中径公差带代号 7e，长旋合长度）

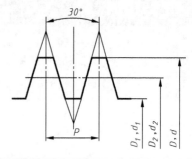

公称直径(D、d)			螺距(P)																					
第1系列	第2系列	第3系列	44	40	36	32	28	24	22	20	18	16	14	12	10	9	8	7	6	5	4	3	2	1.5
8																								1.5
	9																						2	1.5
10																							2	1.5
	11																					3	2	
12																						3	2	
	14																					3	2	
16																					4		2	
	18																				4		2	
20																					4		2	
	22															8					5		3	
24																8					5		3	
	26															8					5		3	
28																8					5		3	
	30															10				6			3	
32																10				6			3	
	34															10				6			3	
36																10				6			3	
	38															10			7				3	
40																10			7				3	
	42															10			7				3	
44														12					7				3	
	46														12			8					3	
48															12			8					3	
	50														12			8					3	
52															12			8					3	
	55												14				9						3	
60													14				9						3	
	65											16				10						4			
70												16				10						4			
	75											16				10						4			
80												16				10						4			
	85										18				12							4			
90											18				12							4			
	95										18				12							4			
100										20					12							4			
		105								20					12							4			

（续）

公称直径(D、d)			螺距(P)																					
第1系列	第2系列	第3系列	44	40	36	32	28	24	22	20	18	16	14	12	10	9	8	7	6	5	4	3	2	1.5
	110									20				12							4			
		115							22				14						6					
120									22				14						6					
		125							22				14						6					
	130								22				14						6					
		135						24					14						6					
140								24					14						6					
		145						24					14						6					
	150							24				16							6					
		155						24				16							6					
160							28					16							6					
		165					28					16							6					
	170						28					16							6					
		175					28					16						8						
180							28				18							8						
		185				32					18							8						
	190					32					18							8						
		195				32					18							8						
200						32					18							8						
	210				36					20								8						
220					36					20								8						
	230				36					20								8						
240					36				22									8						
	250			40					22					12										
260				40					22					12										
	270			40				24						12										
280				40				24						12										
	290		44					24						12										
300			44					24						12										

表 A-3　55°非密封管螺纹（摘自 GB/T 7307—2001）　　　　（单位：mm）

标记示例

G3/4-LH(55°非密封管螺纹,尺寸代号为3/4,左旋)

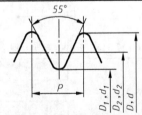

尺寸代号	每25.4mm内所包含的牙数 n	螺距 P	公称直径	
			大径 D,d	小径 D_1,d_1
1/8	28	0.907	9.728	8.566
1/4	19	1.337	13.157	11.445
3/8	19	1.337	16.662	14.950
1/2	14	1.814	20.955	18.631
5/8	14	1.814	22.911	20.587

（续）

尺寸代号	每25.4mm 内所包含的牙数 n	螺距 P	公称直径	
			大径 D,d	小径 D_1,d_1
3/4	14	1.814	26.441	24.117
7/8	14	1.814	20.201	27.877
1	11	2.309	33.249	30.291
$1\frac{1}{8}$	11	2.309	37.897	34.939
$1\frac{1}{4}$	11	2.309	41.910	38.952
$1\frac{1}{2}$	11	2.309	47.803	44.845
$1\frac{3}{4}$	11	2.309	53.746	50.788
2	11	2.309	59.614	56.656
$2\frac{1}{4}$	11	2.309	65.710	62.752
$2\frac{1}{2}$	11	2.309	75.184	72.226
$2\frac{3}{4}$	11	2.309	81.534	78.576
3	11	2.309	87.884	84.926

附录 B 键

表 B-1 普通型平键（摘自 GB/T 1095—2003、GB/T 1096—2003） （单位：mm）

1. GB/T 1095—2003 平键 键槽的剖面尺寸

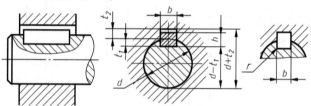

2. GB/T 1096—2003 普通型 平键

A型   B型   C型

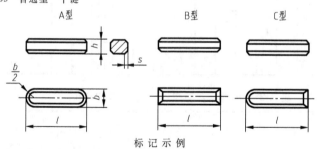

标记示例

GB/T 1096 键 B16×10×100（普通 B 型平键，$b=16$mm、$h=10$mm、$l=100$mm）

键尺寸				键 槽										
				宽 度 b						深 度				半径 r
					极 限 偏 差					轴 t_1		毂 t_2		
宽度 b	高度 h	长度 l	倒角或倒圆 s	公称尺寸	松联结		正常联结		紧密联结						
					轴 H9	毂 D10	轴 N9	毂 JS9	轴和毂 P9	公称尺寸	极限偏差	公称尺寸	极限偏差	min	max
2	2	6~20	0.16~0.25	2	+0.025 0	+0.060 +0.020	-0.004 -0.029	±0.0125	-0.006 -0.031	1.2	+0.1 0	1	+0.1 0	0.08	0.16
3	3	6~36		3						1.8		1.4			
4	4	8~45		4	+0.030 0	+0.078 +0.030	0 -0.030	±0.015	-0.012 -0.042	2.5		1.8			

（续）

键尺寸				键槽											
				宽度 b						深度				半径 r	
				公称尺寸	极限偏差					轴 t_1		毂 t_2			
宽度 b	高度 h	长度 l	倒角或倒圆 s		松联结		正常联结		紧密联结	公称尺寸	极限偏差	公称尺寸	极限偏差	min	max
					轴 H9	毂 D10	轴 N9	毂 JS9	轴和毂 P9						
5	5	10~56	0.25~0.40	5	+0.030 0	+0.078 +0.030	0 -0.030	±0.015	-0.012 -0.042	3.0	+0.1 0	2.3	+0.1 0	0.16	0.25
6	6	14~70		6						3.5		2.8			
8	7	18~90		8	+0.036 0	+0.098 +0.040	0 -0.036	±0.018	-0.015 -0.051	4.0		3.3			
10	8	22~110		10						5.0	+0.2 0	3.3	+0.2 0		
12	8	28~140	0.40~0.60	12	+0.043 0	+0.120 +0.050	0 -0.043	±0.0215	-0.018 -0.061	5.0		3.3		0.25	0.40
14	9	36~140		14						5.5		3.8			
16	10	45~180		16						6.0		4.3			
l(系列)		6,8,10,12,14,16,18,20,22,25,28,32,36,40,45,50,56,63,70,80,90,100,110,125,140,160,180													

注：1. 轴槽、轮毂槽的键槽宽度 b 两侧面的表面粗糙度参数 Ra 值推荐为 1.6~3.2μm。
2. 轴槽底面、轮毂槽底面的表面粗糙度参数 Ra 值为 6.3μm。

表 B-2　半圆键（摘自 GB/T 1098—2003、GB/T 1099.1—2003）　（单位：mm）

1. GB/T 1098—2003　半圆键　键槽的剖面尺寸
2. GB/T 1099.1—2003　普通型　半圆键

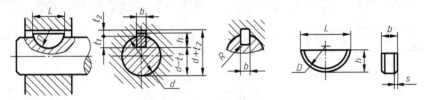

标　记　示　例

GB/T 1099.1　键　6×10×25（普通型　半圆键 $b=6$mm，$h=10$mm，$d_1=25$mm）

键			键槽											
			宽度 b						深度				半径 R	
键尺寸 b×h×D	倒角或倒圆 s		公称尺寸	极限偏差					轴 t_1		毂 t_2			
				正常联结		紧密联结	松联结		公称尺寸	极限偏差	公称尺寸	极限偏差	min	max
	min	max		轴 N9	毂 JS9	轴和毂 P9	轴 H9	毂 D10						
1×1.4×4	0.16	0.25	1.0	-0.004 -0.029	±0.0125	-0.006 -0.031	+0.025 0	+0.060 +0.020	1.0	+0.1 0	0.6	+0.1 0	0.08	0.16
1.5×2.6×7			1.5						2.0		0.8			
2×2.6×7			2.0						1.8		1.0			
2×3.7×10			2.0						2.9		1.0			
2.5×3.7×10			2.5						2.7		1.2			
3×5×13			3.0						3.8	+0.2 0	1.4			
3×6.5×16			3.0						5.3		1.4			

（续）

键			键　槽										
键尺寸 $b×h×D$	倒角或 倒圆 s		宽　度 b						深　度				半径 R
			公称 尺寸	极　限　偏　差					轴 t_1		毂 t_2		
				正常联结		紧密联结	松联结						
				轴 N9	毂 JS9	轴和毂 P9	轴 H9	毂 D10	公称 尺寸	极限 偏差	公称 尺寸	极限 偏差	min	max
	min	max											
4×6.5×16			4.0						5.0		1.8			
4×7.5×19			4.0						6.0	+0.2 0	1.8			
5×6.5×16			5.0						4.5		2.3	+0.1 0		
5×7.5×19	0.25	0.40	5.0	0 −0.030	±0.015	−0.012 −0.042	+0.030 0	+0.078 +0.030	5.5		2.3		0.16	0.25
5×9×22			5.0						7.0		2.3			
6×9×22			6.0						6.5	+0.3 0	2.8			
6×10×25			6.0						7.5		2.8	+0.2 0		
8×11×28	0.40	0.60	8.0	0 −0.036	±0.018	−0.015 −0.051	+0.036 0	+0.098 +0.040	8.0		3.3		0.25	0.40
10×13×32			10.0						10.0		3.3			

注：1. 轴槽、轮毂槽的键槽宽度 b 两侧面的表面粗糙度参数按 GB/T 1031—2009，选 Ra 值为 1.6～3.2μm。

　　2. 轴槽底面、轮毂槽底面的表面粗糙度参数按 GB/T 1031—2009，选 Ra 为 6.3μm。

附录 C　销

表 C-1　圆柱销　不淬硬钢和奥氏体不锈钢（摘自 GB/T 119.1—2000）（单位：mm）

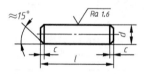

标　记　示　例

　　销 GB/T 119.1　8　m6×30（公称直径 d = 8mm、公差为 m6、公称长度 l = 30mm、材料为钢、不经淬火、不经表面处理的圆柱销）

d 公称	2	2.5	3	4	5	6	8	10	12	16	20
$c≈$	0.35	0.40	0.50	0.63	0.80	1.2	1.6	2.0	2.5	3.0	3.5
l（商品长度范围）	6～20	6～24	8～30	8～40	10～50	12～60	14～80	16～95	22～140	26～180	35～200
l（系列）	2,3,4,5,6,8,10,12,14,16,18,20,22,24,26,28,30,32,35,40,45,50,55,60,65,70,75,80,85,90, 95,100,120,140,160,180,200										

注：1. 公称直径 d 的公差规定为 m6 和 h8，其他公差由供需双方协议。

　　2. 公称长度 l 大于 200mm，按 20mm 递增。

表 C-2　圆锥销（摘自 GB/T 117—2000）　　　　　　（单位：mm）

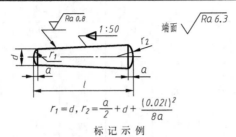

$$r_1 = d, \, r_2 = \frac{a}{2} + d + \frac{(0.021l)^2}{8a}$$

标记示例

　　销　GB/T 117　10×60（公称直径 $d=10$mm、公称长度 $l=60$mm、材料 35 钢、热处理硬度 28~38HRC、表面氧化处理的 A 型圆锥销）

d公称	2	2.5	3	4	5	6	8	10	12	16	20
$a \approx$	0.25	0.3	0.4	0.5	0.63	0.8	1	1.2	1.6	2	2.5
l（商品长度范围）	10~35		12~45	14~55	18~60	22~90	22~120	26~160	32~180	40~200	45~200
l（系列）	2,3,4,5,6,8,10,12,14,16,18,20,22,24,26,28,30,32,35,40,45,50,55,60,65,70,75,80,85,90, 95,100,120,140,160,180,200										

注：1. 公称直径 d 的公差规定为 h10，其他公差如 a11、c11 和 f8 由供需双方协议。

　　2. 圆锥销有 A 型和 B 型。A 型为磨削，锥面 $Ra = 0.8\mu$m；B 型为切削或冷墩，锥面 $Ra = 3.2\mu$m。

　　3. 公称长度 l 大于 200mm，按 20mm 递增。

附录 D　滚 动 轴 承

表 D-1　深沟球轴承 04 系列（摘自 GB/T 276—2013）　　　　　　（单位：mm）

轴承型号									外形尺寸				
60000 型	60000N 型	60000NR 型	60000- Z 型	60000- 2Z 型	60000- RS 型	60000- 2RS 型	60000- RZ 型	60000- 2RZ 型	d	D	B	$r_{s\min}$[①]	$r_{1s\min}$[①]
6403	6403N	6403NR	6403-Z	6403-2Z	6403-RS	6403-2RS	6403-RZ	6403-2RZ	17	62	17	1.1	0.5
6404	6404N	6404NR	6404-Z	6404-2Z	6404-RS	6404-2RS	6404-RZ	6404-2RZ	20	72	19	1.1	0.5
6405	6405N	6405NR	6405-Z	6405-2Z	6405-RS	6405-2RS	6405-RZ	6405-2RZ	25	80	21	1.5	0.5
6406	6406N	6406NR	6406-Z	6406-2Z	6406-RS	6406-2RS	6406-RZ	6406-2RZ	30	90	23	1.5	0.5
6407	6407N	6407NR	6407-Z	6407-2Z	6407-RS	6407-2RS	6407-RZ	6407-2RZ	35	100	25	1.5	0.5
6408	6408N	6408NR	6408-Z	6408-2Z	6408-RS	6408-2RS	6408-RZ	6408-2RZ	40	110	27	2	0.5
6409	6409N	6409NR	6409-Z	6409-2Z	6409-RS	6409-2RS	6409-RZ	6409-2RZ	45	120	29	2	0.5
6410	6410N	6410NR	6410-Z	6410-2Z	6410-RS	6410-2RS	6410-RZ	6410-2RZ	50	130	31	2.1	0.5
6411	6411N	6411NR	6411-Z	6411-2Z	6411-RS	6411-2RS	6411-RZ	6411-2RZ	55	140	33	2.1	0.5
6412	6412N	6412NR	6412-Z	6412-2Z	6412-RS	6412-2RS	6412-RZ	6412-2RZ	60	150	35	2.1	0.5
6413	6413N	6413NR	6413-Z	6413-2Z	6413-RS	6413-2RS	6413-RZ	6413-2RZ	65	160	37	2.1	0.5
6414	6414N	6414NR	6414-Z	6414-2Z	6414-RS	6414-2RS	6414-RZ	6414-2RZ	70	180	42	3	0.5
6415	6415N	6415NR	6415-Z	6415-2Z	6415-RS	6415-2RS	6415-RZ	6415-2RZ	75	190	45	3	0.5
6416	6416N	6416NR	6416-Z	6416-2Z	6416-RS	6416-2RS	6416-RZ	6416-2RZ	80	200	48	3	0.5
6417	6417N	6417NR	6417-Z	6417-2Z	6417-RS	6417-2RS	6417-RZ	6417-2RZ	85	210	52	4	0.5
6418	6418N	6418NR	6418-Z	6418-2Z	6418-RS	6418-2RS	6418-RZ	6418-2RZ	90	225	54	4	0.5
6419	6419N	6419NR	6419-Z	6419-2Z	6419-RS	6419-2RS	6419-RZ	6419-2RZ	95	240	55	4	0.5
6420	6420N	6420NR	6420-Z	6420-2Z	6420-RS	6420-2RS	6420-RZ	6420-2RZ	100	250	58	4	0.5
6422	—	—	6422-Z	6422-2Z	6422-RS	6422-2RS	6422-RZ	6422-2RZ	110	280	65	4	—

① 最大倒角尺寸规定在 GB/T 274—2000 中。

表 D-2　圆锥滚子轴承30 系列（摘自 GB/T 297—2015）　　　（单位：mm）

轴承型号	d	D	T	B	$r_{smin}^{①}$	C	$r_{1smin}^{①}$	a	E	ISO尺寸系列
33005	25	47	17	17	0.6	14	0.6	10°55′	38.278	2CE
33006	30	55	20	20	1	16	1	11°	45.283	2CE
33007	35	62	21	21	1	17	1	11°30′	51.320	2CE
33008	40	68	22	22	1	18	1	10°40′	57.290	2BE
33009	45	75	24	24	1	19	1	11°05′	63.116	2CE
33010	50	80	24	24	1	19	1	11°55′	67.775	2CE
33011	55	90	27	27	1.5	21	1.5	11°45′	76.656	2CE
33012	60	95	27	27	1.5	21	1.5	12°20′	80.422	2CE
33013	65	100	27	27	1.5	21	1.5	13°05′	85.257	2CE
33014	70	110	31	31	1.5	25.5	1.5	10°45′	95.021	2CE
33015	75	115	31	31	1.5	25.5	1.5	11°15′	99.400	2CE
33016	80	125	36	36	1.5	29.5	1.5	10°30′	107.750	2CE
33017	85	130	36	36	1.5	29.5	1.5	11°	112.838	2CE
33018	90	140	39	39	2	32.5	1.5	10°10′	122.363	2CE
33019	95	145	39	39	2	32.5	1.5	10°30′	126.346	2CE
33020	100	150	39	39	2	32.5	1.5	10°50′	130.323	2CE
33021	105	160	43	43	2.5	34	2	10°40′	139.304	2DE
33022	110	170	47	47	2.5	37	2	10°50′	146.265	2DE
33024	120	180	48	48	2.5	38	2	11°30′	154.777	2DE
33026	130	200	55	55	2.5	43	2	12°50′	172.017	2EE
33028	140	210	56	56	2.5	44	2	13°30′	180.353	2DE
33030	150	225	59	59	3	46	2.5	13°40′	194.260	2EE

① 对应的最大倒角尺寸规定在 GB/T 274—2000 中。

表 D-3　推力球轴承12 系列（摘自 GB/T 301—2015）　　　（单位：mm）

轴承型号	d	D	T	D_{1smin}	d_{1smax}	$r_{smin}^{①}$
51200	10	26	11	12	26	0.6
51201	12	28	11	14	28	0.6
51202	15	32	12	17	32	0.6
51203	17	35	12	19	35	0.6
51204	20	40	14	22	40	0.6
51205	25	47	15	27	47	0.6
51206	30	52	16	32	52	0.6
51207	35	62	18	37	62	1
51208	40	68	19	42	68	1
51209	45	73	20	47	73	1
51210	50	78	22	52	78	1
51211	55	90	25	57	90	1
51212	60	95	26	62	95	1
51213	65	100	27	67	100	1
51214	70	105	27	72	105	1

（续）

轴承型号	d	D	T	D_{1smin}	d_{1smax}	r_{smin}[1]
51215	75	110	27	77	110	1
51216	80	115	28	82	115	1
51217	85	125	31	88	125	1
51218	90	135	35	93	135	1.1
51220	100	150	38	103	150	1.1
51222	110	160	38	113	160	1.1
51224	120	170	39	123	170	1.1
51226	130	190	45	133	187	1.5
51228	140	200	46	143	197	1.5
51230	150	215	50	153	212	1.5
51232	160	225	51	163	222	1.5
51234	170	240	55	173	237	1.5
51236	180	250	56	183	247	1.5
51238	190	270	62	194	267	2
51240	200	280	62	204	277	2
51244	220	300	63	224	297	2
51248	240	340	78	244	335	2.1
51252	260	360	79	264	355	2.1
51256	280	380	80	284	375	2.1
51260	300	420	95	304	415	3
51264	320	440	95	325	435	3
51268	340	460	96	345	455	3
51272	360	500	110	365	495	4
51276	380	520	112	385	515	4

① 对应的最大倒角尺寸规定在 GB/T 274—2000 中。

附录 E　标准公差带代号和孔、轴的极限偏差表

标准公差代号和孔、轴的极限偏差数

参 考 文 献

[1]　郑伟光. 汽车发动机构造与维修 [M]. 北京：机械工业出版社，2002.

[2]　幺居标. 汽车底盘构造与维修 [M]. 北京：机械工业出版社，2002.

[3]　钱可强. 机械制图 [M]. 北京：高等教育出版社，2003.

[4]　钱可强. 机械制图习题集 [M]. 北京：高等教育出版社，2003.

[5]　李秋艳，易波. 汽车零部件识图 [M]. 2版. 北京：人民交通出版社，2019.

[6]　李广慧、李波. 机械制图简明手册 [M]. 上海：上海科学技术出版社，2010.

[7]　毛谦德，李振消. 袖珍机械设计师手册 [M]. 2版. 北京：机械工业出版社，2001.

[8]　李永芳，叶钢. 机械制图 [M]. 北京：人民交通出版社，2011.

[9]　叶曙光. 机械制图：任务驱动模式 [M]. 北京：机械工业出版社，2008.

[10]　陈秀华，易波. 汽车机械制图 [M]. 北京：人民交通出版社，2019.

机械工业出版社 | **汽车分社**
CHINA MACHINE PRESS

━━ 读者服务 ━━

机械工业出版社立足工程科技主业，坚持传播工业技术、工匠技能和工业文化，是集专业出版、教育出版和大众出版于一体的大型综合性科技出版机构。旗下汽车分社面向汽车全产业链提供知识服务，出版服务覆盖包括工程技术人员、研究人员、管理人员等在内的汽车产业从业者，高等院校、职业院校汽车专业师生和广大汽车爱好者、消费者。

一、意见反馈

感谢您购买机械工业出版社出版的图书。我们一直致力于"以专业铸就品质，让阅读更有价值"，这离不开您的支持！如果您对本书有任何建议或意见，请您反馈给我。我社长期接收汽车技术、交通技术、汽车维修、汽车科普、汽车管理及汽车类、交通类教材方面的稿件，欢迎来电来函咨询。

咨询电话：010-88379353   编辑信箱：cmpzhq@163.com

二、课件下载

选用本书作为教材，免费赠送电子课件等教学资源供授课教师使用，请添加客服人员微信手机号"13683016884"咨询详情；亦可在机械工业出版社教育服务网（www.cmpedu.com）注册后免费下载。

三、教师服务

机工汽车教师群为您提供教学样书申领、最新教材信息、教材特色介绍、专业教材推荐、出版合作咨询等服务，还可免费收看大咖直播课，参加有奖赠书活动，更有机会获得签名版图书、购书优惠券。

加入方式：搜索 QQ 群号码 317137009，加入机工汽车教师群 2 群。请您加入时备注院校 + 专业 + 姓名。

四、购书渠道

机工汽车小编
13683016884

我社出版的图书在京东、当当、淘宝、天猫及全国各大新华书店均有销售。

团购热线：010-88379735

零售热线：010-68326294 88379203

推荐阅读

书号	书名	作者	定价（元）
智能网联、新能源汽车专业教材			
9787111678618	智能网联汽车技术入门一本通（全彩印刷）	程增木	69
9787111715276	智能汽车技术（全彩印刷）	凌永成	85
9787111702696	智能网联汽车技术原理与应用（彩色版）	程增木　杨胜兵	65
9787111628118	智能网联汽车技术概论（全彩印刷）	李妙然　邹德伟	49.9
9787111693284	智能网联汽车底盘线控系统装调与检修（附任务工单）	李东兵　杨连福	59.9
9787111710288	智能网联汽车智能传感器安装与调试（全彩活页式教材）	中国汽车工程学会　等	49.9
9787111712480	智能网联汽车底盘线控执行系统安装与调试（全彩印刷）	中国汽车工程学会　等	49.9
9787111709800	智能网联汽车计算平台测试装调（全彩印刷）	中国汽车工程学会　等	49.9
9787111711711	智能网联汽车智能座舱系统测试装调（全彩印刷）	中国汽车工程学会　等	49.9
9787111710318	新能源汽车检测与故障诊断技术（彩色版配实训工单）	吴海东　等	69
9787111707585	新能源汽车电动空调　转向和制动系统检修（彩色版配实训工单）	王景智　等	69
9787111702931	新能源汽车整车控制系统检修（彩色版配实训工单）	吴东盛　等	69
9787111701637	新能源汽车动力电池及管理系统检修（彩色版配实训工单）	吴海东　等	59
9787111707165	新能源汽车技术概论（全彩印刷）	赵振宁	55
9787111706717	纯电动汽车构造原理与检修（全彩印刷）	赵振宁	59
9787111587590	纯电动／混合动力汽车结构原理与检修（配实训工单）（全彩印刷）	金希计　吴荣辉	59.9
9787111709565	新能源汽车维护与故障诊断（配实训工单）（全彩印刷）	林康　吴荣辉	59
9787111700524	新能源汽车整车控制系统诊断（双色印刷）	赵振宁	55
9787111699545	智能网联汽车概论（全彩印刷）	吴荣辉　吴论生	59.9
9787111698081	新能源汽车结构原理与检修（全彩印刷）	吴荣辉	65
9787111683056	新能源汽车认知与应用（第2版）（全彩印刷）	吴荣辉　李颖	55
9787111615767	新能源汽车概论（全彩印刷）	张斌　蔡春华	49
9787111644385	新能源汽车电力电子技术（全彩印刷）	冯津　钟永刚	49
9787111684428	新能源汽车高压安全与防护（全彩印刷）	吴荣辉　金朝昆	45
9787111610175	新能源汽车动力电池及充电系统检修（全彩印刷）	许云　赵良红	55
9787111613183	新能源汽车电机驱动系统检修（全彩印刷）	王毅　巩航军	49
9787111613206	新能源汽车辅助系统检修（全彩印刷）	任春晖　李颖	45
9787111646242	新能源汽车维护与故障诊断（全彩印刷）	王强　等	55
9787111670469	新能源汽车结构原理与检修（彩色版）	康杰　等	55

汽车零部件识图 第2版

学习活动页

姓名＿＿＿＿＿＿＿＿

学号＿＿＿＿＿＿＿＿

班级＿＿＿＿＿＿＿＿

学习活动页

目　　录

学习活动页 1　识读呆扳手零件图中的基本规定 ……………………………………… 1

学习活动页 2　学会平面图形的画法和尺寸标注 ……………………………………… 3

学习活动页 3　走进三视图的世界 ……………………………………………………… 5

学习活动页 4　读画三视图中的点、线、面 …………………………………………… 7

学习活动页 5　读画平面体的三视图 …………………………………………………… 9

学习活动页 6　读画平面切割体的三视图 …………………………………………… 11

学习活动页 7　读画曲面体的三视图 ………………………………………………… 13

学习活动页 8　读画曲面切割体的三视图 …………………………………………… 15

学习活动页 9　读画两回转体相贯线的三视图 ……………………………………… 17

学习活动页 10　读画支撑座零件图 …………………………………………………… 19

学习活动页 11　识读支承板零件图中的表面粗糙度 ………………………………… 21

学习活动页 12　识读机械图样中外部表达方式——视图 …………………………… 23

学习活动页 13　识读右端盖零件图中内部表达方式——剖视图 …………………… 25

学习活动页 14　识读右端盖零件图中的尺寸公差 …………………………………… 27

学习活动页 15　识读零件图中常见的工艺结构 ……………………………………… 29

学习活动页 16　识读轴零件图 ………………………………………………………… 31

学习活动页 17　识读端盖零件图 ……………………………………………………… 33

学习活动页 18　识读柱塞套零件图中的几何公差 …………………………………… 35

学习活动页 19　识读汽车零部件图中的螺纹结构 …………………………………… 37

学习活动页 20　识读汽车零部件图中的键、销和弹簧结构 ………………………… 39

学习活动页 21　识读汽车零部件图中的齿轮结构 …………………………………… 41

学习活动页 22　识读汽车零部件图中的滚动轴承结构 ……………………………… 43

学习活动页 23　识读阀装配图并看图填空 …………………………………………… 45

1. 字母和数字练习。

ABCDEFGHIJKLMNOPQRSTUVWXYZ

abcdefghijklmnopqrstuvwxyz

1234567890

R3　2×45°　M24-6H　78±0.1　φ65H7

2. 指出下图中的常用线型有哪几种？各有何用途？并按照图示要求练习画一画。

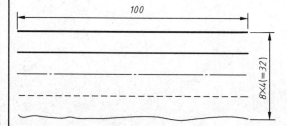

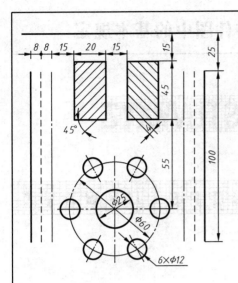

3. 请按左图标注的尺寸且以 1：2 的比例在右边位置画出图形，并标注相应尺寸。

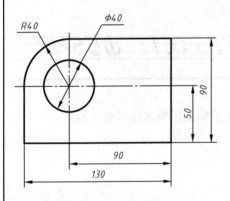

学习活动页 2　学会平面图形的画法和尺寸标注

1. 画正八边形和正十二边形。

2. 按下图所示，试作圆的内、外接圆弧。

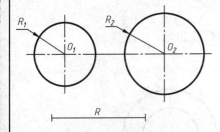

3. 按下图，抄画平面图形，并进行尺寸线段分析和标注尺寸。

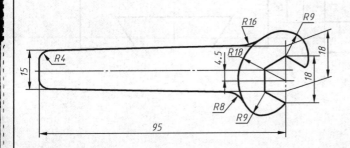

4. 完成下图线性尺寸练习和角度标注。

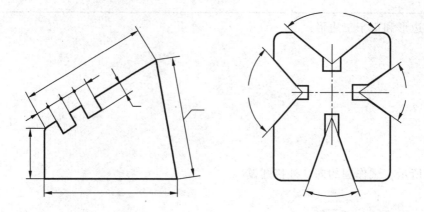

5. 改正左图中的标注错误，请在右图中把全部尺寸正确标注出来。

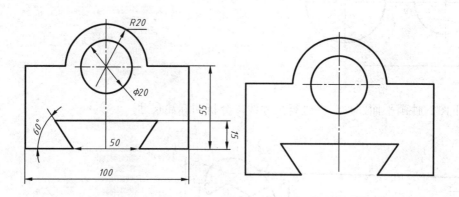

教师评价：

考核结果：   教师：_____

年   月   日

1. 选择与三视图对应的立体图编号填入括号内。

2. 识读楔键零件图，回答下列问题。

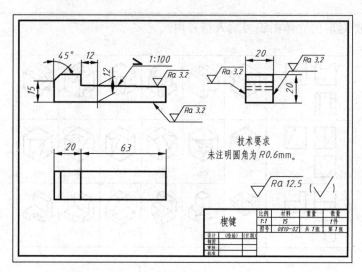

技术要求
未注明圆角为 R0.6mm。

楔键	比例	材料	重量	数量
	1:1	15		1件
	图号	0810-02	共1张	第1张

设计 (绘制) (日期)
制图
审核
批准

（1）该零件的名称为＿＿＿＿＿＿＿，材料选用＿＿＿＿＿钢；表示的含义为＿＿＿＿＿＿＿

＿＿＿＿＿＿＿＿＿＿，比例为＿＿＿＿＿＿＿＿＿，其含义是：＿＿＿＿＿＿＿＿＿

＿＿＿＿＿＿＿。

（2）该零件图所用线框的格式为：＿＿＿＿＿＿＿＿＿＿＿＿＿＿，粗实线的宽度为 0.5mm，

细虚线和细实线宽度为＿＿＿＿＿，图中汉字均按＿＿＿＿体书写。

（3）该零件的结构形状共用＿＿＿＿＿个视图表达，视图的名称为＿＿＿＿＿＿＿＿＿

＿＿＿＿＿＿＿，其中长对正、高平齐、宽相等的视图为：＿＿＿＿＿＿＿＿＿＿＿

＿＿＿＿＿＿＿＿＿＿＿；并在每个视图中分别标出四个方位。

（4）该零件长、宽、高方向的尺寸基准：＿＿＿＿＿＿＿＿＿＿＿＿＿＿＿＿＿＿＿。

（5）零件的定形尺寸有：＿＿＿＿＿＿＿＿＿＿＿＿＿＿＿＿＿＿＿＿＿＿＿＿，

定位尺寸有：＿＿＿＿＿＿＿＿＿＿＿＿＿＿。

（6）图中 $\sqrt{Ra\,12.5}$ $(\sqrt{\ })$ 表示＿＿＿＿＿＿＿＿＿＿＿＿＿＿＿＿＿＿＿＿＿＿

含义。

教师评价：

考核结果： 教师：＿＿＿＿＿＿＿＿

年　　月　　日

学习活动页 4　读画三视图中的点、线、面

1. 如下图（1）、（2）所示，已知直线 AB、CD 的两面投影，找到和标注第三面投影，并在立体图对应位置标注字母 A、B、C、D，填空说明其空间位置。

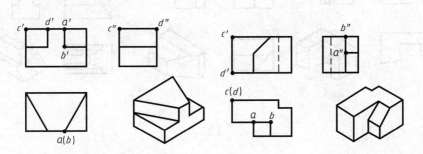

| | （1） | | （2） |

（1）AB 为_____线，CD 为_____线。

（2）AB 为_____线，CD 为_____线。

2. 如下图所示，已知平面二视图，补画左视图并填空。

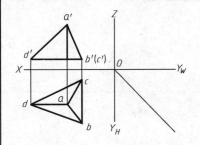

AB 是_____线，AD 是_____线，BC 是_____线。

3. 在下图（1）、（2）、（3）所示的三视图中，标出平面 P、Q 和直线 AB、CD 的三面投影，并根据其对投影面的相对位置填空。

（1）　　　　　　　　　　（2）　　　　　　　　　　（3）

（1）AB 是 _____ 线，CD 是 _____ 线，P 面是 _____ 面，Q 面是 _____ 面。

（2）AB 是 _____ 线，CD 是 _____ 线，P 面是 _____ 面，Q 面是 _____ 面，共有 _____ 条一般位置直线。

（3）AB 是 _____ 线，CD 是 _____ 线，P 面是 _____ 面，Q 面是 _____ 面，共有 _____ 个侧垂面。

教师评价：

考核结果：　　　　　　　　　　　　　　　　　　教师：_____

年　　月　　日

学习活动页 5 读画平面体的三视图

1. 画下列立体的三视图（至少画 3 个）。

| 三棱柱 | 四棱锥 | 五棱锥 | 六棱锥 | 三棱台 | 四棱台 |

2. 完成下图所示的三棱锥、四棱柱、五棱柱的三面投影及其表面上点 N 在三视图上的投影。

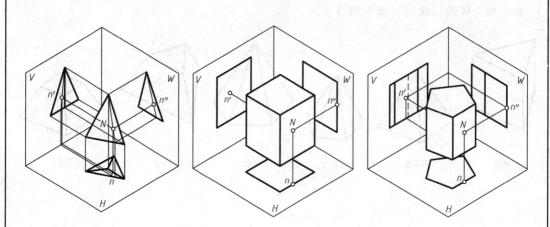

学习活动页6 读画平面切割体的三视图

1. 根据下图中的立体图辨认其相应的两视图，并补画出视图所缺的第三个视图。

（1）

（2）

（3）

（4）

（5）

（6）

2. 根据立体图画三视图（尺寸从图中量取）。

教师评价：

考核结果：   教师：＿＿＿＿＿

年　　月　　日

学习活动页 7　读画曲面体的三视图

1. 根据下图所示，已知圆柱体表面上点 A、B、C 各一面投影，求作其他两面投影。

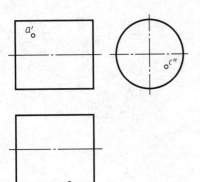

B 点所在的素线是圆柱体表面上_____位置素线。

2. 如下图所示，补画左视图并找出其表面上点的其他两面投影。

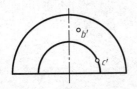

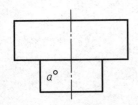

3. 根据下图所示，已知球体表面上点 A、B、C 各一面投影，求作其他两面投影。

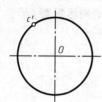

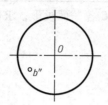

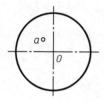

学习活动页 8 读画曲面切割体的三视图

1. 根据下图（1）所示，补画俯视图所缺的线；根据下图（2）所示，补画主视图所缺的线。

（1）　　　　　　　　　　　　　　（2）

2. 正平面 P 截切圆锥，如下图所示，补画主视图中所缺的线。

3. 根据下图所示，补画主视图和左视图中所缺的线。

教师评价：

考核结果：　　　　　　　　　　　　　　　　　教师：＿＿＿＿＿＿

年　　月　　日

学习活动页 9　读画两回转体相贯线的三视图

1. 如下图（1）、（2）所示，已知主、俯视图，选出其相贯线正确的左视图（在括号内打上√）。

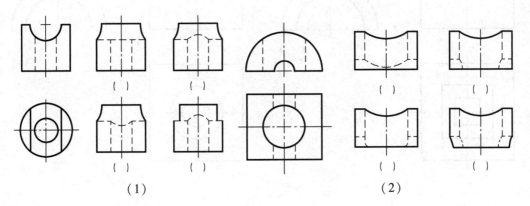

（1）　　　　　　　　　　　　　　　　　（2）

2. 如下图所示，补画所缺的相贯线。

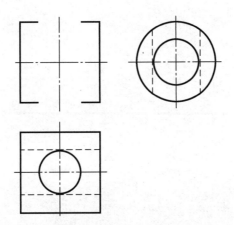

3. 如下图（1）、（2）所示，补画主视图中的相贯线，请总结一下你的发现。

(1)   (2)

教师评价：

考核结果：   教师：_____

                     年 月 日

学习活动页 10 读画支撑座零件图

1. 如下图所示，识读组合体的三视图，说明同组视图各有何异同。

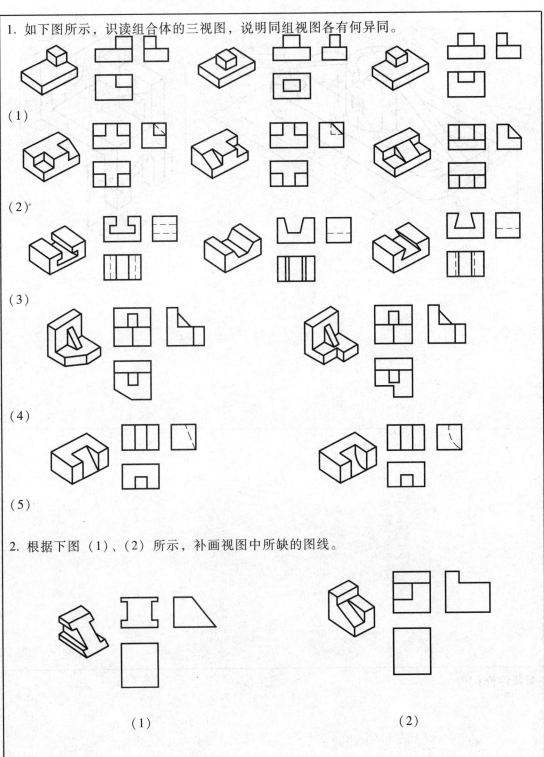

（1）

（2）

（3）

（4）

（5）

2. 根据下图（1）、（2）所示，补画视图中所缺的图线。

（1）   （2）

3. 根据下图所示立体图及标注的尺寸，请任选其一绘制三视图，并标注尺寸。

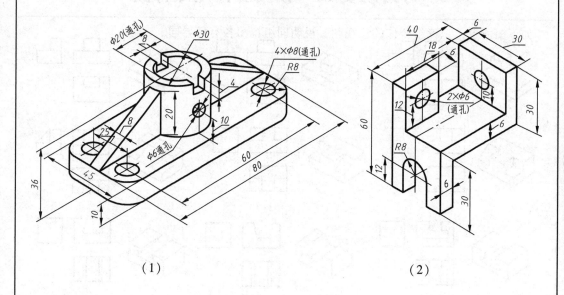

（1）   （2）

学习活动页 11　识读支承板零件图中的表面粗糙度

1. 如下图所示，按 1∶1 从图中量取尺寸，取整数标注尺寸，并按表中的表面粗糙度参数，分别在图中标注表面粗糙度代号。

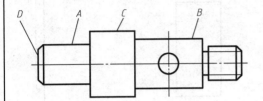

表面	A	B	C	D	其余
Ra	6.3	12.5	3.2	6.3	25

2. 识读飞块零件图，回答下列问题：

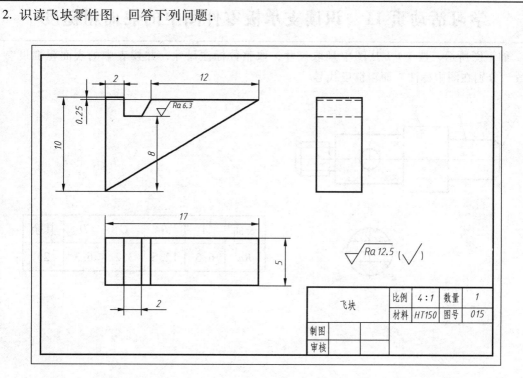

（1）该零件的名称为_____，材料为_____；比例为_____。

（2）该零件的结构形状共用__个视图表达，该零件是由_____体通过切割所形成的形体。

（3）图中符号 $\sqrt{Ra\,12.5}$（✓）表示_____，该零件的切割槽槽底表面粗糙度要求为_____。

教师评价：

考核结果： 　　　　　　　　　　　　教师：_____

　　　　　　　　　　　　　　　　　　　　　年　　　月　　　日

1. 根据下图所示的主、俯、左视图，补画右、后、仰三个视图。

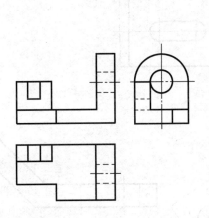

2. 完成下图中的 C、G 向视图。

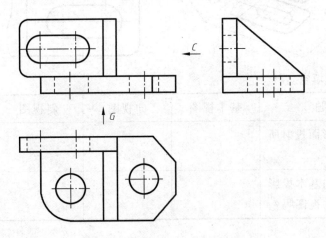

3. 在下图中按投影关系进行必要的标注。

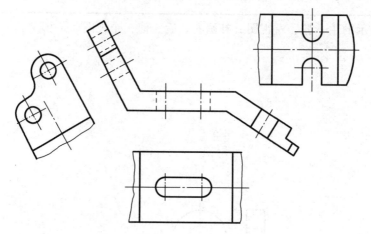

4. 参照立体图，请画出斜视图。

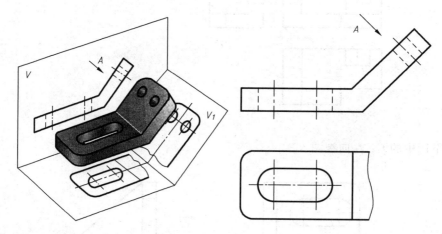

5. 请按下表提问填空。

问　　题	基本视图	向视图	斜视图	局部视图
是向基本投影面投射所得到的视图吗？				
是零件整体向基本投影面投射所得到的视图吗？				

教师评价：

考核结果：　　　　　　　　　　　　　　　教师：＿＿＿＿＿＿

年　　　月　　　日

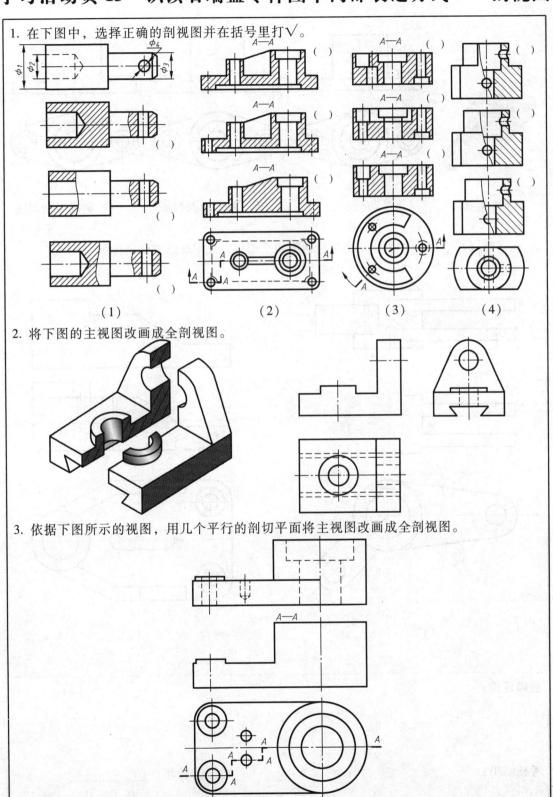

1. 在下图中，选择正确的剖视图并在括号里打√。

（1）　　　　（2）　　　　（3）　　　　（4）

2. 将下图的主视图改画成全剖视图。

3. 依据下图所示的视图，用几个平行的剖切平面将主视图改画成全剖视图。

4. 按下图要求，完成剖视图。

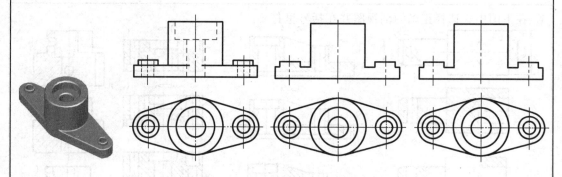

（1）实物图　　　　（2）视图　　　　（3）画成全剖视图　　　　（4）画成半剖视图

5. 在下图（1）、（2）中，用几个平行的剖切平面将主视图改画成全剖视图。

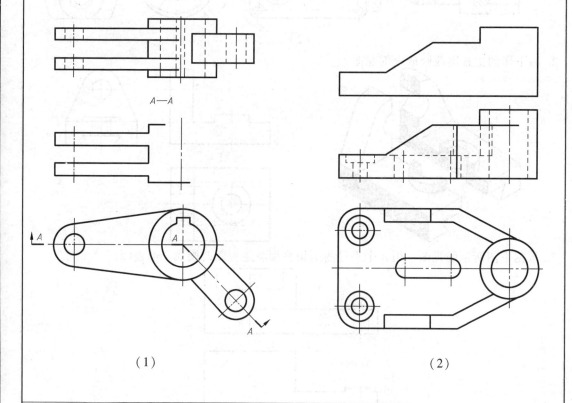

（1）　　　　　　　　　　　　　　　　　（2）

教师评价：

考核结果：　　　　　　　　　　　　　　　　教师：＿＿＿＿＿＿＿

　　　　　　　　　　　　　　　　　　　　　　　年　　　月　　　日

学习活动页 14　识读右端盖零件图中的尺寸公差

读懂下图中尺寸公差与配合的标注，解释其含义，计算相关数值并填在空格内。

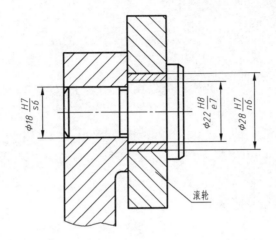

（1）$\phi 18H7/s6$ 为基_____制的_____配合。

（2）$\phi 22H8/e7$ 为基_____制的_____配合。

（3）$\phi 28H7/n6$ 中：

1）孔的公差带代号为_____，公差带等级为_____级，基本偏差为_____，上极限偏差为_____，下极限偏差为_____，公差值为_____，上极限尺寸为_____，下极限尺寸为_____；合格范围为_____。

2）轴的公差带代号为_____，公差带等级为_____级，基本偏差为_____，上极限偏差为_____，下极限偏差为_____，公差值为_____，上极限尺寸为_____，下极限尺寸为_____，合格范围为_____。

3）$\phi 28H7/n6$ 为基_____制的_____配合。

4）最大间隙为_____，最大过盈为_____，配合公差为_____。

5）画配合公差带图。

教师评价：

考核结果：　　　　　　　　　　　　　　　　　　教师：_____

　　　　　　　　　　　　　　　　　　　　　　　　　年　　月　　日

学习活动页 15　识读零件图中常见的工艺结构

1. 想一想，请指出下图所示零件的结构形状哪些是正确的、哪些是错误的，并说明判断依据。

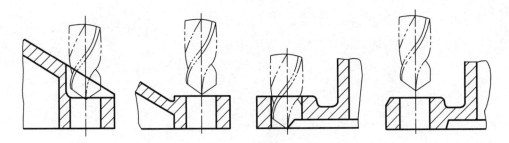

2. 指出下图中正确的尺寸标注，并说明符号或标注的含义。

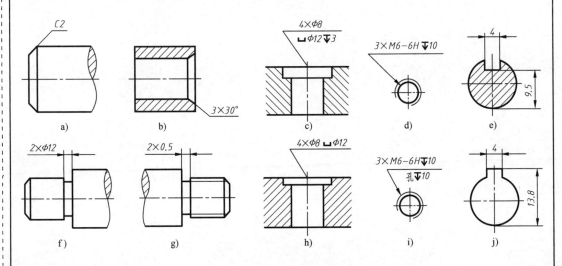

3. 常见零件工艺结构倒角与倒圆、退刀槽与越程槽的作用是什么？

教师评价：

考核结果：　　　　　　　　　　　　　　　　教师：＿＿＿＿＿＿

年　　月　　日

学习活动页 16　识读轴零件图

1. 画出下图中指定位置的断面图，左端键槽深 4mm，右端键槽深 3mm（其余尺寸根据俯视图确定）。

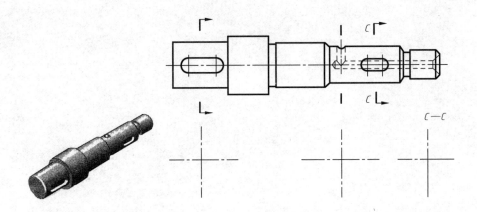

2. 画出下图中指定位置的断面图。

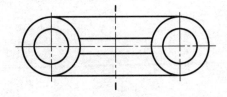

教师评价：

考核结果：　　　　　　　　　　　　　　　　　　　　　教师：_____

年　　月　　日

学习活动页 17　识读端盖零件图

1. 指出下图各图形采取了哪些表达方法及简化方法。

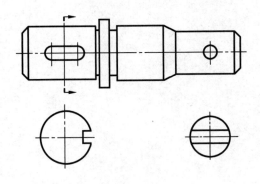 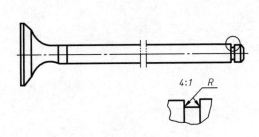

（1）轴　　　　　　　　　（2）汽车发动机排气门

2. 如下图所示，用简化画法重画全剖主视图和俯视图。

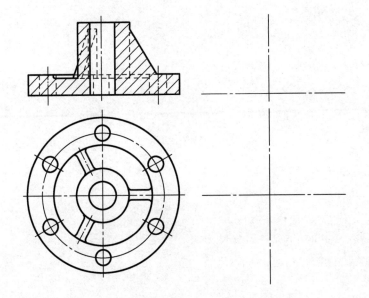

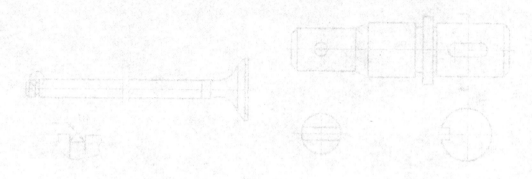

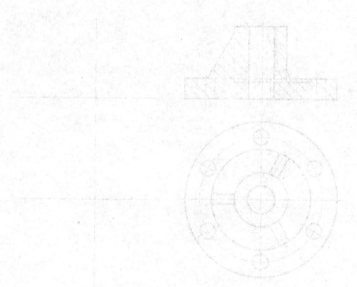

学习活动页 18 识读柱塞套零件图中的几何公差

1. 说出下图所标注的几何公差的含义。

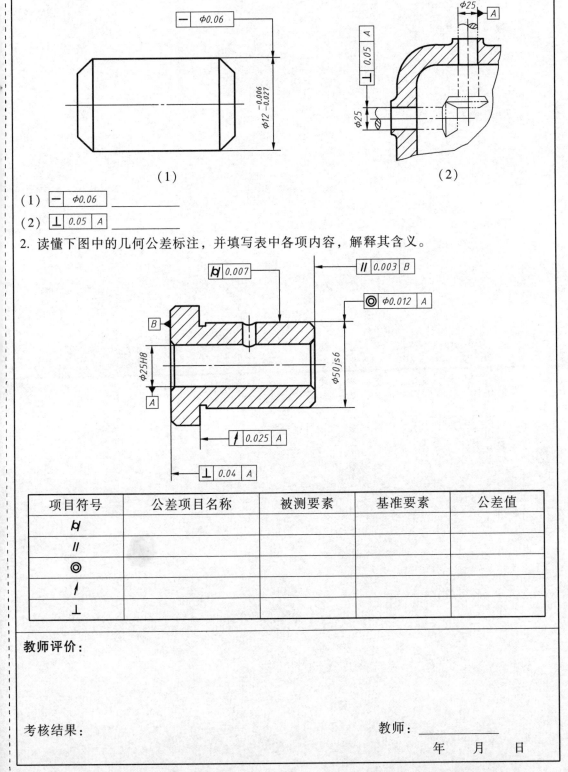

（1）

（2）

（1） ⌐ | φ0.06 _____

（2） ⊥ | 0.05 | A _____

2. 读懂下图中的几何公差标注，并填写表中各项内容，解释其含义。

项目符号	公差项目名称	被测要素	基准要素	公差值
⌒				
∥				
◎				
⌀				
⊥				

教师评价：

考核结果：   教师：_____
                        年　　月　　日

学习活动页 19 识读汽车零部件图中的螺纹结构

1. 请找出下图中螺纹表达错误的画法，并将正确的表达画法画在指定的位置。

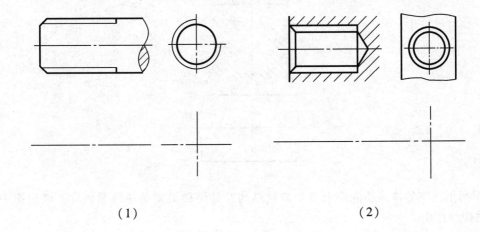

（1）   （2）

2. 已知下图（1）、（2）所示外螺纹旋入内螺纹的长度是 24mm，请完成图（3）中螺纹连接的绘制。

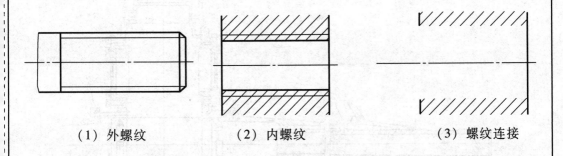

（1）外螺纹   （2）内螺纹   （3）螺纹连接

3. 请在下图（1）、（2）上注出螺纹标记。

（1）普通螺纹，粗牙，大径为 $\phi20mm$，螺距为 2.5mm，螺纹公差带代号的中径、顶径均为 6H。

（2）55°非密封管螺纹，尺寸代号为 3/4，螺纹公差等级为 A。

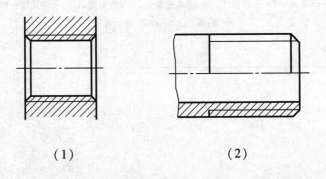

（1）   （2）

4. 如下图所示，完成开槽盘头螺钉 M16×25 的简化画法。

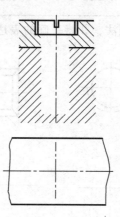

5. 下图所示汽车整体式桥壳中有几处螺纹结构？是何种类型的螺纹紧固件？说出图中螺纹紧固件的作用。

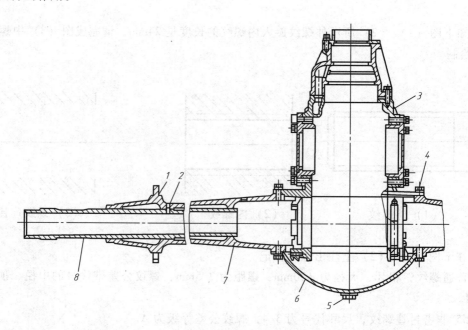

1—凸缘盘　2—止动螺钉　3—主减速器壳　4—固定螺钉　5—油面检查螺塞
6—后盖　7—空心梁　8—套管

教师评价：

考核结果：　　　　　　　　　　　　　　　　教师：＿＿＿＿＿＿
　　　　　　　　　　　　　　　　　　　　　　年　　　月　　　日

1. 如下图所示，按图（1）在图（2）位置中重画一个用 ϕ12mm×30mm 圆柱销定位的全剖主视图，并按国家标准进行标记。

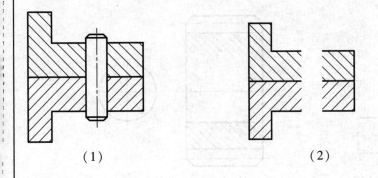

（1）　　　　　　　　　　　（2）

2. 如下图所示，齿轮和轴用 A 型圆头普通平键连接，键的宽度 $b=6mm$。

（1）请写出键的规定标记。

（2）通过查本书附录 B 确定键和键槽的尺寸，选用比例 1：2 完成下列键槽图形和平键连接视图，并在图（1）和图（2）中标注轴径和键槽的尺寸。

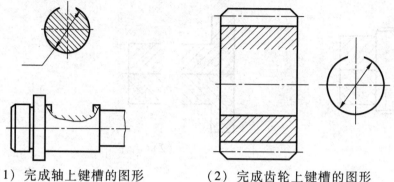

（1）完成轴上键槽的图形　　　　（2）完成齿轮上键槽的图形

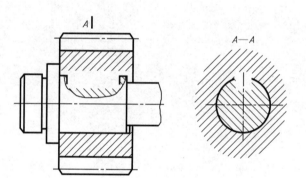

（3）完成平键连接视图

教师评价：

考核结果：　　　　　　　　　　　　　　　　　　教师：＿＿＿＿＿＿

　　　　　　　　　　　　　　　　　　　　　　　　年　　月　　日

学习活动页 21 识读汽车零部件图中的齿轮结构

1. 如下图所示，直齿轮 $m = 5\text{mm}$，$z = 22$，计算该齿轮的分度圆、齿顶圆和齿根圆的直径，采用 1：2 的比例完成两视图，并进行计算。

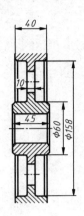

2. 如下图所示，已知大齿轮的模数 $m = 4\text{mm}$，齿数 $z = 37$，两齿轮的中心距 $a = 108\text{mm}$。试计算大小齿轮的分度圆、齿顶圆和齿根圆直径，并用 1：4 比例完成圆柱齿轮的啮合图。

（1）小齿轮：分度圆 $d_1 =$ ，齿顶圆 $d_{a1} =$ ，齿根圆 $d_{f1} =$ 。

（2）大齿轮：分度圆 $d_2 =$ ，齿顶圆 $d_{a2} =$ ，齿根圆 $d_{f2} =$ 。

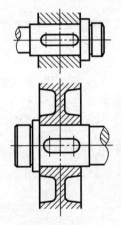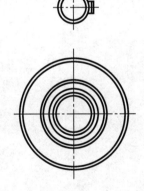

教师评价：

考核结果：   教师：————

年   月   日

学习活动页 22 识读汽车零部件图中的滚动轴承结构

1. 如下图所示，已知阶梯轴两端各装一个滚动轴承，轴承内径分别为 45mm 和 30mm，查附录 D-1 确定滚动轴承尺寸，用 1∶2 比例按规定画法画出两个滚动轴承。

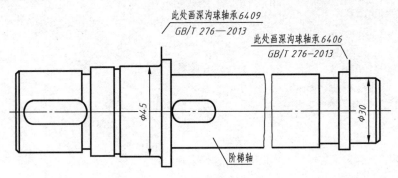

2. 根据下图所示汽车双级主减速器和差速器部件图，指出图中所有滚动轴承的数量和类型。

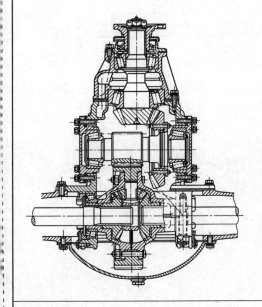

教师评价：

考核结果：　　　　　　　　　　　　　　　　　　教师：＿＿＿＿＿＿

　　　　　　　　　　　　　　　　　　　　　　　年　　月　　日

7	旋塞	1	35	
6	管接头	1	35	
5	弹簧	1	65	
4	钢珠	1	45	
3	阀体	1	HT250	
2	塞子	1	35	
1	杆	1	35	
序号	名称	数量	材料	备注

阀		共2张	第1张	比例	1:1
		数量	50	图号	06-12
制图	王成	07.5.12			
审核	宋朝	07.5.13			

（1）该装配体的名称是_____，图号是_____，采出的比例是_____，数量是_____，共有____张图，由____种零件组成，其中标准件有_____种。

（2）装配体的总体尺寸中，长是_____，宽是_____。

（3）该装配图采用了_____个视图表达，主视图采用了_____剖视，主要反映装配体的装配连接关系和零件间相对位置，俯视图采用了_____剖的画法，主要表达____部分结构，左视图采用了_____视图，主要表达____部分结构，B视图是_____视图，主要表达_____部分结构。

（4）件1和件2的名称分别是_____、_____，所用材料分别是_____、_____。

（5）在机器上有_____处存在配合尺寸，配合是采用的_____配合制，是_____配合，公称尺寸是_____，其中H表示的是_____，7表示的是_____，h表示的是_____，6表示的是_____。

（6）阀体的序号是_____，材质是_____。

（7）M30×1.5-6H/6g表示的含义是_____。

（8）G1/2表示的含义是_____。

（9）□φ6/φ24表示的含义是_____。

教师评价：

考核结果：　　　　　　　　　　　　　　　　　　　教师：_____

　　　　　　　　　　　　　　　　　　　　　　　年　　月　　日

· 45 ·